Georg Hamann

Wien Lexikon

Von Albertina bis Zentralfriedhof

Ueberreuter

Georg Hamann
Geboren 1972 in Wien. Historiker, seit 2000 Arbeit in der Erwachsenenbildung. Leitung von kulturhistorischen Führungen, Exkursionen, Gestaltung von und Mitarbeit bei diversen Ausstellungs- und Museumsprojekten.

Alle Bildvorlagen stammen aus dem Privatarchiv Hamann, bis auf Abbildungen S. 93 links oben und S. 105 Museum Wien, Karlsplatz.

Die Publikation wurde aus Mitteln der Kulturabteilung der Stadt Wien, Magistratsabteilung 7 gefördert.

ISBN 978-3-8000-7116-6

Cover & Layout: Kurt Hamtil, Emanuel Mauthe, Wien

Druck: Druckerei Theiss, 9431 St. Stefan i. L.
7 6 5 4 3 2 1

Ueberreuter im Internet: www.ueberreuter.at

Vorwort

Dieses Wien-Lexikon ist ein Geschichtenbuch, wenngleich auch alles andere als eine Anekdotensammlung. Es macht sich zur Aufgabe, etwas über die Menschen zu erzählen, die im Laufe der Jahrhunderte in den Häusern der Stadt gelebt und gewirkt haben und jene Schlösser, Kirchen und Klöster errichten ließen, die bis heute das Aussehen Wiens prägen. Es sind bekannte und – hoffentlich auch für Wien-Kenner – weniger bekannte Geschichten darin gesammelt: Wer in der Winterreitschule bis unter die Decke flog, welcher König eine Tätowierung mit »Tod den Königen« trug, warum der Wahlspruch Gustav Adolfs ausgerechnet an einer Wand der Wiener Hofburg zu finden ist, wo in Wien der »Wanzentöter« steht und wo die Geschichte der Habsburger in Hieroglyphen niedergeschrieben wurde – Antworten gibt dieses Buch. Darüber hinaus beinhaltet es alle grundsätzlichen Informationen zur Baugeschichte der einzelnen Gebäude, ohne hierbei allerdings ins Detail zu gehen, denn als kunsthistorischer Stadtführer ist es nicht gedacht.

Obwohl ich es als Lexikon gestaltet habe, ist es weit davon entfernt, vollständig zu sein. Die Auswahl der hier behandelten Gebäude, Plätze, Friedhöfe und Parks ist wohlgemerkt rein subjektiv, wenngleich auch selbstverständlich die wichtigsten und bekanntesten historischen Bauten hierin zu finden sind.

Dieses Buch soll aber nicht nur als Nachschlagewerk dienen, sondern vor allem auch zum Schmökern einladen, und ich würde mich freuen, wenn die Lektüre Ihnen so viel Vergnügen bereitet wie mir das Schreiben.

Wien, im Sommer 2007
Georg Hamann

Akademie der bildenden Künste

1010, Schillerplatz 3

Die Gebrüder Strudel aus Südtirol spielten um 1700 eine bedeutende Rolle in Wiens Kunstszene. Paul, der ältere der beiden, schuf unter anderem den Figurenschmuck der Pestsäule am Graben (s. d.) und begann mit der Arbeit an den Marmorstatuen im Prunksaal der Hofbibliothek (s. Hofburg/Josefsplatz), eine Arbeit, die nach seinem Tod von seinem Bruder Peter fortgeführt wurde. Dieser machte sich aber nicht nur als Bildhauer, sondern auch als Maler einen Namen. Im Jahr 1692 gründete Peter Strudel eine private Akademie, die sich die Pflege und Lehre der Malerei, Architektur und Bildhauerei zur Aufgabe machte. Er richtete sie in den Räumlichkeiten des nach ihm benannten Strudelhofs unweit des Palais Liechtenstein in der Roßau ein. Dieses Gebäude steht heute zwar nicht mehr, sein Name lebt aber in der berühmten Jugendstilanlage der Strudlhofstiege fort. Heimito von Doderer machte diese wiederum durch seinen gleichnamigen Roman im Jahr 1951 weltbekannt.

1705 erhielt Strudels Einrichtung schließlich öffentlichen Status. Nachdem sie mehrmals ihr Quartier wechseln musste, wurde sie als »Kaiserlich königliche Akademie der vereinigten bildenden Künste« unter Joseph II. im aufgelassenen Annakloster in der Innenstadt untergebracht.

Als die Ringstraße angelegt wurde, erhielt die Akademie zwischen 1872 und 1876 endlich ein neues, pompöses Gebäude am alten Kalkmarkt (dem heutigen Schillerplatz), das nach Plänen des damals viel beschäftigten Theophil von Hansen errichtet wurde. Der Figuren-

Akademie der bildendenen Künste, davor das Schiller-Denkmal

schmuck an der Fassade stammt von den Studenten des Hauses selbst und wurde nach antiken Vorbildern geschaffen. Besonders prächtig ist der große Mittelsaal des Erdgeschoßes gestaltet, das Deckengemälde (»Titanensturz«) fertigte der berühmte deutsche Maler Anselm von Feuerbach an. Er lehrte damals selbst an der Akademie, verstrickte sich aber bald in Konflikte mit Hansen und gab seine Stellung schließlich auf. Das monumentale Gemälde stellte er in Venedig fertig, wo er nur wenige Wochen später, im Jänner 1880, starb.

Im ersten Stock des Hauses befindet sich die berühmte Gemäldegalerie, die älteste öffentlich zugängliche von Wien. Sie umfasst Hunderte Bilder aus der Zeit vom 14. bis zum 19. Jahrhundert, darunter Werke von Cranach, Rubens, Tizian und van Dyck. Das bekannteste ist sicherlich das »Weltgerichts-Triptychon« des Hieronymus Bosch, mit seiner Darstellung all der Dämonen, Teufel und Fratzen eine albtraumhafte Vision vom Ende der Welt. Auch die grafische Sammlung und das Kupferstichkabinett sind von internationaler Bedeutung.

Die Akademie der Bildenden Künste war um 1900 eine ausgesprochen konservative Hochschule, sozusagen der Gegenpol zur modernen Kunstgewerbeschule des Museums für Kunst und Industrie (s. Museum für angewandte Kunst). Besonders in der Malerei dominierte der Historismus und die hier tätigen Professoren wirkten fast alle bei der künstlerischen Ausgestaltung des einen oder anderen Ringstraßenpalastes mit.

Im Herbst 1907 versuchte auch der junge Adolf Hitler hier die Aufnahmeprüfung. Aufgrund seiner eingereichten Arbeiten wurde er zwar zum praktischen Teil, dem Probezeichnen, zugelassen, scheiterte jedoch letztlich. In der Beurteilung seiner Prüfung hieß es kurz und knapp: »wenig Köpfe« – »ungenügend«. Dass Hitlers Antisemitismus auf die Ablehnung durch jüdische Professoren zurückzuführen sei, wie es später immer wieder hieß, ist allerdings völliger Unsinn: Kein Einziger der zuständigen Professoren in der siebenköpfigen Prüfungskommission war Jude.

Albertina

1010, Albertinaplatz 1

Seit der Wiedereröffnung der Albertina im März 2003 verfügt Wien über ein weiteres Museum internationalen Ranges. Durch große Ausstellungen der Werke von Munch, Rubens oder Dürer sorgt es seither außer für großes Publikumsinteresse stets auch für Gesprächsstoff. Schon die Neugestaltung des Eingangs, den Stararchitekt Hans Hollein mit einem riesigen Metall-»Flügel« versah, wurde heftig diskutiert und rief in Medien und Öffentlichkeit manch bissigen Kommentar hervor.

Das Palais selbst stammt aus der Mitte des 18. Jahrhunderts. Emanuel Graf Tarouca, Herzog von Sylva, ein wichtiger Berater Maria Theresias, ließ sich das prächtige Gebäude auf den damals noch bestehenden Befestigungsanlagen Wiens errichten, mehr als zehn Meter über dem Straßenniveau. Nach seinem Tod erwarb die Kaiserin das Palais in unmittelbarer Nähe der Hofburg und ließ es als nobles Gästehaus einrichten.

Seinen Namen verdankt die Albertina Maria Theresias Schwiegersohn Albert von Sachsen. Seine Frau Marie Christine war die erklärte Lieblingstochter der Kaiserin, und es war ihr als einzigem der vielen Kinder gestattet, eine Liebesheirat einzugehen. Herzog Albert, der von Haus aus nicht besonders vermögend war, wurde durch die große Mitgift (darunter das schlesische Teschen) zu einem überaus reichen Mann. Einen großen Teil seines Geldes legte der kunstsinnige Herzog nun in einer Sammlung herausragender Grafiken an. Am 4. Juli 1776 gründete er mit dem Kauf der ersten 1000 Blätter die heute weltberühmte »grafische Sammlung Albertina«. Doch noch lebte er damals nicht in diesem Palais, sondern gemeinsam mit Marie Christine als Statthalter Ungarns im nahe gelegenen Pressburg (Bratislava).

Maria Theresia starb im Jahr 1780 und ihr ältester Sohn Joseph II. hatte nunmehr das Sagen. Lange schon war er eifersüchtig auf die stets bevorzugte Schwester gewesen und sandte Marie Christine nun mit ihrem Mann kurzerhand als Generalstatthalter der österreichischen Niederlande ins weit entfernte Brüssel. Für Albrecht war die Versetzung freilich ein großer Vorteil, lebte er doch für die kommenden Jahre in einem Land, das für seinen internationalen Kunstmarkt berühmt war! Seine Sammlung wuchs immer weiter an: Zeichnungen, Kupferstiche und Aquarelle von Michelangelo und Leonardo, von Rembrandt und Rubens bereicherten bald seinen Besitz. Allein von Albrecht Dürer stammten rund 140 Blätter, darunter der berühmte »Feldhase« und die »Betenden Hände«.

Als in Frankreich die Revolution ausbrach und die französischen Truppen kurz darauf auch nach Brüssel vorrückten, kehrten Albrecht und Marie Christine nach Wien zurück, wo sie nun das einstige Palais Sylva-Tarouca auf der Bastei bezogen. Marie Christine starb kurze Zeit später (1798) und ihr Witwer wohnte

Die Albertina

nun allein im riesigen Haus. Weiterhin widmete er sich leidenschaftlich der systematischen Vermehrung seiner Sammlungen und nach seinem Tod im Jahr 1822 setzte sein einziger Erbe, Adoptivsohn Karl (s. Haus der Musik), die Arbeit fort. Unter Karl fand nun auch ein abermaliger Umbau des Palais in den Formen des Klassizismus statt. Der bekannte Architekt Josef Kornhäusel schuf damals unter anderem den prachtvollen Festsaal im Zentrum der erzherzoglichen Gemächer, in dem die Statuen Apolls und der neun Musen aufgestellt wurden.

Das Vermögen, das Karl damals erbte, war in der Tat gewaltig. Neben der immens wertvollen Grafiksammlung und dem Wiener Palais bestand es aus riesigen Ländereien und Wirtschaftsbetrieben, die reichen Gewinn abwarfen. Karls Nachkommen waren bis zum Ende der Monarchie die weitaus vermögendsten Mitglieder der Familie Habsburg!

Karls ältester Sohn hieß Albrecht. Viele Jahre lang wurde er von einem Privatlehrer unterrichtet, dessen Name heute noch weltberühmt ist: Ludwig Köchel, der das nach ihm benannte Verzeichnis sämtlicher Mozartwerke erstellte (er widmete es übrigens seinem einstigen Schüler). Albrecht schlug so wie sein Vater die militärische Laufbahn ein. Das Reiterdenkmal, das auf dem Plateau der Albertinarampe steht, erinnert noch heute an den Feldherren. So wie sein Vater ein Leben lang mit dem Sieg von Aspern über Napoleon verbunden wurde (s. Hofburg/Heldenplatz), so stand Albrechts Name für den Sieg von Custozza. In jener Schlacht warf er 1866 die italienischen Truppen nieder, die für die Unabhängigkeit vom Hause Habsburg kämpften (dieser Sieg konnte freilich auch nichts gegen die nationale Einigung Italiens ausrichten). Albrecht galt als überzeugter Konservativer, als Intellektueller und als mächtige »graue Eminenz« am Hofe Franz Josephs. Für die liberalen Kräfte in der Monarchie stellte er allerdings ein Feindbild dar.

Sein Adoptivsohn Friedrich baute die ererbten Güter zu einem regelrechten Wirtschaftsimperium aus. Die Fabriken belieferten alle Teile der Monarchie mit Branntwein, Öl, Zucker und vor allem Milch und Milchprodukten: Die »Tee-Butter« etwa stammte ursprünglich aus seinen »TE-schener E-rzherzoglichen« Molkereien. Im Ersten Weltkrieg wurde ihm die Leitung des Armeeoberkommandos übertragen – ein Posten, der allerdings hauptsächlich repräsentative Aufgaben umfasste. In die Literaturgeschichte ging Friedrich später in Karl Kraus' »Die letzten Tage der Menschheit« ein. Hier wird er als dümmlicher Erzherzog »Bumsti« dargestellt.

Mit dem Ende der Monarchie fiel die wertvolle Sammlung der Albertina an den österreichischen Staat. Seit damals wurde sie durch den Ankauf bedeutender Werke und Privatsammlungen ständig vergrößert und umfasst heute rund 50 000 Zeichnungen und knapp eine Million Druckgrafiken, dazu noch Zehntausende Architekturzeichnungen und Fotografien. Neben der weltberühmten Dürersammlung gehören Werke von Schiele, Baselitz, Warhol und vielen anderen zur Kollektion.

Als die alten Stadtmauern im Zuge des Ringstraßenbaus abgerissen wurden, blieb fast nichts mehr von den Befestigungsanlagen übrig. Neben der Rampe der Mölkerbastei (s. Beethoven-Gedenkstätten) und letzten Resten des Stubentors erinnert nur noch die Albertinarampe an den einstmals mächtigen Verteidigungsring rund um die Wiener Innenstadt.

Am Albertinaplatz befand sich einst ein großes Wohnhaus, der sogenannte Philipphof. Am 12.

März 1945 wurde er durch Bombentreffer vollkommen zerstört (so wie damals auch die Albertina und die benachbarte Staatsoper schwerste Schäden erlitten). Das Gebäude brach in sich zusammen und begrub rund 300 Menschen unter sich, die in seinen Luftschutzkellern Unterschlupf gesucht hatten. Nur wenige Leichname konnten später geborgen werden. Jahrzehnte später schuf der bedeutende Bildhauer Alfred Hrdlicka an diesem Ort das Mahnmal gegen Krieg und Faschismus, das im November 1988 enthüllt wurde. Es umfasst fünf einzelne Elemente: Das »Tor der Gewalt«, »Orpheus betritt den Hades«, »Heldentod«, den »Stein der Republik« (mit der Regierungserklärung Österreichs vom 24. April 1945) und den »straßenwaschenden Juden«. Letzterer musste nachträglich mit Stacheldraht versehen werden, da ihn gedankenlose Passanten als Sitzbank missbrauchten.

Altes Allgemeines Krankenhaus – Universitätscampus

1090, Alser Straße 4

Im ausgehenden 17. Jahrhundert, also zum Höhepunkt der Türkenkriege, vermachte der kaiserliche Rat Theobald Frankh ein großes Grundstück vor den Toren Wiens den invaliden Soldaten. Zu Tausenden zogen diese damals – verkrüppelt und mittellos – über die Landstraßen oder erbettelten sich auf den Plätzen Wiens ihren Lebensunterhalt. Für sie wurde nun ein Versorgungshaus errichtet, in dem bald auch Waisen, kranke und alte Personen sowie bedürftige Studenten aufgenommen wurden. Durch private Stiftungen wurde das Areal im Laufe des 18. Jahrhunderts immer weiter vergrößert und ein Hof nach dem anderen an das ursprüngliche Gebäude angefügt. Unter Maria Theresia stieg die Zahl der hier Untergebrachten auf rund 6000 Menschen an.

Mit einem Krankenhaus im heutigen Sinn hatte es noch wenig gemeinsam, doch das sollte sich unter Kaiser Joseph II. ändern. 1783 löste er die Anstalt auf und ließ die invaliden Soldaten in einen Neubau auf der Landstraße (woran heute noch die Invalidenstraße erinnert) und die bedürftigen Zivilisten ins »Bäckenhäusel« in der Währinger Straße bringen. Mit großem persönlichem Engagement trieb er nun den Umbau des Gebäudes zu einem »modernen« Spital voran. Der Leitspruch dieser neuen Anstalt, »Saluti et solatio aegrorum« (»Die Kranken zu heilen und zu trösten«), ist heute noch über dem Haupteingang an der Alser Straße zu lesen.

Dem Allgemeinen Krankenhaus, wie es nun hieß, war auch ein Gebärhaus angeschlossen, in dem (im Regelfall unverheiratete) Frauen anonym ihre Kinder zur Welt bringen konnten. Ein separater Eingang, das »Schwangerentor«, ermöglichte ihnen jederzeit den diskreten Zugang zur Entbindungsstation. Für die Betreuung mussten sie nicht bezahlen, sofern sie sich für den praktischen Unterricht der Ärzte zur Verfügung stellten. Bereits im ersten Jahr wurden hier rund 800 Kinder geboren, die dann ins Waisenhaus kamen. Meist wurden sie später von Bauern und Handwerkern adoptiert. Johann Pezzl schrieb damals: »So gleicht sich alles gegeneinander aus! Heute wird dieser oder jener Bürgerliche zum Baron, zum Grafen erhoben, und morgen wandern ein halb Dutzend heimliche Kinder von Grafen und Baronen aus dem Findelhause auf das Dorf, um dort mit dem Pflug die Einkünfte des gnädigen Herrn Papa in der Stadt vermehren zu helfen.«

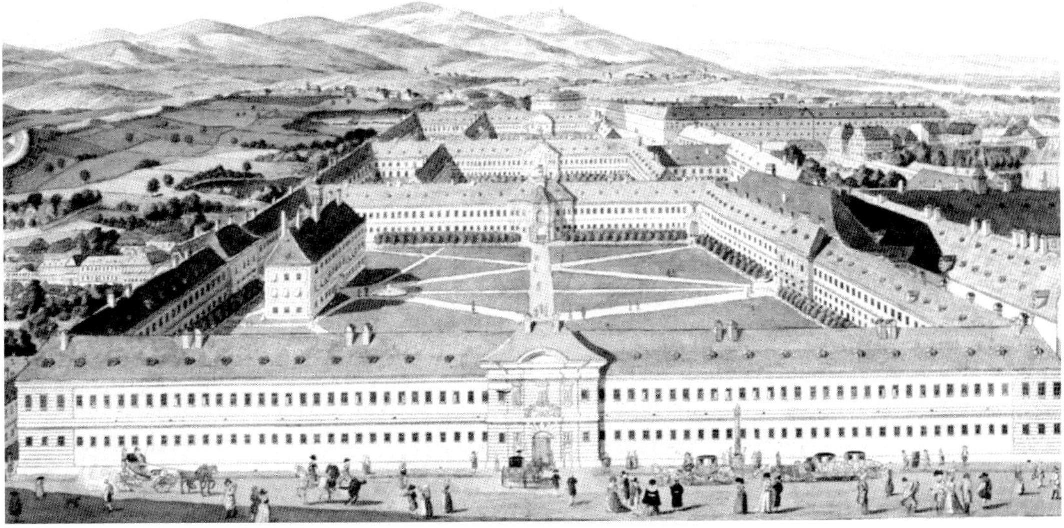

Der Komplex des alten Allgemeinen Krankenhauses

Den Patienten der übrigen Stationen wurde für die Behandlung nur so viel verrechnet, wie sie problemlos zahlen konnten, je nachdem also entweder ein Gulden, ein halber oder nur 10 Kreuzer. Wer vom Pfarrer oder dem Richter seines Heimatbezirks eine Bestätigung über seine Mittellosigkeit vorlegte, wurde sogar unentgeltlich behandelt.

Eine große Neuerung war auch die sogenannte Irrenbewahranstalt, die Joseph am Rande des Areals einrichten ließ (Hof 13, heute Pathologisch-anatomisches Museum). Im Volksmund wurde sie als »Narrenturm« bezeichnet oder wegen ihrer Form als »Kaiser Josephs Guglhupf«. Es bedeutete damals einen enormen Fortschritt, geistig Kranke nicht mehr als von Gott gestrafte Geschöpfe zu betrachten und zur Volksbelustigung durch die Gassen zu treiben, sondern als Patienten zu behandeln. Dennoch sind die Zeilen, die ein Zeitgenosse Kaiser Josephs in überschwänglichem Lob für den verehrten Monarchen verfasste, reichlich übertrieben: »Die Anstalt erhob sich für den Besucher zum Denkmale des Edlen, zum Tempel des Verklärten, in welchem das Lallen der Kranken ihm zum Lobgesang erschall.« Man darf nicht vergessen, dass dieser »Narrenturm« weiterhin mehr Ähnlichkeiten mit einem Gefängnis hatte als mit einer modernen psychiatrischen Klinik: Die Zellen waren mit schweren Ketten ausgestattet und die Fenster vergittert. Die hygienischen Verhältnisse waren selbst für damalige Zeiten miserabel, vor allem, wenn im Frühling die vereisten Kotschächte auftauten und beißenden Gestank verbreiteten.

Im 19. und beginnenden 20. Jahrhundert war das Allgemeine Krankenhaus das berühmteste und modernste Spital der Welt. Aus ganz Europa, aus den USA, ja sogar aus Japan kamen die Studenten, um an der Wiener medizinischen Fakultät ihren Beruf zu erlernen. Erhielt ein Arzt damals den Ruf, als Professor nach Wien zu kommen, so konnte er sich endgültig zur Elite seines Standes zählen. Im Arkadenhof der nahe gelegenen Universität (s. d.) stehen zahlreiche Porträtbüsten, die an die großen Mediziner jener Zeit erinnern, und auch in den Höfen des alten AKH erinnert so manches Denkmal an sie: an Theodor Billroth (s. Rudolfinerhaus) etwa, nach dessen Vorgaben heute noch Operationen durchgeführt werden, an Ferdinand von Hebra, den Begründer der modernen Dermatologie, an Ignaz Semmelweis, den Bezwinger des Kindbettfiebers, Karl Landsteiner, den Entdecker der Blutgruppen und des Rhesusfaktors, Julius von Wagner-Jauregg (s. Rudolfinerhaus), Robert Barany und viele andere. Mehrere von ihnen wurden mit dem Nobelpreis ausgezeichnet.

Im Jahr 1988 überließ die Stadt Wien den weitläufigen, aber baufälligen Gebäudekomplex der Universität, die schon lange über akuten Raummangel zu klagen hatte. Als 1994 mit der II. Augenklinik die letzte Krankenhausstation das alte AKH verließ, ging eine 200 Jahre währende Spitalsgeschichte endgültig zu Ende. In die neu adaptierten Räume zogen nun Institute, Kanzleien, Bibliotheken und Servicestellen der Universität ein. Mit den Studierenden kamen auch Lokale mit ihren Gastgärten und Geschäfte, die dazu beitrugen, dass das alte AKH heute ein attraktives, neues Viertel inmitten historischer Mauern ist.

Altes Rathaus

1010, Wipplingerstraße 8, Salvatorgasse 7

Manche Habsburger waren im Mittelalter nicht bei allen Wienern gerne gesehen. Im Laufe der Zeit flammten immer wieder Aufstände gegen die Landesherren auf, so auch im Jahr 1309 gegen (den selbst in seiner eigenen Familie unbeliebten) Herzog Friedrich den Schönen. Ein gewisser Otto Haymo von Neuburg, damals Stadtrichter, war maßgeblich an der Verschwörung beteiligt und musste nach deren Niederschlagung Wien fluchtartig verlassen. Sein Besitz wurde von Friedrich konfisziert und kurz darauf dem Wiener Stadtrat übergeben. Für diesen traf es sich sehr günstig, dass das Haus des Vertriebenen direkt neben dem damaligen Rathaus lag, einem zu jener Zeit noch sehr bescheidenen und engen Gebäude zwischen Salvatorgasse und Wipplingerstraße. Nun konnte man Haymos Grund gleich zu einem großzügigen Ausbau des Rathauses verwenden.

Im Laufe der Zeit wurden noch weitere benachbarte Gebäude aufgekauft und so wuchs das alte Rathaus immer weiter. Sein heutiges Aussehen erhielt es im frühen 18. Jahrhundert, als die prachtvolle Fassade mit dem üppigen Figurenschmuck der beiden Portale entstand (in der schmalen Wipplingerstraße konnte sie allerdings ihre volle Wirkung leider nie entfalten). Kurze Zeit später, im Jahr 1741, entstand im Innenhof der wunderschöne Andromedabrunnen, das letzte Werk, das der berühmte Georg Raphael Donner für die Stadt Wien schuf. Bereits wenige Jahre zuvor hatte er im Auftrag des Magistrats einen Brunnen gestaltet, jenen der Providentia am Hohen Markt, sein Meisterwerk schlechthin. (s. Belvedere)

Das Alte Rathaus war nicht nur Sitz der Stadtverwaltung, sondern verfügte in früheren Zeiten auch über ein kleines Gefängnis. Darüber hinaus fanden hier – in einem Gewölbe zwei Stockwerke tief unter der Erde – vereinzelt Hinrichtungen statt. Berühmtester Delinquent war Graf Nádasdy, der an der ungarischen Magnatenverschwörung gegen Leopold I. beteiligt war. In den 1660er-Jahren hatte sich der Unmut vieler ungarischer Aristokraten über die Habsburgerherrschaft verstärkt, sie wollten in Absprache mit Frankreich und den Türken ein eigenes Wahlkönigreich gründen. Nachdem es bereits zu mehreren Gefechten zwischen Kaiserlichen und Aufständischen gekommen war, wurden im Jahr 1670 einige Verschwörer gefangen genommen, darunter auch Nádasdy. Am 30. April 1671 führte man ihn in den unterirdischen Saal des Rathauses, wo ihm vor einem schwarz verhangenen Altar der Kopf abgeschlagen wurde. Als Zeichen »übergroßer Gnade« durfte er zumindest seine rechte Hand behalten (Hochverrätern wurde die Schwurhand nämlich im Regelfall noch vor der Hinrichtung abgehackt). Sein Leichnam wurde daraufhin im Innenhof vor Tausenden Schaulustigen ausgestellt.

Spätestens in der zweiten Hälfte des 19. Jahrhunderts erwiesen sich die Räumlichkeiten des Alten Rathauses als zu klein, um den Erfordernissen der immer weiter anwachsenden Metropole Wien entsprechen zu können. Ab 1868 liefen daher die Vorbereitungen für einen Neubau an der Ringstraße (s. Rathaus). Die letzte Sitzung des Gemeinderats im alten Gebäude der Wipplingerstraße fand am 20. Juni 1885 statt und mit ihr endete auch die 500-jährige Geschichte des Alten Rathauses. Das Gebäude gehört heute noch der Stadt Wien und ist Sitz einer Magistratsabteilung und des Dokumentationsarchivs für den österreichischen Widerstand. Auch das Bezirksmuseum Innere Stadt ist hier untergebracht.

Zum Gebäudekomplex des Alten Rathauses gehört auch die gotische Salvatorkapelle, die auf eine Privatkapelle des einstigen Hausherren Otto Haymo von Neuburg zurückgeht. Einst befand sie sich im oberen Geschoß des Hauses und wurde erst um 1360 – als dieses schon

Portal der Salvatorkapelle

längst dem Stadtrat gehörte – auf das Straßenniveau abgesenkt. In der ersten Hälfte des 16. Jahrhunderts wurde sie um das nördliche Seitenschiff erweitert. Damals entstand auch das wunderschöne Renaissanceportal (Salvatorgasse 5), dessen originaler Figurenschmuck sich heute im Wien Museum befindet. Bis ins Jahr 1783 wurden von der Wiener Stadtregierung die »Salvatormünzen« (auch »Salvatormedaillen« genannt) an besonders verdienstvolle Bürger verteilt. Sie zeigten auf der einen Seite das Stadtwappen und auf der anderen eine Abbildung der Salvatorstatue, die hier am Hochaltar steht.

Als im Jahr 1870 im Zuge des Ersten Vatikanischen Konzils die »Unfehlbarkeit« des Papstes zum kirchlichen Dogma gemacht wurde, regte sich heftiger Widerstand innerhalb der katholischen Gemeinschaft. 1871 wurde von den Unzufriedenen die »Altkatholische Kirche« gegründet, die sich auf die ursprüngliche christliche Lehre des ersten Jahrtausends berief und sich als von Rom unabhängig erklärte. Im Gegenzug wurden ihre Mitglieder vom Papst exkommuniziert. Nicht nur in Österreich hatten es ihre Anhänger dementsprechend schwer, Kirchenräume für ihre Gottesdienste zu finden. Die Liberalen, damals in der Wiener Stadtregierung tonangebend und selbst kritisch den Neuerungen des Vatikanums gegenüberstehend, stellten den Altkatholiken die Salvatorkapelle des Rathauses zur Verfügung. Bis heute ist sie deren Kirche.

Altes Universitätsviertel

1010, Sonnenfelsgasse, Dr.-Ignaz-Seipel-Platz, Postgasse

Rund um den heutigen Dr.-Ignaz-Seipel-Platz erstreckte sich vom ausgehenden 14. bis zur Mitte des 19. Jahrhunderts das Wiener Universitätsviertel, hier lagen die Hörsäle, Kanzleien und Bibliotheken, die Wohnungen der Professoren und die Studentenheime. Manches zwischen Sonnenfelsgasse, Bäckerstaße und Postgasse erinnert heute noch an die wechselvolle Geschichte der »Alma Mater Rudolfina«.

Im Jahr 1365 unterzeichnete der ehrgeizige Habsburgerherzog Rudolf IV. in einer feierlichen Zeremonie die Gründungsurkunde der Wiener Universität. Nach dem Vorbild seines Schwiegervaters Kaiser Karl IV., der bereits knapp zwanzig Jahre zuvor die Prager Universität gegründet hatte, wollte Rudolf damit seine Residenzstadt Wien aufwerten. Da er allerdings wenige Monate später starb, blieben noch viele organisatorische Fragen ungelöst. Vor allem fehlte neben der juridischen, der medizinischen und der »Artistenfakultät« (aus der später die philosophische Fakultät hervorging) die damals wichtigste, nämlich die theologische. Erst im Jahr 1384 wurde diese der Universität vom Papst bewilligt.

Die Studenten kamen damals aus fast allen Teilen Europas nach Wien und waren je nach Herkunft in vier »Nationen« zusammengefasst: der österreichischen, der ungarischen, der sächsischen und der rheinischen. Sie erfüllten für ihre Mitglieder vielerlei soziale, rechtliche und religiöse Aufgaben, hatten ihre eigenen kirchlichen Patrone und Feiern. Die Studenten, deren gemeinsame Verständigungssprache das Latein war, lebten in »Bursen« zusammen, also in Wohnheimen, die in mehreren Häusern des Viertels untergebracht waren. Die Rosenbursengasse erinnert heute noch an eines dieser Heime (vom Wort Burse leitet sich übrigens die Bezeichnung für junge Männer ab: die »Burschen«).

Der Siegeszug der Reformation hinterließ auch in Wien tiefe Spuren. Die Stadt war überwiegend lutherisch geworden und die meisten Studenten wanderten in die Zentren der neuen evangelischen Lehre aus, um dort zu studieren. Ihre Zahl sank von rund 800 im Jahr 1515 auf gerade einmal 30 im Jahr 1530. Kaiser Ferdinand I. holte zur Mitte des 16. Jahrhunderts den Orden der Jesuiten nach Wien, der in der Ausbildung der Jugend und der Durchsetzung des Katholizismus eine wichtige Rolle spielen sollte. 1623 wurde den Jesuiten von Ferdinand II. die

Die Jesuitenkirche, links die Akademie der Wissenschaften

theologische und die Artistenfakultät übertragen, ab nun sollten sie 150 Jahre lang die Geschicke der Wiener Universität maßgeblich lenken. Um alle Protestanten vom Lehrbetrieb fernzuhalten, mussten ab nun übrigens ein Mal im Jahr sämtliche Mitglieder der Hochschule einen feierlichen Eid auf die Unbefleckte Empfängnis Mariens ablegen – das war in der Tat etwas, was ein Lutheraner niemals tun würde!

Mehrere Häuser wurden nun aufgekauft, um Platz für eine prächtige Universitätskirche und das anschließende, neue Kollegiumsgebäude zu schaffen. Diese Kirche Maria Himmelfahrt (Dr.-Ignaz-Seipel-Platz), deren Grundstein 1624 der Kaiser selbst legte, sollte ein sichtbares Zeichen des Triumphes über die Protestanten werden, immerhin hatte man erst vor Kurzem die Schlacht am Weißen Berg gegen sie gewonnen. Dass der grauenhafte – dreißigjährige – Krieg damit noch lange nicht vorbei war, konnte man damals schließlich nicht wissen.

Im beginnenden 18. Jahrhundert fand eine großzügige Umgestaltung der Kirche statt. Andrea Pozzo – selbst ein Jesuitenschüler – schuf einen prachtvollen barocken Innenraum, dessen Decke er mit einer grandiosen Scheinarchitektur versah. Wer sich auf den einzigen hellen Marmorstein auf dem Boden stellt, erhält die perfekte Illusion einer weit aufragenden Kuppel über sich. So wie auch in den Nischen der Aussenfassade finden sich im Kircheninneren Darstellungen der beiden berühmtesten Jesuitenheiligen, des Ordensgründers Ignatius von Loyola und Franz Xavers, der am Schalldeckel der Kanzel bei der Taufe zweier »Heidenknaben« gezeigt wird (die hier übrigens eindeutig aus Afrika zu kommen scheinen – dort hat der Heilige allerdings nie missioniert, sondern nur in Indien und Japan).

Nur wenige Schritte von der Jesuitenkirche entfernt befindet sich das ehemalige Amtshaus der Alten Universität (Domus antiqua, Sonnenfelsgasse 19). Ab 1628 war hier neben der Kanzlei und einem Sitzungssaal auch der Karzer, also das Gefängnis, untergebracht. Das Recht, ihre Angehörigen selbst für Vergehen zu bestrafen, zählte zu den besonderen Privilegien der Universität und schloss sogar die Blutgerichtsbarkeit ein. Zahlreiche Fälle von Raub, Diebstahl, Raufhandel, Bigamie, Ehebruch, Majestätsbeleidigung und auch Mord und Totschlag sind dokumentiert. Die Studenten galten im Allgemeinen als rauflustige Unruhestifter, die sich immer wieder Schlägereien mit den Wiener Handwerksburschen lieferten und die Obst- und Weingärten der Bauern plünderten. Längere Haftstrafen waren jedoch selten, zumeist wurde der Karzer als Ausnüchterungszelle verwendet. In 400 Jahren wurden sieben Todesurteile verhängt, aber nur zwei vollstreckt.

Diese Sondergerichtsbarkeit sorgte übrigens immer wieder für heftige Auseinandersetzungen mit der städtischen Obrigkeit, die lieber selbst hart gegen die Missetäter durchgreifen wollte. Ein Wiener Bürgermeister drohte Mitte des 15. Jahrhunderts sogar, mit geharnischten Soldaten ins Universitätsviertel einzumarschieren. Dem Rektor schrie er entgegen: (Ich will) »euch Doktoren auf die Glatzen schlagen, dass euch das Blut über die Mäuler rinnen wird!« Zum Glück entspannte sich die Situation damals wieder und die Universitätsgerichtsbarkeit blieb bis in die Zeit Josephs II. unangetastet.

Das »domus antiqua« wurde im frühen 18. Jahrhundert umgestaltet. Damals entstand auch der kleine Balkon mit dem hübschen schmiedeeisernen Gitter, auf dem das Wiener Universitätswappen angebracht ist: die Hand mit offenem Buch und den Buchstaben U V (für Universitas Viennensis).

Als repräsentative Erweiterung der alten Universität wurde zur Mitte des 18. Jahrhunderts das sogenannte Aulagebäude nach Entwürfen des Lothringer Architekten Jean Nicolas Jadot de Ville-Issey errichtet (heute Österreichische Akademie der Wissenschaften, Dr.-Ignaz-Seipel-Platz 2). Die feierliche Eröffnung fand im Frühjahr 1756 (und nicht 1754, wie es in der Inschrift auf der Fassade heißt) durch Maria Theresia und Kaiser Franz I. statt, auf das Kaiserpaar verweisen auch das große Kombinationswappen von Österreich und Lothringen auf der Attika und die Wappen Ungarns und Böhmens an den Seitenfassaden.

Besonders prachtvoll ist der große Festsaal im ersten Stock gestaltet, für den Gregorio Guglielmi das Deckenfresko mit der allegorischen Darstellung der vier Fakultäten und einer Apotheose auf das Herrscherpaar schuf. Auch der kleine Sitzungssaal (ehemaliger Theologie- oder Johannessaal) ist sehenswert, wenngleich leider nicht immer zugänglich. Ihn versah der berühmte Rokokomaler Franz Anton Maulpertsch mit Fresken.

In der neu errichteten Aula waren knapp 100 Jahre lang die medizinische und die juridische Fakultät untergebracht, auch befand sich die Universitätssternwarte hier, die auf alten Darstellungen noch deutlich auf dem Dach zu erkennen ist. Zwar zeigte sich bald, dass eine so zentrale Lage der Sternwarte wegen der Staub- und Rauchentwicklung in der Stadt nicht sehr vorteilhaft war, die Forderung nach einem Neubau am Stadtrand wurde aber erst 1872 erfüllt: Die Sternwarte beim Türkenschanzpark in Währing entstand.

Die Medizinvorlesungen fanden im Erdgeschoß des Gebäudes statt, wo sich auch das chemische Labor und das anatomische Theater, also der Seziersaal, befand. Besonders an heißen Sommertagen litt die Umgebung dementsprechend am unangenehmen Leichengeruch.

Das Jahr 1848 bedeutete das Ende der Alten Universität. Die Wiener Studenten spielten ja eine führende Rolle bei der Revolution und kämpften an vorderster Front gegen das autoritäre Metternich'sche System. Das Aulagebäude war damals ihr Hauptquartier und diente als Sitz der Akademischen Legion, die im Frühjahr 1848 rund 4000 Mann stellte. Nach der Einnahme Wiens durch die kaiserlichen Truppen und der blutigen Niederschlagung der Revolution mussten viele Angehörige der Universität fliehen, andere wurden verhaftet oder zwangsrekrutiert. Der Lehrbetrieb wurde vorläufig eingestellt und in die Räumlichkeiten der Aula zog nun das Militär ein, worunter übrigens auch die hier aufbewahrten anatomischen Sammlungen litten: Die Soldaten warfen die Präparate weg und tranken den Alkohol aus.

Erst 1857 verließ das Militär das Gebäude, das nun der Akademie der Wissenschaften übergeben wurde. Die Vorlesungen der einzelnen Fakultäten fanden noch lange in allen möglichen Aushilfsquartieren statt, bis im Jahr 1884 die neue Universität (s. d.) an der Ringstraße eröffnet wurde.

Altlerchenfelder Kirche

1080, Lerchenfelder Straße 107–109/Schottenfeldgasse 99

Die alte Pfarrkirche erwies sich in der ersten Hälfte des 19. Jahrhunderts als zu klein für die rasch anwachsende Vorstadt Lerchenfeld, weshalb man sich zu einem kompletten Neubau entschloss. Im Stil der Neo-Renaissance sollte er gestaltet sein, ein mächtiges Gebäude für nicht weniger als 3000 Menschen. Mit Ausbruch der Revolution 1848 änderte sich die Lage allerdings: Junge Künstler und Baumeister schlossen sich damals im neu gegründeten »Ingenieur- und Architektenverein« zusammen und protestierten energisch gegen die Bevormundung durch den »kaiserlich königlichen Hofbaurat«, der das Konzept zum Neubau ohne öffentliche Ausschreibung verfügt hatte. Sie erzwangen nun die Durchführung eines Architektenwettbewerbs, den der Schweizer Johann Georg Müller gewann. Seine Entwürfe orientierten sich nicht mehr an der Renaissance, sondern am deutschen und italienischen Mittelalter.

Wenige Jahre später war der monumentale Bau vollendet. Er war damals neben dem Stephansdom die zweitgrößte Kirche Wiens, wurde wenige Jahre später allerdings von der Votivkirche, die damals noch nicht fertiggestellt war, auf den dritten Platz verdrängt.

Das Besondere an der Altlerchenfelder Kir-

Die Altlerchenfelder Kirche

che ist der komplett ausgemalte Innenraum: Die Wandflächen sind mit riesigen farbigen Fresken versehen und reich mit Gold und bunter Dekorationsmalerei verziert. Unter der Leitung des Malers Joseph Führich entstand dieser monumentale Freskenzyklus, der schon in der Vorhalle mit der Darstellung der Schöpfungsgeschichte beginnt, sich in den beiden Seitenschiffen mit Szenen aus dem Alten und Neuen Testament fortsetzt, im Hauptschiff Motive aus dem Leben Jesu zeigt und schließlich in der Abbildung des Jüngsten Gerichts im Chorraum gipfelt. Neben Führich waren mehrere andere Maler bei der künstlerischen Ausgestaltung dieses Raumes beschäftigt, unter anderem Leopold Kupelwieser, der damals auch bei der Gestaltung der Nepomukkirche an der Praterstraße mitwirkte. Allesamt waren es Vertreter einer bestimmten Malschule, die sich aus dem »Lukasbund« des frühen 19. Jahrhunderts entwickelt hatte. Die zumeist jungen deutschen und österreichischen Künstler stellten sich damals mit ihrer Hinwendung zu religiösen Motiven bewusst gegen den Rationalismus und gegen den Geist der Aufklärung, der unter Joseph II. einst zu spüren gewesen war. Ganz der Romantik verschrieben, wollten sie ihr eigenes, frommes Empfinden in ihrer Kunst ausdrücken. Ihre Aufgabe sahen sie darin, die religiöse Kunst zu erneuern und wieder mit Empfindung und frischem Leben zu erfüllen. Joseph Führich, Hauptgestalter der Altlerchenfelder Kirche, wurde gar der »Theologe mit dem Stifte« genannt.

Viele dieser Männer ließen sich in ihrer Jugend die Haare lang wachsen, so wie sie es von den Selbstporträts Albrecht Dürers oder den Bildern Giottos her kannten, und zogen nach Rom, um sich dort durch die Fresken und Mosaiken der frühchristlichen Kirchen inspirieren zu lassen. Dort bezeichnete man sie wegen ihrer Haartracht scherzhaft als »Nazarener«, ein Begriff, der später Eingang in die Kunstgeschichte fand. In der zweiten Hälfte des 19. Jahrhunderts verkam diese Art der Malerei aber zunehmend zu einer künstlerischen Schablone voller Sentimentalität und Süßlichkeit. Als »frömmlerisch« wurde sie (und wird sie immer noch) von vielen bezeichnet.

Am Hof

1010, Am Hof

Als die Babenberger zur Mitte des 12. Jahrhunderts ihre Residenz nach Wien verlegten, ließen sie sich dort, wo heute die Kirche »Zu den neun Chören der Engel« steht, ihre romanische Burg errichten. Für über 100 Jahre sollte dieser »wunnigliche Hof ze Wienne«, wie Walther von der Vogelweide ihn nannte, Zentrum der herzoglichen Macht sein. Nach dem Aussterben der Babenberger und nachdem der Böhmenkönig Ottokar Přemysl mit dem Bau der Hofburg (s. d.) begonnen hatte, verlor das große Gebäude nach und nach an Bedeutung. Die Habsburger – nach dem Tod Ottokars die neuen Landesherren – richteten hier die »landesfürstliche Münze« ein und in der zweiten Hälfte des 14. Jahrhunderts wurde an ihrer Stelle schließlich die Kirche des Karmeliterordens erbaut (im Zuge der späteren Barockisierung blieb nur der gotische Chor bestehen, den man heute noch vom kleinen Schulhof aus betrachten kann).

Bis ins späte 15. Jahrhundert wurden hier noch Ritterturniere veranstaltet, doch hatte der Platz vor der Kirche längst schon hauptsächlich den Charakter eines Marktes angenommen. Wein etwa wurde hier verkauft und warme Winterkleidung, darüber hinaus Fische und Krebse aus der Donau (aus den »Krebslern«, den Krebsverkäufern, soll sich übrigens der Wiener Ausdruck für Gemischtwarenhändler entwickelt haben: der »Greißler«). Auch manche öffentliche Hinrichtung wurde damals Am Hof durchgeführt.

Berühmtester Delinquent war Graf Ferdinand von Hardegg, dem man 1595 vorwarf, die Festung Raab »ohne die höchste Not« den Türken übergeben zu haben. Nachdem man ihm die Schwurhand abgehackt hatte, fiel auch sein Kopf. Nach ihm bestieg der Baumeister der Festung das Podest, auch er zum Tode verurteilt. Diesmal enttäuschte der Scharfrichter die erwartungsvolle Menge, denn sein erster Schwertstreich trennte den Kopf noch nicht vom Körper ab, mehrere Male musste er zuschlagen, bis der Verurteilte qualvoll gestorben war. Solche Szenen waren nicht gerne gesehen, denn das Volk bestand auf der meisterlichen Durchführung der Enthauptung. Es sind Fälle bekannt, da ein Henker nach solch »verpatztem Auftritt« vom Mob gelyncht wurde. Die Anwesenheit von Soldaten diente deshalb nicht etwa dem Zweck, eine etwaige Flucht des Delinquenten zu verhindern, sondern vielmehr dem Schutz des Scharfrichters, falls er versagte! Damals jedenfalls mussten die Pikeniere eingreifen und diesen vor der wütenden Menge in Sicherheit bringen.

Ähnlich dramatische Szenen spielten sich Am Hof im Jahr 1848 ab. Zu Beginn der Revolution herrschte noch allgemeine Hochstimmung in Wien. Der verhasste Staatskanzler Metternich war geflohen und in der Nacht auf den 14. März zogen die Aufständischen im Fackelschein und unter Jubelrufen zum bürgerlichen Zeughaus (Am Hof 10, heute Feuerwehrzentrale). Der Kaiser hatte zuvor der Volksbewaffnung zustimmen müssen und an die neu gegründete Nationalgarde wurden nun Gewehre ausgegeben. Die Zensur wurde aufgehoben, die Pressefreiheit verkündet, eine freiheitliche Verfassung zugesichert, kurz: Es war ein Moment des Triumphes für Bürger, Arbeiter, Studenten und Bauern. Das Volk hatte sich seine Rechte erkämpft! Ein halbes Jahr später sah die Lage jedoch völlig anders aus: Die einheitliche Front der Revolution war längst zerbröckelt, charismatische Führungspersönlichkeiten fehlten. Die Regierung hatte zwar vieles versprochen, aber nur wenig gehalten, und währenddessen formierten sich die kaiserlichen Truppen zum Sturm auf Wien. Nach blutigen Zusammenstößen mit der Armee stürmten die Aufständischen am 6. Oktober das ehemalige Kriegsministerium (Am Hof 2, später abgerissen). Man zerrte den Minister Graf Latour aus seinen Amtsräumen, massakrierte ihn grausam und hängte seinen Leichnam an einer Laterne auf. An der endgültigen

Das ehemalige bürgerliche Zeughaus am Hof

Niederschlagung der Revolution änderte diese Bluttat freilich auch nichts mehr. Drei Wochen später rückten nach schweren Gefechten die kaiserlichen Truppen in Wien ein.

In der Mitte des Platzes steht die barocke Mariensäule, ein besonders wichtiges Monument der österreichischen Gegenreformation. 1645, also während des Dreißigjährigen Krieges, standen die Schweden unter General Torstenson vor Wien. Kaiser Ferdinand gelobte damals feierlich, seine Länder dem »Unbefleckten Herzen Mariens« zu weihen, falls Wien gerettet werden sollte. Die Situation war damals tatsächlich kritisch, da geschah das Unerwartete: Die Schweden rückten ab. Zum Dank errichtete man nun eine steinerne Mariensäule, die 20 Jahre später von Leopold I. durch eine Bronzekopie ersetzt wurde. Der plötzliche Abzug der Schweden war übrigens weniger einem Wunder zu verdanken als vielmehr der Tatsache, dass deren erwartete Unterstützung durch die ungarischen Truppen nicht eintraf. Es waren ausgerechnet die Türken, die ihren ungarischen Vasallen damals den Zug gegen Wien untersagten, denn damit wäre der bestehende Waffenstillstand zwischen Österreich und dem Osmanischen Reich gebrochen worden!

Auf jener Inschriftentafel, die der Kirche zugewandt ist, kann man den Hinweis auf die »pietas Austriaca« lesen (also die »österreichische Frömmigkeit«). Er war mehr als nur ein religiöses Bekenntnis, sondern drückte die Bereitschaft der romtreuen Habsburger aus, den Katholizismus gegen alle Feinde zu verteidigen. Man beachte in diesem Zusammenhang die geharnischten Engel an den Ecken des Säulenpodests. Sie kämpfen gegen die vier Übel: Krieg (in Gestalt des Löwen), Hunger (Drache), Pest (Basilisk) und schließlich die Ketzerei in Gestalt der doppelzüngigen Schlange.

Geht man an der Kirchenfassade vorbei, gelangt man zum Palais Collalto (Am Hof 13), gleich neben dem Durchgang zum Schulhof. In diesem Hause fand am 9. Oktober 1762 das erste Konzert des sechsjährigen Wolfgang Amadeus Mozart in Wien statt. Er war damals gemeinsam mit seiner vier Jahre älteren Schwester Nannerl und den Eltern zum ersten Mal in der Haupt- und Residenzstadt. Graf Thomas Vinciguerra Collalto, ein großer Musikliebhaber, ließ es sich nicht nehmen, das berühmte Wunderkind aus Salzburg in seinem vornehmen Palais seinen Gästen vorspielen zu lassen.

Am Steinhof

1140, Baumgartner Höhe

Der berühmte Jugendstilarchitekt Otto Wagner hatte um 1900 eine treue Anhängerschaft, doch gab es neben den vielen glühenden Verehrern seiner Kunst mindestens ebenso viele entschiedene Gegner. Als im Jahr 1907 die »Niederösterreichische Landes-Heil- und Pflegeanstalt für Geistes- und Nervenkranke«, kurz »Landesirrenanstalt« genannt, eröffnet wurde, sorgte insbesondere die dazugehörende Kirche für Irritationen. Ein Lokalpolitiker ereiferte sich damals: »Wir katholische Christen verlangen von einer Kirche, dass sie auch wie eine Kirche aussieht« und nicht wie das »Grabmal eines indischen Maharadschas«! Auch Thronfolger Franz Ferdinand, bekanntlich kein Freund der modernen Kunst, zeigte sich anlässlich der Eröffnungsfeier reserviert, ja ablehnend. Nachdem Wagner ihm den neuen Kir-

Otto Wagners Kirche Am Steinhof

chenbau erläutert hatte, hielt Franz Ferdinand eine Ansprache, die er mit den Worten beendete: »Der Maria-Theresien-Stil ist doch der schönste.« Wagner erinnerte sich: »Ich erwiderte ihm, dass zur Zeit Maria Theresias die Kanonen verziert gewesen seien, während man sie heute vollkommen glatt mache. – Mit ungeheurem Hochmut wendete er sich von mir ab, und sein Hass verfolgte mich, trotz mehrfachen Interventionen, derart, dass ich eine Anzahl Aufträge verlor, für die ich in Aussicht genommen war.«

Die Leopoldskirche am Steinhof ist Wagners einziger Sakralbau, denn seine Entwürfe für die Neugestaltung der Kapuzinerkirche in Wien oder den Berliner Dom wurden nie verwirklicht. Schon von Weitem ist das mächtige, aber dennoch elegante Gebäude am Hang des Gallitzinberges sichtbar. Mit seiner hohen, goldenen Kuppel dominiert es die gesamte Spitalsanlage. So wie bei der gleichzeitig entstehenden Postsparkasse (s. d.) verwendete Wagner auch hier dünne, weiße Marmorplatten, die mit Kupfernägeln an den Ziegelmauern befestigt wurden. Das Innere der Kirche ist ein überwältigender, heller Zentralraum, das Licht fällt durch große, teils farbige Glasmosaikfenster, die der berühmte Kolo Moser schuf.

Wagner hatte sich im Zuge der Planungsphase intensiv mit den Ärzten der »Landesirrenanstalt« ausgetauscht und nahm nun dementsprechend Rücksicht auf einige Besonderheiten der hier untergebrachten Patienten und Patientinnen. Zunächst einmal sollte äußerste Hygiene in der Kirche herrschen: Der Fußboden wurde zum Altar hin leicht abgeschrägt, nicht nur, um den weiter hinten Sitzenden einen besseren Blick zu ermöglichen, sondern vor allem, um leichter gereinigt werden zu können. Auch für die Weihwasserbecken ließ sich Wagner etwas Besonderes einfallen: Um bakterielle Infektionen zu vermeiden, ließ er das Wasser aus Öffnungen herabtropfen. Die kurzen Kirchenbänke ermöglichten den Wärtern einen schnellen Zugriff auf unruhige oder aggressive Patienten, darüber hinaus sorgten separate Zugänge für Männer und Frauen für die damals strenge Geschlechtertrennung. 2006 wurde die Kirche nach Jahren der Renovierung wiedereröffnet und ist heute im Rahmen von Führungen wieder zu besichtigen.

Unterhalb der Leopoldskirche liegen die 34 Spitalspavillons und mehrere Nebengebäude, alles zusammen bildet heute das »Sozialmedizinische Zentrum Otto-Wagner-Spital«. Die psychiatrischen Abteilungen sind nur noch im östlichen Teil der Anlage untergebracht.

Auf der Mittelachse, zwischen Haupteingang und Kirche, steht das Jugendstiltheater, zwischen 1904 und 1907 als »Gesellschaftshaus« errichtet. Es war ein Mehrzweckgebäude mit Theater und Festsaal für 600 Personen. Nur selten fanden hier jedoch tatsächlich Veranstaltungen für die Patienten statt, wie Varieteabende, Tanzkurse oder Weihnachtsfeiern. Das Gebäude ist zwar Teil der von Otto Wagner entworfenen Gesamtanlage, wurde wie alle übrigen Bauten – wohlgemerkt mit Ausnahme der Kirche – von anderen Architekten ausgeführt (Wagners einziger Theaterbau war übrigens das Harmonietheater in der Wasagasse, das aber schon lange nicht mehr existiert).

Vor dem Jugendstiltheater befindet sich seit 2002 das Mahnmal für die zwischen 1940 und 1945 ermordeten »Kinder des Spiegelgrunds«. Von den Nationalsozialisten als »Ballastexistenzen« und »unnütze Esser« bezeichnet, wurden hier – in der zweitgrößten Euthanasieanstalt des damaligen Deutschen Reiches – knapp 800 kranke und geistig behinderte Kinder getötet (diese Zahl ist zumindest dokumentiert, vermutlich waren es noch viel mehr!).

Arsenal

1030, Arsenalstraße

Im Jahr 1849 wurde vor den Toren Wiens mit dem Bau des Arsenals begonnen. Der Schock über die soeben blutig niedergeschlagene Revolution saß der reaktionären Obrigkeit damals tief in den Knochen, weshalb sie nun an strategisch günstigen Stellen rund um die Stadt Militärkasernen errichtete, um im Falle eines neuerlichen Aufstandes gewappnet zu sein (s. Roßauer Kaserne). Während man das alte Arsenal (s. Börse), das im Zuge der Revolution geplündert worden war, aufließ, baute man hier einen riesigen, festungsartigen Komplex, in dem neben einer Artilleriekaserne auch eine Militärschule, eine Waffenmanufaktur und mehrere Depots untergebracht wurden.

Im Zentrum der weitläufigen Anlage steht

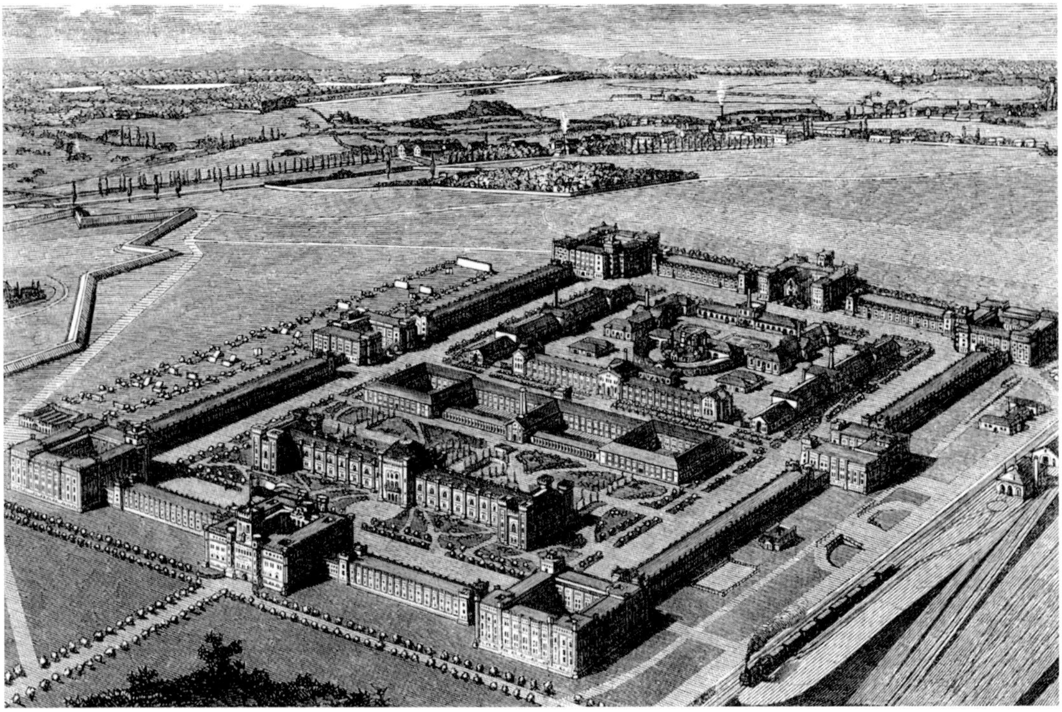

Der Gebäudekomplex des Arsenals

das Heeresgeschichtliche Museum, das von Theophil von Hansen und Ludwig Förster geplant wurde. So wie die übrigen Gebäude ist es ein markanter Rohziegelbau, der – es war die Zeit des frühen Historismus – eine einigermaßen skurrile Mischung aus romanischen, gotischen, maurischen und byzantinischen Stilelementen aufweist. Das Museum hatte vor allem die Aufgabe, den Ruhm des Hauses Habsburg und seiner Truppen zu verdeutlichen, was gleich nach dem Betreten der Feldherrenhalle beim Eingang deutlich wird. Hier sind sechzig lebensgroße, marmorne Statuen der, wie es hieß, »berühmtesten, immerwährender Nacheiferung würdigen Kriegsfürsten und Feldherren Österreichs« von den Babenbergern bis ins 19. Jahrhundert aufgestellt. Durch das freskengeschmückte Stiegenhaus gelangt man in den ersten Stock, in die »Ruhmeshalle«, an deren Wänden die Gedenktafeln für sämtliche gefallene Generäle und Obristen seit dem 17. Jahrhundert bis 1918 angebracht sind. Links davon beginnt die Schausammlung der Waffen, Rüstungen und Gemälde aus der Zeit des Dreißigjährigen Krieges, der Türkenkriege und der Feldzüge Maria Theresias gegen Preußen.

Ein eigener Raum ist dem wohl berühmtesten Feldherren Österreichs gewidmet, Prinz Eugen von Savoyen. Wer nur die verherrlichenden Bilder und Statuen kennt, die ihn als gottgleichen Helden darstellen, wird beim Anblick seines hier ausgestellten Unterhemdes doch überrascht, denn es sieht eher aus wie das Hemd eines schmächtigen Knaben.

Im Erdgeschoß ist neben einer Unmenge an Uniformen, Gewehren und Kanonen aus der

Zeit der k. u. k. Monarchie und des Ersten Weltkriegs auch jenes Automobil ausgestellt, in dem der österreichische Thronfolger Franz Ferdinand am 28. Juni 1914 gemeinsam mit seiner Frau Sophie in Sarajewo erschossen wurde. Deutlich ist an der Tür ein Einschussloch zu erkennen. Die Kugel des Attentäters traf den Thronfolger in den Hals, er verblutete hilflos. Sein blutbefleckter Uniformrock und der Diwan, auf dem Franz Ferdinand starb, sind ebenfalls hier zu sehen.

Neben der Zeit des Austrofaschismus und des Zweiten Weltkriegs wird auch die Geschichte der Marine im Erdgeschoß dokumentiert. Österreich verfügte zwar mit Triest schon seit dem Jahr 1382 über einen Zugang zur See, aber erst im 18. Jahrhundert wurde versucht, eine größere Rolle auf den Weltmeeren zu spielen. Dieser Versuch scheiterte allerdings, denn Kaiser Karl VI. musste den europäischen Seemächten viele Zugeständnisse machen, um im Gegenzug die Absegnung seiner Pragmatischen Sanktion zu erreichen (also die Anerkennung der habsburgischen Erbfolge in weiblicher Linie). Es ging Österreich deshalb ab nun weniger um die Schaffung von Kolonien als vielmehr um wissenschaftliche, diplomatische und wirtschaftliche Missionen in aller Welt. Zwischen 1857 und 1859 umsegelte etwa die österreichische Fregatte »Novara« die Erde. An Bord befanden sich namhafte Wissenschaftler, die während der Landaufenthalte Tausende von mineralogischen, zoologischen, botanischen und völkerkundlichen Objekten sammelten, die sie mit nach Wien brachten. Neben einem Modell der »Novara« und einigen Einrichtungsgegenständen des Schiffes sind im Heeresgeschichtlichen Museum auch mehrere der Aquarelle ausgestellt, in denen der Maler Josef Selleny die Eindrücke der Reise einfing.

Augarten

Hauptportal: 1020, Obere Augartenstraße 1

Wo sich heute eine der größten und schönsten Parkanlagen Wiens befindet, erstreckte sich über viele Jahrhunderte eine wenig einladende Aulandschaft, die »Wolfsau«, vor den Toren Wiens. Zwischen der Donau und ihrem südlichen Seitenarm (dem heutigen Donaukanal) gelegen, gab es immer wieder Überschwemmungen, die eine nennenswerte Besiedelung verhinderten. Als Jagdgebiet für den kaiserlichen Hof erwies sich diese Gegend allerdings äußerst attraktiv. Kaiser Matthias ließ sich hier im frühen 17. Jahrhundert ein kleines Jagdschlösschen errichten, das von seinen Nachfolgern erweitert und durch eine Gartenanlage ergänzt wurde. Dieses Schloss war später unter dem Namen »alte Favorita« bekannt (im Gegensatz zur »neuen Favorita«, s. Theresianum). Von Überschwemmungen und Türkenkriegen verwüstet, blieb von diesem Schloss nur noch das ebenerdige »Saalgebäude« stehen, in dem sich seit 1920 die weltberühmte Porzellanmanufaktur Augarten befindet.

Kaiser Joseph II. machte im Jahr 1775 den bislang der Hofgesellschaft vorbehaltenen Park der Öffentlichkeit zugänglich, die Inschrift über dem Hauptportal erinnert heute noch daran: »Allen Menschen gewidmeter Erlustigungsort – von ihrem Schätzer«. Er selbst ließ sich hier wenige Jahre später eine hübsche Sommervilla als privaten Erholungsort errichten, die mit einem englischen Garten umgeben wurde: das sogenannte Josefsstöckl (heute befindet sich die private Volksschule der Sängerknaben darin, es ist daher leider nicht öffentlich zugänglich.)

Mit einem großen Volksfest und einem prachtvollen Feuerwerk wurde der Park eröffnet. Für Jahrzehnte sollte der Augarten nun einer der beliebtesten gesellschaftlichen Treffpunkte der Wiener sein, zumindest jener, die über Geld verfügten. Johann Pezzl schrieb: »Der größte Schmuck des Augartens ist das ihn besuchende Publikum. Ausgeschlossen wird gesetzmäßig niemand. Da der Pöbel aber neben den unzähligen reich und schön geputzten Weibern und Männern eine gar elende Figur machen würde, so bleibt er von selbst weg.«

Der kaiserliche Hofkoch Ignaz Jahn betrieb eine exklusive Gaststätte im alten Saalgebäude, in der er Kaffee, Tee, Schokolade und Mandelmilch servierte. Zu den besonderen Spezialitäten zählte frische Eselsmilch (die Eselstuten weideten auf einer benachbarten Grünfläche).

Ab 1782 gab es eine weitere Attraktion im Augarten: die Morgenkonzerte, die schon um sieben beziehungsweise um acht Uhr Früh begannen und ein großes, nobles Publikum anzogen. Eine Gedenktafel erinnert heute an der efeubewachsenen Außenmauer der Porzellanmanufaktur an die großen Musiker, die neben vielen anderen einst im Augarten auftraten: Mozart, Schubert und Beethoven. Letzterer führte hier im Jahr 1803 mit dem Violinisten George Bridgetower eine seiner Sonaten zum ersten Mal öffentlich auf (sie war ursprünglich Bridgetower gewidmet, erst später wurde sie als »Kreutzersonate« weltberühmt).

Bis in die erste Hälfte des 19. Jahrhunderts dauerte die große Zeit des Augartens. Sommerfeste, Ritterspiele, Marionettentheater, Seiltänzer, Militärkapellen und Feuerwerke zogen viele Besucher an, doch ebbte das Publikumsinteresse im Laufe der Zeit ab; andere Vergnügungsorte kamen nun in Mode.

Geht man vom Hauptportal die Parkmauer in Richtung Taborstraße entlang, kommt man zu einem großen Gittertor, durch das man einen Blick auf das Augartenpalais werfen kann. Es

Die Ruine der alten Favorita im Augarten

wurde als Palais der Familie Leeb im 17. Jahrhundert erbaut und kam später in kaiserlichen Besitz. Dieses ursprünglich viel bescheidener wirkende Schlösschen wurde im ausgehenden 19. Jahrhundert aufgestockt und maßgeblich vergrößert. Erzherzog Karl, der spätere letzte Kaiser Österreichs, verbrachte hier seine Kindheit.

Nach dem Ersten Weltkrieg hatte die Leitung der Heimwehr ihren Sitz im Augartenpalais untergebracht, auch Bundeskanzler Schuschnigg wohnte hier zwei Jahre lang in einer Dienstwohnung. Seit 1948 ist das Palais als Internat der Wiener Sängerknaben in Verwendung. Über den geplanten Bau einer großen Konzerthalle am Rande des Augartens, die für Auftritte des weltberühmten Bubenchors dienen soll, wird derzeit (Stand: Frühjahr 2007) heftig debattiert.

Das Jahr 1938 brachte gerade für den zweiten Bezirk, also das traditionell jüdische Wohnviertel Wiens (s. Leopoldskirche), einschneidende Veränderungen mit sich. Alle jüdischen Institutionen wie etwa Synagogen, Bethäuser, Schulen, Studentenheime, Suppenküchen oder Kinderheime wurden gewaltsam aufgelöst und zerstört, Tausende Jüdinnen und Juden wurden ihrer Wohnungen beraubt und in die Vernichtungslager deportiert. Auch bestand vor Ausbruch des Krieges der Plan, die Leopoldstadt baulich völlig umzugestalten. Eine Monumentalstraße (der Taborstraße folgend) war geplant, die am Augarten vorbei bis zur Donau führen sollte, flankiert von HJ- und SA-Heimen, Ehrenhallen, Denkmälern und Aufmarschplätzen. Dieses Projekt wurde zum Glück niemals verwirklicht, aber dennoch blieb der Stadt Wien etwas aus der Zeit des Nationalsozialismus erhalten: Unübersehbar stehen die beiden wuchtigen Betontürme für die Fliegerabwehrkanonen im Augarten, zwei von insgesamt sechs in Wien. Errichtet wurden sie ab dem Sommer 1944 von polnischen und französischen Zwangsarbeitern, deren Baracken am benachbarten Gaußplatz standen. Solche Flaktürme hatten allerdings militärisch kaum eine Wirkung. Es wurde berechnet, dass gerade einmal zwei Prozent der angreifenden alliierten Bomber durch sie unschädlich gemacht werden konnten. Bis heute bröckeln sie vor sich hin, eine sinnvolle Nutzung wurde bislang nicht gefunden.

In den letzten Wochen vor der Befreiung Wiens fanden rund um den Augarten erbitterte Kämpfe um die Donaukanalbrücken statt und noch am 11. April 1945 wurden neun Wiener Juden, die als sogenannte »U-Boote« den Naziterror bis dahin überlebt hatten, denunziert und daraufhin von Mitgliedern der SS ermordet. Eine Gedenktafel in der Förstergasse, zwei Gehminuten vom Augarten entfernt, erinnert daran.

Beethoven-Gedenkstätten

Die längste Zeit seines Lebens verbrachte Ludwig van Beethoven in Wien. Als 17-Jähriger kam er zum ersten Mal hierher, um beim großen Mozart zu studieren, doch konnte er damals nur kurz bleiben, da er zu seiner sterbenden Mutter nach Bonn zurückmusste (auch wenn heute noch gerne von einem Treffen der beiden Musikgenies erzählt wird, fand es doch in Wirklichkeit nie statt). Als Beethoven kurz darauf abermals nach Wien kam, war Mozart bereits tot und der junge Musiker ging nun bei Joseph Haydn in die Lehre. Es war allerdings keine optimale Beziehung, denn Beethoven fühlte sich von diesem nicht ausreichend gefordert.

Bald schon stieg der Deutsche zum großen Star der Wiener Musikszene auf. Nach Mozart war er einer der Ersten, die sich als freischaffende Musiker ihren Lebensunterhalt verdienten. Er verkehrte in den höchsten Kreisen der Aristokratie und des wohlhabenden Bürgertums und fand zahlreiche Gönner und Mäzene, die viel Geld für ihn ausgaben. Als etwa Napoleons Bruder Jérôme – kurzzeitig König von Westfalen – den berühmten Komponisten durch ein vielversprechendes Angebot nach Kassel holen wollte, legten Fürst Lichnowsky, Fürst Rasumofsky und Erzherzog Rudolf eine hohe Summe zusammen, nur um ihn in Wien zu halten. Beethoven war sich seines Genies natürlich bewusst und machte sich nicht kleiner, als er war. Er konnte es sich auch erlauben, an Lichnowsky zu schreiben: »Fürst, was Sie sind, sind Sie durch Zufall und Geburt; was ich bin, bin ich durch mich. Fürsten hat es und wird es noch Tausende geben, Beethoven gibt's nur einen.«

In Wien allein bewohnte Beethoven rund 30 verschiedene Quartiere. Das verwundert heute zwar, war damals aber nicht außergewöhnlich: Wer es sich leisten konnte, verließ während der Sommermonate die stickige, lärmende Innenstadt und mietete sich in den Vororten eine Wohnung. Im Herbst wiederum bezog man dann eine neue in Wien. Bettina von Brentano besuchte Beethoven im Jahr 1810 und schildert die damalige Unterkunft des Komponisten so: »Seine Wohnung ist ganz merkwürdig: Im ersten Zimmer zwei bis drei Flügel, alle ohne Beine auf der Erde liegend, Koffer, worin seine Sachen, ein Stuhl mit drei Beinen; im zweiten Zimmer sein Bett, welches winters wie sommers aus einem Strohsack und dünner Decke besteht, ein Waschbecken auf einem Tannentisch, die Nachtkleider liegen auf dem Boden.« Allzu viel Hausrat musste Beethoven also bei seinen vielen Umzügen nicht transportieren.

Es gibt heute drei Beethoven-Gedenkstätten, die vom Wien Museum betrieben werden. Zwei davon befinden sich in Döbling, jenem Vorort, in dem der Komponist mit Vorliebe seine Sommerfrischen verbrachte. Im Eroica-Haus (1190, Döblinger Hauptstraße 92) entstanden zwischen Mai und November 1803 große Teile seiner 3. Symphonie, der »Heldenhaften« (also »Eroica«). Beethoven hatte sie in seiner Begeisterung für die hehren Ziele der französischen Republik ursprünglich Napoleon Bonaparte gewidmet, als dieser sich jedoch im Jahr darauf zum Kaiser der Franzosen machte, kratzte er die Widmungsschrift auf den Noten ärgerlich wieder ab! Später huldigte er damit ausgerechnet dem Herzog von Wellington, also dem Sieger von Waterloo.

Von der Döblinger Hauptstraße führt ein etwa halbstündiger Spaziergang zu einem kleinen Haus mit wunderschönem Innenhof (Heiligenstädter-Testament-Haus, 1190, Probusgasse 6). Um 1800 befand sich ganz in der Nähe, im heutigen Heiligenstädter Park, ein bekanntes Heilbad mit überdachter Schwimmhalle. Da Beethovens Gehörleiden damals immer weiter voranschritt, nahm er jede Möglichkeit wahr, die ihm Linderung versprach, so auch die von seinem Arzt empfohlenen Kuren hier in Heiligenstadt. Die zunehmende Taubheit machte ihm schwer zu schaffen. Von vielen seiner Zeitgenossen wurde er als abweisender, mürrischer Mann angesehen, doch war es meist bloß die mit seinem Leiden einhergehende Unsicherheit, die ihn als menschenscheu gelten ließ. In seiner Wohnung in Heiligenstadt schrieb er am 6. Oktober 1802 den berühmten

Eines der Beethovenhäuser in Heiligenstadt (Pfarrplatz)

Brief an seine Brüder, das sogenannte »Heiligenstädter Testament«. Es ist ein erschütterndes Dokument, verfasst vom 32-Jährigen in tiefster Schwermut, ja Todesstimmung. Es beginnt mit den Worten: »O ihr Menschen, die ihr mich für feindselig, störrisch oder misanthropisch haltet oder erklärt, wie ungerecht tut ihr mir, ihr wisst nicht die geheime Ursache von dem, was euch so scheinet.« Beethoven spricht darin erstmals offen seine Taubheit an und die »heiße Ängstlichkeit, (...) meinen Zustand merken zu lassen«. Der Brief (den er übrigens nie abschickte) sollte ihn, so wünschte er sich, nach seinem Tode mit der Welt versöhnen.

Kurze Zeit später bezog Beethoven eine Wohnung im Pasqualatihaus (1010, Mölker Bastei). Es steht auf der Rampe, die einst zu einer der alten Basteien hinaufführte, und gehörte Johann Baptist Freiherr von Pasqualati. Dieser, ein großer Musikliebhaber, war nicht nur Beethovens Vermieter, sondern auch sein Freund und Ratgeber in finanziellen Angelegenheiten. Zwischen 1804 und 1814 wohnte der Komponist des Öfteren hier im vierten Stock und schuf einige seiner berühmtesten Werke, darunter Teile seiner einzigen Oper »Fidelio«. In einem Zimmer der Gedenkstätte werden auch die Frauen in Beethovens Leben vorgestellt. Wer von ihnen die mysteriöse »unsterbliche Geliebte« war, an die der ewige Junggeselle drei stürmische Briefe schrieb, ist allerdings bis heute nicht geklärt.

In einem Haus, das heute längst nicht mehr steht (1090, Schwarzspanierstraße 15), starb Beethoven in der Gewitternacht des 26. März 1827 an Leberzirrhose. Ob diese ausschließlich eine Folge seines übermäßigen Alkoholkonsums war oder nicht, ist heute umstritten. Seine letzten Worte waren jedenfalls dem Wein gewidmet: Freunde brachten dem Kranken ein paar Flaschen Rüdesheimer als Geschenk mit, bei ihrem Anblick sagte Beethoven: »Schade! Schade! Zu spät!« Bald darauf verlor er das Bewusstsein und starb im Beisein seiner Schwägerin und seines Freundes Anselm Hüttenbrenner. Den Begräbniszug zum Währinger Ortsfriedhof (s. Jüdischer Friedhof Währing) begleiteten Zehntausende Menschen. Als Jahrzehnte später hier der Währinger Park angelegt wurde, brachte man seine Überreste in ein Ehrengrab des Zentralfriedhofs (s. d.).

Belvedere

1030, Rennweg 6/Prinz-Eugen-Straße 27

Als Prinz Eugen von Savoyen-Carignan im Alter von 19 Jahren von Paris nach Wien kam, war er noch nicht der umjubelte und unermesslich reiche Feldherr, als der er in die Geschichte eingehen sollte. Im Gegenteil: Er war ein schwächlicher und unansehnlicher junger Mann, zwar mit einem vornehmen Namen ausgestattet, aber weder mit Geld noch mit Macht. Erst kurz zuvor hatte er sich in seinem Geburtsland Frankreich um eine Offiziersstelle in der königlichen Armee bemüht, die ihm seinem Stand entsprechend gebührt hätte – und war abgelehnt worden. Das lag einerseits an seiner schmächtigen Gestalt, hatte aber sicher auch mit der Tatsache zu tun, dass seine Mutter Olympia, einst eine enge Freundin und Vertraute König Ludwigs XIV., mittlerweile bei diesem in Ungnade gefallen und vom Hof verbannt war. Nachdem sie auch noch in Verdacht geriet, ihren Ehemann vergiftet zu haben, musste sie sogar aus Frankreich fliehen.

Eugen ging daraufhin nach Österreich und trat 1683 in die kaiserliche Armee ein. Die Türkenkriege hatten damals mit der zweiten Belagerung Wiens ihren absoluten Höhepunkt erreicht und bei der entscheidenden Entsatzschlacht verdiente sich der junge Savoyer seine ersten Sporen. Noch im selben Jahr erhielt er den Rang eines Obersts. Es war der Beginn einer beispiellosen Karriere, denn Eugen erwies sich als herausragendes militärisches Talent: Wo immer er mit seinen Truppen ins Feld zog, kehrte er siegreich heim, ob gegen die Türken in Ungarn und am Balkan oder später gegen die Franzosen auf den Schlachtfeldern Deutschlands und Oberitaliens. Mit einem Wort: Er war der beste »Fang«, den die Habsburger je für ihre Armee gemacht hatten, und erfüllte sämtliche Erwartungen, die man in ihn setzte. Er diente hintereinander gleich drei Kaisern (Leopold I., Joseph I. und Karl VI.) und stand nicht nur bei ihnen hoch im Kurs, sondern auch bei den Soldaten und Offizieren, die seinen persönlichen Einsatz während des Kampfes sehr zu schätzen wussten (dementsprechend oft wurde er übrigens auch verwundet). Binnen weniger Jahre war Eugen zum Feldmarschall aufgestiegen und erhielt 1703 den Titel des »Hofkriegsratspräsidenten«. Als solcher trieb er die längst fällige Reform des kaiserlichen Heeres voran, wozu auch sein energisches Vorgehen gegen Protektionswesen und Stellenkauf gehörte.

Ab 1697 ließ sich Eugen vom Hofbaumeister Johann Bernhard Fischer von Erlach ein Palais in der Stadt errichten (1010, Himmelpfortgasse 8, seit 1848 Finanzministerium). Etwa zur gleichen Zeit begann er auch mit dem Kauf mehrerer Grundstücke entlang des Rennwegs vor den Toren Wiens. Hier sollte in den kommenden Jahren auf einer Fläche von über 155 000 Quadratmetern sein prachtvoller Sommersitz entstehen: die Doppelschlossanlage des Belvedere (diesen Namen allerdings erhielt sie erst nach Eugens Tod).

Bereits um 1700 begann Dominique Girard, ein Schüler des berühmten Gartenarchitekten André Le Nôtre, in Eugens Auftrag einen weitläufigen, drei Terrassen umfassenden französischen Park zu entwerfen, der im Laufe der Jahre mit mehreren Brunnen und Kaskaden, Lusthäuschen, Vogelvolieren, Marmorstatuen antiker Helden und Philosophen, Laubengängen und einem »boulin grin«, also einem Ballspielplatz, ausgestattet wurde. Am unteren Ende dieses Parks entstand zwischen 1714 und 1716 das erste der beiden Schlösser, das Untere Belvedere.

Architekt Lukas von Hildebrandt, der in der Zwischenzeit übrigens auch Eugens Stadtpalais fertiggestellt hatte, schuf ein ebenerdiges Gebäude, das in jedem Detail auf die besonderen Vorlieben des Bauherren zugeschnitten war. Die künstlerische Ausführung der einzelnen Räume war exquisit: Reich mit Fresken, Gemälden und Stuck versehen, erstreckten sich die Zimmer in einer langen Abfolge, darunter Eugens Paradeschlafzimmer, ein Groteskensalon, die Marmorgalerie, ein mit chinesischen Kunstarbeiten reich geschmücktes Spiegelkabinett und schließlich – als Herzstück des Schlosses – der zentral gelegene Marmorsaal. Deutlich sind hier die Hinweise auf Eugens »Beruf« zu erkennen, denn überall finden sich in der reichen Stuckatur und den Reliefs an den Wänden Kriegsembleme, Lanzen, Harnische, Kanonen und Fahnen, oberhalb der beiden Kamine sind die Figuren gefesselter, nackter Türken angebracht. Auch das prachtvolle Deckenfresko Martino Altomontes weist auf den siegreichen Feldherren hin: Apoll im Sonnenwagen erscheint auf einer Wolkenbank, ihm zu Füßen sitzt ein Jüngling mit nacktem

Das obere Belvedere

Die Menagerie des Prinzen Eugen beim Oberen Belvedere

Oberkörper, über dessen Haupt der Lorbeerkranz des Ruhmes gehalten wird – eine Apotheose auf Prinz Eugen.

Als nach dem Ersten Weltkrieg das Belvedere an den österreichischen Staat fiel, wurde hier, im unteren Schloss, das Barockmuseum eingerichtet. Der Marmorsaal beherbergt seit damals ein großartiges Kunstwerk, das nur ein Jahr nach Eugens Tod, 1737, begonnen wurde: der Providentiabrunnen von Georg Raphael Donner. Im Auftrag des Stadtmagistrats schuf der berühmte Bildhauer die bleiernen Figuren für die Brunnenanlage am Neuen Markt, sie stellen die österreichischen Flüsse Enns, March, Traun und Ybbs dar und sind rund um die zentrale, auf einem Sockel sitzende Providentia (die »weise Vorsehung«) gruppiert. Maria Theresias Keuschheitskommission beanstandete die schamlose Nacktheit der vier Flussfiguren, worauf sie 1773 wieder entfernt wurden. Dem Bildhauer Johann Martin Fischer, dem man sie daraufhin zum Einschmelzen überließ, ist es zu verdanken, dass sie erhalten blieben. Während die Originalfiguren nun hier im Marmorsaal aufgestellt sind, finden sich am Neuen Markt lediglich Kopien aus Bronze.

Eine weitere berühmte Barockskulptur, die im Unteren Belvedere ausgestellt ist, hängt im Gegensatz zum Providentiabrunnen unmittelbar mit dem ehemaligen Hausherren zusammen, nämlich die marmorne Apotheose des Prinzen Eugen (sie befindet sich im letzten Raum des Schlosses, dem Spiegelkabinett). Balthasar Permoser schuf sie 1721. Schon damals sorgte diese üppig gearbeitete Statue für einigen Spott, wird der als besonders schmächtig bekannte Eugen hier doch wie ein junger Gott dargestellt, umschwärmt von Putti und Siegesgenien, die seinen Ruhm verkünden. Seine Neider, von denen er aufgrund seines Erfolges und der herausragenden Stellung am Kaiserhof natürlich viele hatte, sahen darin gleichsam ein Zeichen von Größenwahn.

Neben dem Unteren Belvedere befinden sich diverse Nebengebäude, unter anderem die ehemalige Orangerie, die seit Sommer 2007 für Wechselausstellungen genutzt wird, und die einstigen Stallungen. Sie beherbergen nun einen Teil des Museums für mittelalterliche Kunst.

Durch den prächtigen französischen Garten führt der Weg zum Oberen Belvedere, das in den Jahren 1721 und 1722 ebenfalls nach Hildebrandts Plänen errichtet wurde. Im Gegensatz zum unteren Schloss, das als private Wohnung Eugens diente, war es ein reiner Repräsentationsbau für Bälle, Empfänge und Audienzen. Durch die einst unverglaste Sala Terrena mit ihren mächtigen, das Kuppelgewölbe stützenden Atlanten gelangt man durch das monumentale Stiegenhaus in die Prunkräume des ersten Stocks. Blickt man aus den Fenstern des zentralen, zweigeschoßigen Marmorsaals auf die Stadt Wien herab, versteht man, weshalb das Schloss den Namen Belvedere, also »schöne Aussicht«, erhielt! Auch hier wird Eugen im prächtigen Deckenfresko von Carlo Carlone als siegreicher Heerführer verewigt, der vom Kriegsgott Mars höchstpersönlich die Krone empfängt.

In den Fußboden des Marmorsaales ist übrigens eine unscheinbare Gedenktafel eingelassen, die an die Unterzeichnung des Staatsvertrages in diesem Raum am 15. Mai 1955 erinnert. Österreich wurde damit nach dem Krieg, der Befreiung und der zehnjährigen Besatzungszeit von den Alliierten in die Unabhängigkeit entlassen. Auch wenn es heute noch immer und immer wieder zu lesen ist und mittlerweile schon fast zum kollektiven »Gedächtnis« der österreichischen Bevölkerung gehört, so hat der damalige Außenminister Leopold Figl seine berühmt gewordenen Worte »Österreich ist frei!« nicht auf dem Balkon des Belvedere der jubelnden Menge zugerufen, sondern hier im Marmorsaal gesprochen. Anschließend erst trat er hinaus, um den Vertrag den Menschen zu zeigen – strahlend zwar, aber schweigend. Obwohl diese Tatsache durch Filmaufnahmen eindeutig belegt ist, gibt es noch Zeitzeugen, die versichern, es sei anders gewesen!

In den angrenzenden Zimmerfluchten des Saales wurde nach dem Ersten Weltkrieg die Österreichische Galerie des 19. und 20. Jahrhunderts eingerichtet, die heute zu den meistbesuchten Museen der Stadt gehört. Weltberühmte Gemälde von Klimt (darunter etwa der »Kuss«), Kokoschka und Schiele sind hier zu finden, aber auch Werke Monets, Manets, van Goghs oder Noldes. Der Kunst des Biedermeiers und der Historienmalerei ist der zweite Stock gewidmet, im Erdgeschoß werden Wechselausstellungen gezeigt.

An der östlichen Seite des Oberen Belvedere befand sich zu Lebzeiten Eugens dessen berühmte Menagerie, umfangreicher und kostbarer als selbst die kaiserliche. Aus allen Teilen der Welt ließ er die exotischen Tiere kommen, einerseits als »Prestigeobjekte«, andererseits aus seinem ernsthaften Interesse an der Natur und an den Naturwissenschaften. Pfauen, Schwäne, Hirsche, afrikanische Schafe, Auerochsen, ja selbst mehrere Löwen nannte er sein Eigen – durchaus passend für den siegreichen Feldherren. In einer weitläufigen Voliere waren Hunderte kleinerer Vögel untergebracht.

Nach dem Tod des unverheiratet gebliebenen Prinzen im Jahr 1736 fiel das gewaltige Erbe mit all den Schlössern, der Kunstsammlung, der kostbaren Bibliothek und der Menagerie an Eugens Nichte Viktoria. Dass sie sofort daran ging, alles zu Geld zu machen, brachte ihr schon zu Lebzeiten den Vorwurf der Pietätlosigkeit ein. Zahlreiche wertvolle Objekte wurden damals nach ganz Europa zerstreut, viele Tiere der Menagerie an das Hetztheater verkauft, wo sie einen elenden Tod fanden (s. Hundertwasserhaus). Maria Theresia erwarb damals unter anderem das Belvedere und ließ die habsburgische Kunstsammlung aus der Stallburg (s. Hofburg, s. Maria-Theresien-Platz/Kunsthistorisches Museum) hier unterbringen. Um 1900 bewohnte schließlich der Thronfolger Erzherzog Franz Ferdinand, mit seiner Familie das obere Schloss Belvedere, während im unteren seine Militärkanzlei eingerichtet war.

Kurze Zeit zuvor, am 11. Oktober 1896, war der berühmte Anton Bruckner im Kustodenhaus neben dem Oberen Belvedere gestorben. Kaiser Franz Joseph hatte dem bereits kranken Komponisten als Zeichen der besonderen Anerkennung hier eine Gratiswohnung zu Verfügung gestellt.

Börse

1010, Schottenring 16

In den »news-tickern« der internationalen Wirtschaftsnachrichten spielt die Wiener Börse heute keine allzu wichtige Rolle mehr. Früher war das anders, denn als zentraler Kapitalmarkt der Habsburgermonarchie – und somit des zweitgrößten Staates Europas – wuchs sie spätestens zur Mitte des 19. Jahrhunderts zu einer bedeutenden Institution heran.

Ihre Gründung im Jahr 1771 geht auf Kaiserin Maria Theresia zurück, sie ist somit eine der ältesten Wertpapierbörsen der Welt. Im Laufe der Zeit dienten ihr viele verschiedene Gebäude als Quartier, und auch das Palais Ferstel (s. d.), in dem sie ab 1860 gemeinsam mit der k. k. Nationalbank untergebracht war, wurde schon bald wieder aufgegeben. Ein neues und repräsentatives Haus sollte nun für sie erbaut werden und welcher Ort eignete sich dafür besser als die Ringstraße? Kurz bevor mit dem Neubau begonnen wurde, übersiedelte sie in eine provisorische Unterkunft am Schottenring 19, eine Adresse, die eng mit dem »schwarzen Freitag« von 1873 verbunden ist. Der enorme Bauboom der Gründerzeit, der Bau der Eisenbahn, große Exporterfolge und nicht zuletzt die enormen Erwartungen, die man in die Wiener Weltausstellung legte, hatten in den Jahren zuvor eine allgemeine Hochstimmung ausgelöst. Jeder wollte am Wirtschaftsaufschwung profitieren. Binnen kurzer Zeit wurden zahlreiche neue Unternehmen, Bankhäuser und Finanzgesellschaften gegründet, die allerdings nicht immer auf solidem Fundament standen. Hemmungslose Spekulationen trieben die Aktienkurse in schwindelnde Höhen, in nur wenigen Minuten konnte man riesige Vermögen machen – doch zeigte sich am 9. Mai 1873, dass man in ebenso kurzer Zeit auch seine gesamte Existenzgrundlage verlieren konnte. Die Weltausstellung im Prater war eine Woche zuvor eröffnet worden und erwies sich von Anfang an als Fiasko, was wenige Wochen später durch den Ausbruch der Cholera noch verstärkt wurde, da nun viele potenzielle Ausstellungsbesucher aus aller Welt von einem Besuch der Stadt absahen. Die Anleger verkauften nun panikartig ihre Aktien und ließen das Kartenhaus einstürzen, das sich durch ihre Spekulationen während der vergangenen Jahre gebildet hatte.

Von den 70 Banken, die seit 1868 gegründet worden waren, bestanden bald nur noch acht! Viele verloren ihren gesamten Besitz und rissen auch andere in den Ruin mit. Eine Selbstmordwelle erschütterte die Stadt (s. Palais Epstein) und es sollte noch Jahre dauern, bis sich die Wiener Börse von der Katastrophe wieder erholte. Erstmals in der Geschichte wurde damals übrigens der Begriff »Börsenkrach« verwendet.

Wer nicht persönlich betroffen war, konnte sich einer gewissen Schadenfreude nicht enthalten, denn die »neureichen« Spekulanten waren in weiten Teilen der Bevölkerung verhasst. Am 10. Mai schrieb der Feuilletonist Ferdinand Kürnberger: »Seit gestern können ehrliche Leute wieder über die Straße gehen, und Menschen, welche arbeiten, werden nicht mehr Dummköpfe genannt. Seit gestern heißt ein Dieb wieder Dieb und nicht mehr Baron. Nie hat ein schöneres Gewitter eine verpestetere Luft gereinigt.«

Im Jahr darauf begann man mit dem Bau der neuen Börse. Wo bislang die riesige Anlage des kaiserlichen Zeughauses gestanden hatte, schuf Theophil Hansen nun das prächtige Gebäude mit der markanten Rohziegelfassade und dem Säulenportikus. Der griechische Meeresgott Poseidon, der hoch oben auf der Balustrade in seiner Quadriga thront, verweist auf die Schifffahrt und den mit ihr verbundenen Welthandel.

Schottenring mit der Börse um 1900

Bis ins Jahr 1998 war die Wiener Börse hier untergebracht, heute hat sie im Palais Caprara-Geymüller (s. d.) ihren Sitz. Neben diversen Firmenbüros befinden sich im Gebäude am Schottenring mittlerweile ein Kaffeehaus und im Souterrain eine Gärtnerei.

Burgtheater

1010, Dr.-Karl-Lueger-Ring 2

Die Geschichte des Wiener Burgtheaters begann unter Maria Theresia, und zwar in einem Gebäude, das heute längst nicht mehr steht. Am Michaelerplatz (s. d.), in einem schlichten, kleinen Häuschen, das direkt an den Komplex der Hofburg angrenzte, war bis zur Mitte des 18. Jahrhunderts ein Ballhaus eingerichtet, das der kaiserlichen Familie einst zur sportlichen Betätigung diente (es wurde eine Art Hallentennis gespielt). Maria Theresia überließ es 1741 dem Pächter des Kärntnertortheaters, der jetzt hier ebenfalls eine Bühne einrichten durfte. Das Haus wurde dementsprechend umgebaut und war ab nun beim Adel als Aufführungsort hauptsächlich französischer Lust- und Singspiele sehr beliebt.

Joseph II. ließ es schließlich in »Deutsches Nationaltheater« umbenennen und stellte es unter direkte Aufsicht des Hofes – was die Schauspieler in den Rang von Beamten erhob. Noch war es aber nicht ausschließlich ein Sprechtheater, als das es heute berühmt ist, sondern vornehmlich eine Bühne für Opern, Ballette und auch Konzerte. Zu Josephs Zeiten war es nicht zuletzt Wolfgang Amadeus Mozart, der eng mit dem Haus verbunden war. Gleich drei seiner wichtigsten Opern wurden hier uraufgeführt: »Die Entführung aus dem Serail« (1782), »Le nozze di Figaro« (1786) und »Così fan tutte« (1790).

Noch bis weit ins 19. Jahrhundert wies das alte Burgtheater viele Mängel auf, so bestanden etwa die Garderoben für das Ensemble aus einem winzigen Bretterverschlag, der an die Bühne angebaut war, und das Publikum musste sich durch schmale, finstere Gänge seinen Weg in den Zuschauerraum ertasten! Trotzdem war es eine beliebte Wiener Institution. Der weitaus größte Teil der vorhandenen Sitzplätze war für Stammpublikum reserviert, befand sich also gleichsam in Erbpacht wohlhabender Familien.

Eine Glanzzeit erlebte das Theater unter Heinrich Laube, der von 1849 bis 1867 Direktor war. Er ließ sich bei seiner Arbeit nicht allein vom Publikumsgeschmack leiten, sondern nahm seine Rolle als künstlerischer Leiter sehr ernst. Er förderte gezielt zeitgenössische Dramatiker (wie etwa Franz Grillparzer) und engagierte zahlreiche Schauspieler und Schauspielerinnen, die während der kommenden Jahrzehnte das Burgtheater prägen sollten. Charlotte Wolter etwa wurde von Laube an die »Burg« geholt und entwickelte sich hier zu einer der berühmtesten Tragödinnen des 19. Jahrhunderts. In ihrer Jugend war sie noch mit wenig vornehmen Wanderbühnen unterwegs gewesen, bis sie von Johann Nestroy entdeckt wurde und an dessen Carltheater Karriere machte. Doch erst das Burgtheater bot ihr nun die große Bühne. Eduard Hanslick schrieb über sie einmal: »Sie konnte nicht sprechen, aber donnern, sie konnte nicht deuten, aber drohen, sie konnte nicht gehen, aber schreiten«, und weiter: »Wie der Salamander nach der Sage im Feuer, so lebt sie in der Leidenschaft. Das Trauerspiel ist ihre Heimat, der Kampf auf Leben und Tod ihr eigentliches Element.«

Das neue Burgtheater

Erst als man sich in der zweiten Hälfte des 19. Jahrhunderts zu einem weiteren Ausbau der Hofburg, insbesondere zur Errichtung einer repräsentativen Schaufront zum Michaelerplatz hin entschloss, musste das alte Theater weichen. Seit 1874 liefen die Bauarbeiten zum neuen, großen Gebäude an der Ringstraße, dessen Pläne von Semper und Hasenauer stammten. Am 12. Oktober 1888 fand die letzte Aufführung am Michaelerplatz statt, nach der das Publikum das zur Demolierung freigegebene Haus auf der Jagd nach Souvenirs regelrecht zerlegte: Tapeten wurden heruntergerissen, Sitzpolster zerschnitten und sogar Teile der Logenverkleidungen in handliche Stücke geschlagen und mitgenommen.

Die Begeisterung der Schauspieler und Schauspielerinnen über das neue Quartier hielt sich allerdings in Grenzen, und das obwohl man sich kaum ein Theater mit prachtvoller er künstlerischer Innengestaltung denken konnte! Die großen Feststiegen in den beiden Seitentrakten waren etwa mit üppigen Deckengemälden geschmückt, die von Gustav Klimt, seinem jüngeren Bruder Ernst sowie Franz Matsch stammten, kostbare Büsten von Schauspielern zierten die Aufgänge. Doch all der Prunk schien das Ensemble eher zu verschrecken. Man trauerte der lieb gewonnenen alten Bühne nach und bezeichnete das neue Haus als »Jammerkasten«, als »goldenen Sarg« und als »Fegefeuer«! Das Innere der Logen war weiß ausgemalt, was Assoziationen zu Badekabinen weckte, und vor allem war es die lyraförmige Gestalt des Zuschauerraums, die für Ärger sorgte, denn der Akustik war sie alles andere als zuträglich. Der berühmte Schauspieler Hugo Thimig schrieb darüber: »Nichts als Pracht, Luxus, Verschwendung, zerstreuender Firlefanz tritt uns auf Schritt und Tritt in der neronischen Schöpfung unseres neuen, unheimlichen Hauses entgegen. (...) Man wird uns kalt lächelnd künstlerisch zugrunde gehen lassen.« Erst nach einer baulichen Umgestaltung des Zuschauerraums und der damit verbundenen Verbesserung von Akustik und Sichtverhältnissen versöhnte man sich langsam mit dem neuen Theatergebäude.

Auch wenn es heute längst keinen kaiserlichen Hof mehr gibt, so hat sich das einstige Hofburgtheater auch nach dem Zerfall der Monarchie seinen Platz in der ersten Reihe österreichischer Kulturstätten erhalten. Eine Unzahl berühmter Schauspieler, Schauspielerinnen und Regisseure war hier tätig, und sie alle trugen dazu bei, dass die »Burg« bis in die Gegenwart den Ruf einer der führenden Bühnen des deutschsprachigen Sprechtheaters genießt.

Cobenzl

1190, Reisenberg

Der Cobenzl ist mit dem Auto in wenigen Minuten von Grinzing aus zu erreichen und dient bei schönem Wetter als beliebtes Naherholungsgebiet der Wiener und Wienerinnen. Die asphaltierte Straße, die vom Parkplatz in den Wald führt, geht bald in einen kleinen Spazierweg über. Folgt man ihm, so gelangt man zu einer Lichtung am Fuße des Latisbergs, die nur schütter mit Bäumen bestanden ist. Hier befand sich bis ins Jahr 1966 ein prachtvolles Sommerschloss, von dem heute nur noch das eiserne Geländer der ehemaligen Terrasse erhalten ist. Es wurde 1773 für Johann Philipp Graf Cobenzl errichtet, der als Diplomat und Staatsmann ein enger Mitarbeiter Kaiser Josephs II. war. Auf dem weitläufigen Grundstück, das sein Anwesen umgab, ließ er einen großen Park anlegen, dessen künstliche Grotten, Tempelchen, Springbrunnen und Gehege mit exotischen Tieren ihn zu einem beliebten Ausflugsort der Wiener Gesellschaft machten. Das ganze Areal wurde schon bald unter dem Namen seines Besitzers bekannt: der Cobenzl.

Im Jahr 1835 bekam das Schloss einen neuen Eigentümer, einen Mann, über den später viele unheimliche Geschichten erzählt wurden: Ein Zauberer sei er gewesen, ein Alchimist, ein Phantast! Es wird heute noch gerne übersehen, dass dieser Karl Ludwig Reichenbach aus Stuttgart (ab 1839 Freiherr von Reichenbach) als ernst zu nehmender Naturwissenschaftler, Forscher und Unternehmer in den Eisenhütten Mährens und als Verwalter der Salm'schen Güter bei Blansko zunächst einen hervorragenden Ruf genoss. So entwickelte er etwa neue, effektivere Kohlöfen für die Eisenerzeugung, entdeckte im Jahr 1832 das Paraffin und war ein unverzichtbarer, praktischer und effizienter Mitarbeiter seines Dienstgebers, des Altgrafen Salm.

Nach dem Tod seiner Frau zog er mit seinen beiden Töchtern nach Wien und investierte sein erarbeitetes Vermögen in Haus- und Grundbesitz. In seinem Schloss am Reisenberg richtete er ein chemisches Laboratorium ein und legte eine umfangreiche Mineralien- und Pflanzensammlung an. Seine Tochter Hermine, die auch selbst Schriften über Botanik veröffentlichte, arbeitete mit ihm zusammen an seinen Forschungen.

Ab den 1840er-Jahren wandte sich Reichenbach allerdings einem Bereich zu, der von seinen Kollegen als »spiritistischer Humbug« abgetan wurde: der Suche nach dem »Od«. Er glaubte, dass es in der Natur eine der Elektrizität oder dem Magnetismus vergleichbare unsichtbare »Lebenskraft« gäbe, die aber nur von einem Teil der Menschen, den sogenannten Sensitiven, wahrgenommen werden könnte. Diese Kraft nannte er nach dem germanischen Schöpfer aller Dinge (Odin oder Wotan) Od. Die Bewohner von Grinzing betrachteten ihn voller Angst und Misstrauen, nachdem beobachtet wurde, wie er in mondlosen Nächten auf dem kleinen Dorffriedhof an den Gräbern frisch Verstorbener das Od suchte. Beharrlich versuchte er mittels vieler Experimente andere Wissenschaftler von seiner Idee zu überzeugen, doch ebenso beharrlich blieben diese in ihrer Ablehnung und ihrem Spott. In der Akademie der Wissenschaften, in der er früher selbst schon Vorträge gehalten hatte, gab es bald niemanden mehr, der ihn ernst nahm, auch sein früherer Freund, der große deutsche Forscher Justus von Liebig, wandte sich von ihm ab, was Reichenbach sehr kränkte. Seine finanzielle Lage verschlechterte sich zusehends und 1855 musste er Schloss Cobenzl verkaufen. Er zog nach Leipzig, wo er 1869 im hohen Alter starb.

Johann von Sothen, der neue Besitzer des Schlosses, war ein reicher Weingroßhändler und Inhaber eines Wechselhauses. Es hieß, er habe einen Teil seines Vermögens dadurch gewonnen, dass er sich mittels Brieftauben über die Ziehungen der Linzer Lotterie informieren ließ, um in Wien dann noch schnell auf die Gewinnzahlen zu setzen! Obwohl er Stiftungen für Witwen, Waisen und Invalide ins Leben rief, war er bei seinen eigenen Angestellten wegen seines Geizes verhasst. Im Juni 1881 wurde er nach einer Auseinandersetzung über eine Gehaltserhöhung von einem seiner Förster erschossen. In der nahe gelegenen Elisabethka-

Schloss Cobenzl – erhalten ist heute nur noch die Aussichtsterrasse (rechts)

pelle am »Himmel« (also am Weg zum Sieveringer Steinbruch) wurde er bestattet. Den Bau zu dieser neugotischen Kapelle im Wald hatte er einst selbst in Auftrag gegeben.

Schloss Cobenzl diente anschließend als Hotelrestaurant, zu dem um das Jahr 1910 noch ein zusätzliches Gebäude in der Nähe errichtet wurde, das neubarocke »Restaurant Cobenzl« mit seinem schönen Blick über Wien. Es steht heute noch ganz in der Nähe des Parkplatzes. Das Schloss wurde während des Zweiten Weltkriegs als Lazarett und später als Flüchtlingsheim verwendet, dann verfiel es zusehends und musste 1966 abgerissen werden.

Deutschordenshaus

1010, Singerstraße 7

Der »Orden der Brüder des Deutschen Hauses St. Mariens zu Jerusalem« (kurz: Deutscher Orden) zählt neben den Johannitern und den Templern zu den großen Ritterorden des Mittelalters. Er wurde während des dritten Kreuzzuges im Jahr 1190 von deutschen Kaufleuten im Heiligen Land gegründet und machte sich den Schutz und die Betreuung von Pilgern und Kreuzfahrern zur Aufgabe. Bald entstanden in ganz Europa Niederlassungen (die sogenannten Kommenden) und der Babenbergerherzog Leopold VI. holte um 1200 die Deutschen Herren auch nach Wien. Am Rande des alten Friedhofs bei St. Stephan wurde ihnen ein Wohngebäude mit Wirtschaftshof und Ställen zur Verfügung gestellt, bald wurde auch eine kleine Kapelle errichtet, die heutige Elisabethkirche. In mehreren Bauphasen im 17. und 18. Jahrhundert wurde der Gebäudekomplex großzügig umgestaltet und erhielt sein heutiges Aussehen.

Ab 1809 residierten hier die Obersten des Ordens, die »Hoch- und Deutschmeister«, die über viele Jahrhunderte stets Mitglieder des Hauses Habsburg waren. Der umfangreiche Ordensschatz ist hier ebenso untergebracht wie das Archiv des Ordens.

Im Durchgang, der von der Singerstraße am Kircheneingang vorbei in einen der Innenhöfe führt, ist eine Gedenktafel angebracht, die an den Aufenthalt Wolfgang Amadeus Mozarts im Frühjahr 1781 erinnert. Damals war er Hoforganist des Salzburger Fürsterzbischofs, des Grafen Hieronymus Colloredo, der das Deutsche Haus bei seinen Wienbesuchen mit seinem Hofstaat als Residenz bewohnte.

Colloredo hatte allen Grund, unzufrieden mit Mozart zu sein. Immer wieder nahm sich dieser Urlaub, um seine Opern im Ausland aufzuführen, und verrichtete seine Arbeit für den Fürsterzbischof nur äußerst widerwillig. Es war offensichtlich: Mozart wollte weg von Salzburg und weg von Colloredo, er wollte nicht länger unter der Kontrolle seines ungeliebten Dienstherren stehen. Er war sich seines überragenden Genies sehr wohl bewusst und sah es als Zumutung an, im Deutschordenshaus neben einfachen Köchen und Kammerdienern an der Bedienstetentafel essen zu müssen. Zu große Erfolge hatte er in seinem bisherigen Leben schon gefeiert, um sich nun mit der Rolle eines kleinen Befehlsempfängers, eines Lakaien abfinden zu können. Während des Aufenthaltes in Wien zog er es vor, seine eigenen Konzerte zu organisieren, und fühlte sich durch die triumphalen Erfolge in seinem Selbstbewusstsein bestätigt. Als der Fürsterzbischof ihm die Weisung gab, nach Salzburg zurückzukehren, widersetzte er sich kurzerhand und zog aus dem Deutschen Haus aus.

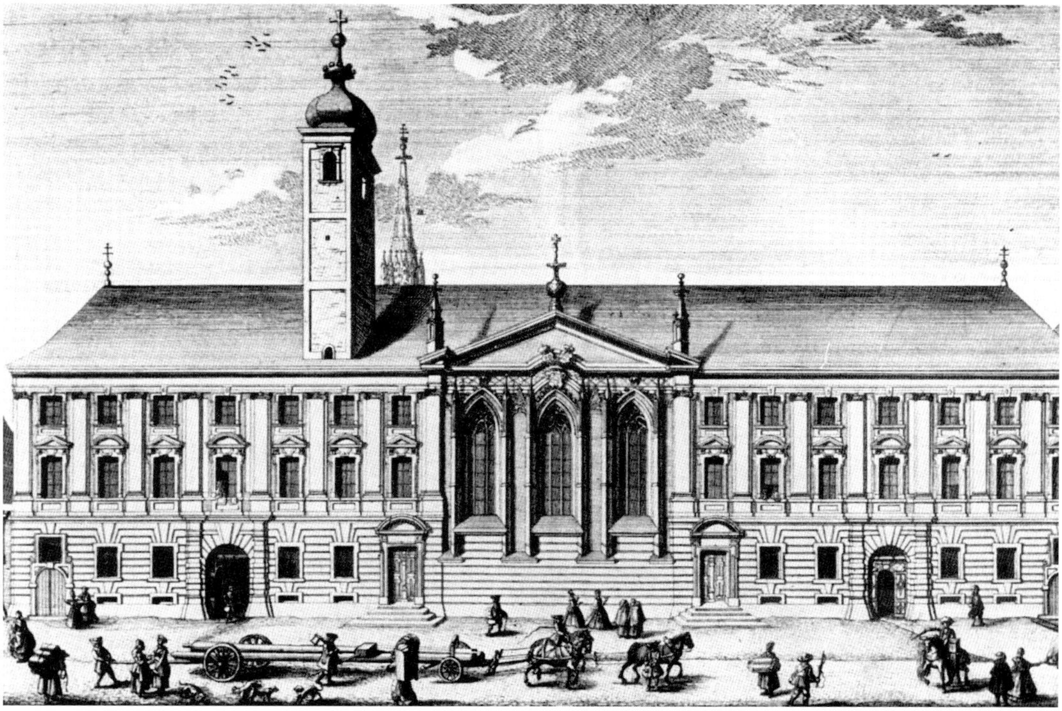

Deutschordenshaus mit der Elisabethskirche

Es kam daraufhin zu einem handfesten Krach mit Colloredo. Mozart berichtete seinem Vater Leopold über die Auseinandersetzung: Der Erzbischof sagte: »(...) ich sei der liederlichste Bursch, den er kenne – kein Mensch bediene ihn so schlecht wie ich – er rate mir, heute noch wegzugehen, sonst schreibt er nach Haus, dass die Besoldung eingezogen wird – er (...) hieß mich einen Lumpen, Lausbub, einen Fexen – oh, ich möchte Ihnen nicht alles schreiben.« Schließlich, so Mozart in seinem Brief weiter, rief der Erzbischof wütend: »Dort ist die Tür, schau Er, ich will mit einem solchen Buben nichts mehr zu tun haben!« Mozart erwiderte selbstbewusst: »Und ich mit Ihnen auch nichts mehr!«

Am folgenden Tag überreichte er dem Grafen Karl Joseph Arco, der als Oberstküchenmeister Colloredos auch für die Musik am Salzburger Hof zuständig war, sein Kündigungsschreiben. Arco war ein besonnener und wohlmeinender Mann, der hoffte, dass Mozart es sich noch einmal überlegen würde. Er leitete das Entlassungsgesuch nicht an den Fürsterzbischof weiter, und als Mozart Wochen später wieder bei ihm vorsprach, versuchte Arco den Aufgebrachten zu beruhigen – auch er selbst müsse »öfters üble Worte einschlucken«, worauf Mozart antwortete: »Sie werden Ihre Ursachen haben, warum Sie es leiden, und ich habe meine Ursachen, warum ich es nicht leide.« Am 8. Juni 1781 kam es schließlich zur berühmten »Sau-Affäre«. Abermals hatte sich Graf Arco geweigert, das Kündigungsschreiben an den Fürsterzbischof weiterzuleiten, worauf Mozart verlangte, persönlich zu Colloredo vorgelassen zu werden. Nun platzte dem Oberstküchenmeister der Kragen, es kam es zu einem heftigen Streit und Arco beförderte den widerspenstigen Mozart mit einem »Tritt in den Arsch« hinaus. Mozart betrachtete damit sein Dienstverhältnis endgültig für aufgelöst, für ihn war es ein Tritt in die Freiheit. Ab nun war er freischaffender Künstler.

Donaukanal

Um es pathetisch auszudrücken: Die Donau war jahrhundertelang sowohl Fluch als auch Segen für Wien. Die Kaufleute, Fischer, Fährmänner, Flößer, Schiffer und Reisenden profitierten natürlich von der Lage der Stadt nahe des Stromes, doch die verheerenden Überschwemmungen und Eisstöße verwüsteten regelmäßig ganze Stadtteile und kosteten viele Menschenleben. Vor allem die Vorstädte Leopoldstadt, Roßau und Erdberg waren bis weit ins 19. Jahrhundert davon betroffen.

In der unmittelbaren Nähe Wiens verästelte sich die Donau einst in mehrere Nebenarme, zwischen denen zahllose Inseln und Sandbänke entstanden. Es war eine weite, das ganze Mittelalter hindurch nur spärlich besiedelte Aulandschaft und nur der südlichste Seitenarm des Stromes reichte direkt an die alte Stadt heran (s. Ruprechtskirche). Weil diese Wasserstraße aber schon früh zu versanden drohte, versuchte man ab dem 14. Jahrhundert, durch Ausbaggerarbeiten ihre Schiffbarkeit zu gewährleisten. Ferdinand von Hoyos schuf 1598 deshalb die Pläne zum »Wiener Kanal« zwi-

Der südliche Donauarm vor seiner Vebauung

schen Brigittenau und Spittelau, der eine neue Verbindung zwischen dem Hauptstrom und dem nun künstlich gegrabenen südlichen Seitenarm herstellte.

Das Problem der Überschwemmungen war damit allerdings noch lange nicht gelöst. Erst nach dem verheerenden Hochwasser von 1862 wurde eine umfassende Donauregulierung beschlossen. Nachdem in den 1870er-Jahren der Hauptstrom ein neues Bett erhielt, wurde auch der Donaukanal neu gestaltet. In Nußdorf entstand zwischen 1894 und 1898 eine Wehr- und Schleusenanlage (Nußdorfer Wehr, 1190, Nußdorfer Lände), die als Schutz der niedrig gelegenen Stadtteile vor Eisstößen und Überschwemmungen diente und sich schon im Jahr nach der Fertigstellung bei einem Hochwasser bewährte. Die prächtige Anlage wurde vom berühmten Otto Wagner entworfen. Er sah in ihr gleichsam ein »Stadttor«, das nach Wien führte, und gestaltete es dementsprechend repräsentativ. Neben dem Verwaltungshaus und dem Kettenmagazin stechen vor allem die riesigen, bronzenen Löwen mit dem Wahlspruch Kaiser Franz Josephs (»Viribus unitis« – »Mit vereinten Kräften«) ins Auge. Sie wurden von Rudolf Weyr entworfen, der damals ein viel beschäftigter Bildhauer war und auch bei der Innengestaltung von Hofburg, Burgtheater und Kunsthistorischem Museum mitarbeitete.

Ebenfalls von Otto Wagner stammt das sogenannte Schützenhaus (1020, Obere Donaustraße 26), das 1904 bis 1908 in unmittelbarer Nähe zur Inneren Stadt errichtet wurde. Es ist heute neben der gegenüberliegenden Schleuseninsel der letzte Rest jener Wasserwehranlage, die nach dem Zweiten Weltkrieg abgerissen wurde. Sie bestand aus einem Wehrkran und der »Schützenkanzel« (Schütz nannte man den beweglichen Verschluss, der bis zum Grund des Kanals abgesenkt werden konnte).

Nußdorfer Wehr

Es ist ein markantes Jugendstilgebäude, ganz mit weißen Marmorplatten verkleidet, die – typisch für Wagner – mit deutlich sichtbaren Bolzen befestigt sind. Blaue Keramikfliesen mit einem weißen Wellenband sind als Dekoration am oberen Teil des Gebäudes zu sehen. Demnächst sollen hier ein Kaffeehaus und ein (längst überfälliges) Otto-Wagner-Museum eingerichtet werden.

In den vergangenen Jahrzehnten wurde immer wieder versucht, den bislang eher schmucklosen Donaukanal aufzuwerten. Die Uferpromenaden wurden begrünt und Restaurant- und Vergnügungsschiffe eröffnet, aber erst seit Kurzem entwickelt sich hier tatsächlich so etwas wie eine Freizeit- und Flaniermeile. Neben der legendären Diskothek »Flex« (beim Schottenring) und der »Summerstage« (bei der Friedensbrücke), hat in der Nähe des Schwedenplatzes unlängst auch ein Badeschiff eröffnet, das an die alte Tradition der Strombäder des Donaukanals anknüpft. Die »Strandbar Herrmann« (die übrigens nach Emanuel Herrmann, dem Erfinder der Postkarte benannt ist) bei der Urania wurde im Dezember 2006 zu einer der besten Bars weltweit gekürt.

Dorotheum

1010, Dorotheergasse 17, Spiegelgasse 16

Das heute weltbekannte Kunstauktionshaus Dorotheum geht in seinen Ursprüngen nicht zuletzt auf die Türkenkriege und die Missernten des ausgehenden 17. Jahrhunderts zurück. Damals zogen viele völlig verarmte Bauern aus dem Umland Wiens in die Stadt, wo sie in ihrer Not auf offener Straße quartierten und durch Betteln ihren Lebensunterhalt bestreiten mussten. Zu ihnen gesellte sich die große Zahl der auf den Schlachtfeldern verkrüppelten oder verwundeten Soldaten, die ohne Geld und Zukunftsaussichten ebenfalls auf Almosen angewiesen waren. Im Jahr 1692 wurde daher der Bau eines großen Armenhauses vor dem Schottentor beschlossen (s. Altes Allgemeines Krankenhaus). Da die laufende Finanzierung dieser Anstalt durch private Stiftungen allein nicht bewerkstelligt werden konnte, entschloss man sich kurze Zeit später, ein Versatzhaus zu gründen. Es gewährte bedürftigen Personen billige Kredite gegen Erlag eines Pfandes und finanzierte aus seinen Überschüssen das neue Armenhaus.

In der Annagasse, an jener Ecke, an der sich heute das »Haus der Musik« (s. d.) befindet, wurde im Jahr 1707 dieses »Versatz- und Fragamt« eröffnet. Achtzig Jahre lang war die Pfandleihe hier untergebracht, bis Kaiser Joseph II. eine Übersiedelung anordnete. Der Legende nach reichte er dort einmal inkognito seinen eigenen Hut als Pfand ein, um die Arbeit der Beschäftigten zu prüfen. Durch die rüde Behandlung erzürnt, die ihm und den anderen Wartenden zuteil wurde, soll er sich schließlich zu erkennen gegeben und die unfreundlichen Beamten entlassen haben. Diese Anekdote ist allerdings durch nichts belegt und wohl nicht mehr als eine der vielen Geschichten, die die besondere Verbundenheit Josephs mit dem »einfachen« Volk demonstrieren sollten.

Als neue Unterkunft für das »kaiserlich königliche Versatz- und Pfandamt«, wie es mittlerweile offiziell hieß, war zunächst die damals leer stehende Kirche Maria am Gestade (s. d.) vorgesehen, dort erschien es den Gutachtern allerdings zu eng und zu dunkel, und der Einbau neuer Fenster war nicht möglich, ohne dadurch die Statik des Gebäudes zu gefährden.

Das aufgelassene Kloster zur heiligen Dorothea erwies sich als viel geeigneter, nicht zuletzt weil dessen Fenster in den Innenhof führten – ein wichtiges Kriterium, da die einbruchsichere Aufbewahrung der Pfänder gewährleistet sein musste! Das Kloster war zur Mitte des 14. Jahrhunderts gegründet, später maßgeblich erweitert und 1421 dem Orden der Augustiner-Chorherren übergeben worden. Joseph II. ließ es im Oktober 1782 aufheben. Die Kirche wurde fünf Jahre später entweiht, sämtliches Inventar verkauft und die Gruft aufgelöst (die Knochen der hier Begrabenen wurden auf dem Matzleinsdorfer Friedhof bestattet, unter ihnen auch jene des Grafen Salm, s. Votivkirche). 1788 konnte nun das Versatzamt hier einziehen, das ehemalige Kirchengebäude diente als Depot.

Während der kommenden Jahrzehnte war das »Pfandl« oder »die Tante Dorothee«, wie es bei den Wienern hieß, ein verlässlicher Gradmesser der jeweiligen finanziellen Lage der Bevölkerung: Je schlechter die wirtschaftliche Situation, desto mehr Pfänder wurden hier gegen Bargeld hinterlegt. So stieg etwa deren Zahl im Vormärz (also vor der Revolution von 1848) signifikant an, ebenso nach dem verheerenden Börsenkrach von 1873 oder der Weltwirtschaftskrise der 1930er-Jahre. Das Dorotheum war somit das Kreditinstitut des »kleinen Mannes«, über neunzig Prozent des ausbezahlten Geldes waren Klein- und Kleinstbeträge.

Zwischen 1898 und 1900 wurde das ehemalige Klostergebäude vollständig abgerissen, die schönen alten Grabsteine, die man damals barg, sind heute noch an einer Mauer des Innenhofes zu sehen. Architekt Emil von Förster schuf nun einen repräsentativen Neubau im Stil des Neo-Barocks. Durch das großzügige Vestibül gelangte man ab nun zur prachtvollen Treppenanlage, die hinauf in die vierzehn Versteigerungssäle führt, von denen der über zwei Geschoße reichende, mit Marmorsäulen ausgestattete Franz-Josef-Saal der größte ist.

Erst im beginnenden 20. Jahrhundert entwickelte sich das Dorotheum zu einem modernen Auktionshaus im heutigen Sinn, in dem Antiquitäten, Gemälde, Bücher und Kunstwerke aller Art um zum Teil beträchtliche Beträge versteigert werden. Zur Zeit des Nationalsozialismus half das Dorotheum, die unvorstellbaren Massen an geraubten, also »arisierten«, Wertgegenständen zu Geld zu machen – dieses dunkle Kapitel seiner Geschichte wurde erst im Jahr 2006 aufgearbeitet.

Seit 2001 privatisiert, verfügt das Dorotheum heute über mehr als zwanzig Nebenstellen im In- und Ausland und erwirtschaftet auf seinen rund sechshundert Auktionen pro Jahr knapp neunzig Millionen Euro.

Evangelische Kirchen

1010, Dorotheergasse 16 und 18

Nachdem seine Mutter Maria Theresia, mit der er 15 Jahre lang gemeinsam regiert hatte, im Jahr 1780 gestorben war, konnte Kaiser Joseph II. endlich all jene Ideen voll verwirklichen, die ihm im Sinne der Aufklärung und der Vernunft wichtig erschienen. Neben zahlreichen Neuerungen in der Verwaltung und der Gerichtsordnung, neben der Bauernbefreiung, der Gründung von Spitälern und der Einführung der Grundsteuer für den Adel zählte die Kirchenreform zu den zentralen Punkten seiner Politik. Die rein kontemplativen Orden, also jene, die nicht durch Krankenpflege, Schulbetrieb oder Seelsorge nützliche Arbeit für den Staat leisteten, wurden aufgelöst und über 700 Klöster geschlossen. Die nun leer stehenden Gebäude wichen zumeist Privathäusern oder staatlichen Einrichtungen.

Am 31. Oktober 1781 erließ Joseph darüber hinaus das »Toleranzedikt«, in dem er den nichtkatholischen Christen die freie Ausübung ihres Glaubens und die Errichtung eigener Kirchen gestattete. Er war davon überzeugt, dass »jeder Zwang, der dem Gewissen der Menschen Gewalt antut, schädlich sei« und dass »ein außerordentlicher Nutzen sowohl der Religion als dem Staate aus der echten Toleranz, wie sie die christliche Liebe vorschreibt«, erwachsen würde. Ihm ging es dabei keineswegs darum, die Evangelischen, die Griechisch-Orthodoxen oder die Juden (für die er im Jänner 1782 ein ähnlich lautendes Toleranzpatent erließ) zu fördern, doch dort, wo sie bereits lebten, sollten ihre Fähigkeiten nicht mehr durch religiöse Beschränkungen gehemmt werden. Im Interesse von Wirtschaft und Gesellschaft wollte er sie als nützliche Staatsbürger integrieren. Religionszugehörigkeit sollte dem Dienst am Staat nicht mehr im Wege stehen.

Der Widerstand der mächtigen katholischen Kirche folgte auf dem Fuße: Viele Bischöfe wandten sich empört an den Kaiser und protestierten gegen »Zudringlichkeiten gegen die katholische Religion«. Joseph hatte diese Konflikte natürlich erwartet, weshalb er in seinem Edikt verfügte, dass »die Katholischen sich von allen Schmähungen und beleidigenden Vorwürfen gegen die Nichtkatholischen sorgfältig enthalten« sollten, wie auch diese ihrerseits alles tun sollten, um zu einer »echten christlichen Verträglichkeit« beizutragen.

Die beiden evangelischen Kirchen

Ausgerechnet auf dem Grund eines damals aufgelösten Klosters in der Dorotheergasse, dem Königinkloster der Clarissinnen, wurden nun gleich zwei evangelische Kirchen gebaut, eine für die Lutheraner und eine für die Reformierten, die in der Tradition der Schweizer Reformatoren wie Zwingli und Calvin standen. Die Kirchen sahen ursprünglich etwas anders aus als heute, denn sie durften – hier endete die Toleranz auch schon wieder – von außen nicht als Gotteshäuser zu erkennen sein. Der Eingang führte also zunächst in einen Innenhof, von dem man die eigentliche Kirche betreten konnte. Auch Glockentürme waren beiden Bauten zunächst untersagt.

Die lutherische Kirche AB (= Augsburger Bekenntnis) entstand genau dort, wo sich einst die Klosterkirche befunden hatte (Dorotheergasse 18). Seit 1924 erinnert eine Gedenktafel im Inneren an den Wiener Kaufmann Kaspar Tauber, der als Anhänger Martin Luthers im Jahr 1524 verhaftet wurde. Er wurde verurteilt, im Büßerhemd, bloßfüßig und mit einem Strick um den Hals vor der Stephanskirche öffentlich seinen Glauben zu widerrufen. Der Schreck seiner Bewacher war natürlich groß, als er vor der schaulustigen Menge begann, seine Haltung zu verteidigen, und die Menschen zum Gebet aufforderte! Schleunigst wurde er fortgebracht und abermals verurteilt – diesmal zum Tod. Auf der Gänseweide (wo heute das Hundertwasserhaus steht (s. d.)) wurde er enthauptet und anschließend verbrannt. Luther bezeichnete ihn einst als Vorbild der Standhaftigkeit und als Märtyrer für den »echten Glauben«.

Die Kirche der Reformierten HB (= Helvetisches Bekenntnis) durfte so wie die benachbarte lutherische Kirche erst in der zweiten Hälfte des 19. Jahrhunderts repräsentativ gestaltet werden, was dem »Protestantenpatent« Kaiser Franz Josephs zu verdanken war. Damals erhielt das Gebäude einen direkten Zugang von der Straße und einen Glockenturm. Das »Henriettentor«, durch das einst die calvinistische Gattin Erzherzog Karls (s. Haus der Musik) die Kirche betreten konnte, ist mittlerweile längst vermauert worden. Henriette ist übrigens die einzige Protestantin, die in der nahe gelegenen Kaisergruft bei den Kapuzinern (s. Kapuzinergruft) bestattet wurde.

Während die lutherische Kirche in Österreich heute über 350 000 Mitglieder hat, machen die Reformierten mit rund 19 000 Gläubigen eine verschwindend kleine Minderheit aus. Sie entsprechen gerade einmal 0,24 Prozent der österreichischen Bevölkerung.

Franziskanerkirche

1010, Franziskanerplatz

Schon lange bevor die Franziskaner Anfang des 17. Jahrhunderts ihre Kirche und ihr Konvikt erbauten, stand hier ein Kloster. 1306 hatten wohlhabende Bürger dieses sogenannte Seelhaus dem Orden der Büßerinnen gestiftet, einer Gemeinschaft von ehemaligen Prostituierten, die ein neues, frommes Leben beginnen wollten. Durch private Stiftungen wurde dieses Kloster im Laufe der Zeit sehr reich, und da seine Bewohnerinnen zwar an das Gelübde des Gehorsams gebunden waren, nicht jedoch an jenes der Armut und der Keuschheit, waren sie bei den Wiener Bürgern als potenzielle Ehefrauen sehr begehrt.

Mehr als 250 Jahre lang lebten Büßerinnen hier, bis der Einfluss der Reformation deutlich spürbar wurde. Die Kommission, die 1566 im Auftrag des Landesherren die Zustände in Wiener Klöstern untersuchte, stellte voller Sorge fest, dass es mit dem frommen Leben nicht weit her war. Die damalige Meisterin des Seelhauses war Geliebte eines Geistlichen, den sie später auch heiratete (er selbst nahm die Trauung vor). Beide lebten gemeinsam im Klostergebäude, das zunehmend verfiel. Ausdrücklich wurde in dem Bericht festgehalten, dass hier »Unzucht, Trunkenheit und Völlerei« herrschten, doch diese Zustände waren zur damaligen Zeit nichts Außergewöhnliches! In vielen Klöstern herrschten ähnliche Verhältnisse: Mönche und Priester vermählten sich mit Nonnen und lebten mit diesen und ihren Kindern innerhalb der Klostermauern.

Die Habsburger setzten in dieser angespannten Situation durchsetzungskräftige Kirchenmänner ein, die die Gegenreformation, also die Rekatholisierung der Bevölkerung, mit allen Mitteln vorantrieben. Unter dem mächtigen Bischof Khlesl, der übrigens selbst Sohn eines evangelischen Paares war und erst später konvertierte, wurden zu diesem Zweck mehrere geistliche Orden nach Wien geholt. Sie bildeten nun die »ecclesia militans«, die »wehrhafte Kirche«, die vehement gegen die protestantische Lehre und deren Anhänger vorging.

Das mittlerweile verlassene Büßerinnenhaus wurde 1589 den Franziskanern zur Verfügung gestellt. Nachdem diese während der ersten Türkenbelagerung ihr Kloster vor den Stadtmauern verloren hatten, erhielten sie nun hier ihr neues Hauptquartier. In den ersten Jahren des 17. Jahrhunderts ließen sie sich eine

Die Fanziskanerkirche davor der Moses-Brunnen

neue Kirche erbauen und auch das alte Seelhaus völlig neu gestalten. Die Fassade des Klosters wurde mit kreisförmigen Vertiefungen geschmückt, ursprünglich waren fast gar keine Fenster nach außen vorhanden, denn alles war auf den Kreuzgang hin ausgerichtet. Die Gottesdienste bei den Franziskanern erfreuten sich schon bald großer Beliebtheit bei den vornehmen Herrschaften Wiens. Auf deren Druck wurde auch das Haus, das sich auf dem heutigen Platz direkt vor der Kirche befand, abgerissen, damit ihre Kutschen eine leichtere Zu- und Abfahrt direkt vor dem Eingang hatten.

Das Innere der Kirche ist durch die vielen Skulpturen, Bilder und Fresken einer der schönsten barocken Sakralräume der Stadt. Von besonderer Bedeutung ist die spätgotische Marienstatue auf dem Hochaltar. Diese »Maria von Grünberg« oder »Maria mit dem Beil« ist mit einer jener vielen Wundersagen verbunden, die zur Zeit der Gegenreformation entstanden: Ihr einstiger Besitzer, der evangelisch gewordene böhmische Graf Sternberg, soll sie zu zerstören versucht haben, indem er sie ins Feuer werfen ließ. Das erste Wunder geschah: Die Figur sprang von selbst aus den Flammen.

Der Knecht, der sie nun mit einer Axt zertrümmern sollte, scheiterte ebenfalls, denn die Axt blieb im Holz der Statue stecken und ließ sich nicht mehr entfernen. Die Sternbergs waren, so will es die Legende weiter, ab nun vom Unglück verfolgt. Die Marienstatue kam in den Besitz eines frommen polnischen Edelmannes, der sie schließlich dem Kloster der Franziskaner schenkte. Vor allem in Zeiten der Pest und des Krieges wandten sich nun die Gläubigen mit ihren Gebeten an sie. Auch zahlreiche Mitglieder des Kaiserhauses brachten ihr besondere Verehrung entgegen und beschenkten sie (und damit das Kloster) mit Tausenden von Schmuckstücken, kostbaren Kleidchen und anderen Votivgaben. Kaiser Joseph II. machte dem ein Ende und ließ diese Geschenke versteigern.

Eine Nachbildung der Axt, durch welche die Marienfigur einst zerstört werden sollte, ist heute noch in ihrer linken Schulter zu sehen.

Gasometer

1110, Guglgasse 6–14

Die Drorygasse im dritten Bezirk erinnert an einen Namen, der heute in Wien weitgehend unbekannt sein dürfte. Nur wer sich eingehender mit der Geschichte der europäischen Gaswirtschaft beschäftigt hat, weiß um die große Bedeutung der englischen Familie Drory. Im Jahr 1824 wurde in London die »Imperial Continental Gas Association« (kurz: ICGA) gegründet, die es sich zur Aufgabe machte, in allen wichtigen Städten Europas die Gasbeleuchtung einzuführen. Ob in Deutschland, Frankreich, den Niederlanden, Russland oder Belgien – überall errichtete die ICGA zur Mitte des 19. Jahrhunderts zahlreiche Gaswerke und übernahm die Versorgung der öffentlichen Straßenbeleuchtung. An der Spitze der Gesellschaft standen die Drorys. So gut wie alle männlichen Mitglieder der Familie waren Ingenieure und über Generationen hindurch für die Erfolgsgeschichte der ICGA maßgeblich verantwortlich.

In Wien hatte es schon um 1800 die ersten Versuche gegeben, einzelne Gebäude und Straßen mit Gaslaternen zu beleuchten. Kleinere Gaswerke wurden gegründet, in denen durch Destillation von Holz oder Kohle brennbares Gas gewonnen wurde, doch erst durch das Auftreten der ICGA in den 1840er-Jahren wurde die Gasversorgung Wiens konsequent vorangetrieben. Mehrere neue Werke wurden errichtet und die englische Gesellschaft verdrängte nach und nach alle ihrer Konkurrenten. Jahrzehnte hindurch sollte sie tonangebend (und preisbestimmend!) sein. Der Gasverbrauch der Stadt stieg und stieg, von 50 000 Kubikmetern im Jahr 1835 auf 19 Millionen Kubikmeter dreißig Jahre später!

Angesichts der hohen Gewinne, die die ICGA machte, wuchs der Unmut vieler Wiener. Allen voran war es der Abgeordnete und spätere Bürgermeister Karl Lueger, der wortreich gegen die »Ausländer« wetterte und auf der Errichtung städtischer Gaswerke bestand. Es dauerte jedoch bis 1892, dass der Gemeinderat den Beschluss zur Errichtung kommunaler Gaswerke fasste. Nun drängte bereits die Zeit, denn der Vertrag mit der ICGA sollte am 31. Oktober 1899 auslaufen. Wollte man nicht gezwungen sein, diesen doch noch einmal zu verlängern, musste man sich mit dem Bau beeilen. Im Dezember 1896 erfolgte schließlich der Spatenstich zum ersten Wiener Großgaswerk in Simmering. Mit enormem technischem und personellem Aufwand (pro Tag waren über 1600 Arbeiter beschäftigt) gelang es, die vier Gasbehälter rechtzeitig fertigzustellen, Hunderte Kilometer Rohrnetz zu verlegen und über 20 000 neue Gasglühlichter in der ganzen Stadt zu installieren. Buchstäblich in letzter Minute – eine knappe Woche vor Ablauf des Vertrages mit der ICGA – konnte das erste kommunale Gaswerk am 25. Oktober 1899 in Betrieb gehen. Es war damals das größte Europas.

Die vier markanten, paarweise angelegten Rohziegelbauten waren bis zur Umstellung von Kohlegas auf Erdgas 1966 in Betrieb, anschließend dienten sie als Speicherbehälter für das aus Russland bezogene Erdgas. 1981 wurden sie unter Denkmalschutz gestellt. Nachdem sich hier die junge Raver-Szene auf gut besuchten Veranstaltungen tummelte, fiel 1997 die Entscheidung über den Umbau und die Revitalisierung der Gasometer. Das Areal sollte kurz darauf tatsächlich zu einem neuen, lebendigen Stadtviertel Wiens erblühen. Die Architekten Jean Nouvel, Wolf D. Prix von Coop Himmelb(l)au, Manfred Wehdorn und Wilhelm Holzbauer gestalteten die vier Ziegelbauten zu hochinteressanten, zeitgenössischen Gesamtkunstwerken, in denen mittlerweile zahlreiche Wohnungen und Büros, Geschäfte, ein Kino, ein Studentenheim, Restaurants und schließlich auch das Wiener Stadt- und Landesarchiv untergebracht sind. Eine eigene U-Bahn-Station der Linie 3 verbindet die Gasometer mit der Stadt.

Graben

1010, Graben

Sein Name erinnert noch heute an den ehemaligen Festungsgraben des römischen Kastells Vindobona, obwohl dieser bereits zu Ende des 12. Jahrhunderts zugeschüttet worden war. Seither herrschte hier lange Zeit buntes Markttreiben: Bäcker und Mehlverkäufer, Fleischer und Kräutler boten ihre Waren zum Kauf an, und das ebenfalls hier angepriesene Geflügel sorgte für so große Lärmbelästigung, dass die geistlichen Herren von St. Stephan sich oft heftig beschweren mussten.

Sein heutiges Bild wird fast zur Gänze von den vornehmen Patrizierhäusern und noblen Geschäften geprägt, die ab dem 19. Jahrhundert hier errichtet wurden. Von den mittelalterlichen Gebäuden ist nichts mehr übrig geblieben und auch aus der Barockzeit stehen nur noch wenige Reste: das hübsche Palais Bartolotti-Partenfeld (Graben 11), das nach Plänen des berühmten Lukas von Hildebrandt errichtet wurde, und jenes prachtvolle Monument, das man mittlerweile durchaus zu den Wahrzeichen Wiens zählen darf: die Pestsäule. Im Frühjahr 1679 brach in Wien wieder einmal die gefürchtete Beulenpest aus und griff rasant um sich. Es wird geschätzt, dass damals mindestens ein Drittel der Stadtbevölkerung an der fürchterlichen Krankheit zugrunde ging. Handel und Gewerbe, die sich nach dem grausigen Dreißigjährigen Krieg erst langsam wieder erholt hatten, lagen nun abermals fast völlig darnieder, und in dieser Situation der Not gelobte Kaiser Leopold I., eine steinerne Säule zu Ehren der Dreifaltigkeit errichten zu lassen, wenn die Pest nur endlich vorbeiginge. Nachdem zunächst ein hölzernes Provisorium aufgestellt

Der Graben – ganz links das »Equitable-Haus«

worden war, konnte man 1687 mit dem Bau des steinernen Denkmals beginnen. Bedeutende Künstler arbeiteten bei seiner Planung und Ausführung zusammen und fünf Jahre später konnte es geweiht werden. Unterhalb der üppig verzierten Wolkensäule, die von der Figurengruppe der Dreifaltigkeit bekrönt wird, ließ sich Kaiser Leopold in Lebensgröße verewigen. Die Wappen seiner Länder (Österreich, Ungarn, Böhmen) sind auf den drei Seiten des Sockels zu erkennen – gleichsam als irdische Dreifaltigkeit habsburgischer Macht!

Im Laufe des 18. Jahrhunderts entwickelte sich der Graben immer mehr zu einem vornehmen Pflaster – »Sehen und gesehen werden« – lautete die Devise. Dort, wo sich heute etwa der monumentale Grabenhof befindet (Graben 14–15), stand einst jenes Haus, in dem das berühmte Café Taroni untergebracht war. Um 1750 erhielt der ehemalige Branntweinhersteller Taroni die Erlaubnis, im Sommer ein Limonadenzelt sowie Tische und Stühle vor seinem Gastbetrieb aufzustellen. Wenn man so will, war das der erste Schanigarten Wiens, selbst der Begriff dürfte auf Tarone zurückzuführen sein, war sein Vorname doch Johann, auf Französisch Jean und auf Wienerisch »Schani«. Der Andrang war jedenfalls enorm! Bei Kaffee, Eis und anderen Erfrischungen konnte man die Vorbeiflanierenden beobachten und Ignaz Franz Castelli nannte das »Taroni-Eck« schlichtweg den »Anhaltspunkt zum Nichtstun«. Auch die Prostituierten erkannten bald die Vorzüge, die sich ihrer Arbeit hier boten, und spazierten als sogenannte Grabennymphen auf der »Piazza von Wien« auf und ab. Selbst Maria Theresias berüchtigte Keuschheitskommission, die auf das sittliche Benehmen der Untertanen achten sollte, richtete letztlich wenig gegen sie aus. Bis weit in die Bie-

Die Pestsäule am Graben

dermeierzeit waren die Frauen am Graben unterwegs.

Auf der gegenüberliegenden Seite des Grabens entstand in den 1770er-Jahren der Trattnerhof (Graben 29–29a, mittlerweile demoliert). Es war ein prächtiger, vornehmer Bau, der den Wohlstand seines Besitzers deutlich zur Schau stellte. Johann Thomas Trattner konnte zu Recht stolz auf sein Vermögen sein, hatte er es sich doch selbst erarbeitet. Aus ärmlichen Verhältnissen stammend, brachte er es zum führenden Buchverleger der theresianischen Zeit, indem er das Monopol für den Druck sämtlicher Schul- und Lehrbücher der gesamten Monarchie erwarb (nebenbei druckte er ungeniert andere Werke nach, ohne die Rechte dafür zu besitzen). In seinem Haus am Graben lebten im ausgehenden 18. Jahrhundert rund 600 Menschen und neben den Wohnungen gab es auch Geschäftslokale, eine Druckerei sowie eine Buch- und Papierhandlung. Auch ein Veranstaltungssaal war im Gebäude eingerichtet, was einem der damaligen Mieter ganz besonders gelegen kam: Wolfgang Amadeus Mozart, der hier gut besuchte Konzerte gab. Er lebte ein knappes Jahr mit seiner Frau Konstanze im Trattnerhof (1783/84) und hier kam auch sein ältester Sohn zur Welt. In der benachbarten Peterskirche wurde dieser auf den Namen Karl Thomas getauft, Trattner und seine Frau fungierten als Taufpaten.

So wie das längst abgerissene »Hirschenhaus« einst den Abschluss des Grabens in Richtung Naglergasse bildete, stand bis zur Mitte des 19. Jahrhunderts das »Elefantenhaus« am anderen Ende, beim Stock-im-Eisen-Platz. Seinen Namen verdankte es dem ersten Elefanten, der je in Wien zu sehen war: Im Tross Erzherzog Maximilians (des späteren Kaisers Maximilian II.) wurde er 1552 als Geschenk aus Spanien hierher gebracht und soll an dieser Stelle ein kleines Kind, das seiner schaulustigen Mutter aus dem Arm gefallen war, behutsam mit seinem Rüssel aufgehoben haben.

An der Ecke zur Kärntner Straße steht ein prunkvolles Gebäude, das sogenannte »Equitable-Haus« (Stock-im-Eisen-Platz 3–4), benannt nach einer New Yorker Versicherungsgesellschaft, die sich im ausgehenden 19. Jahrhundert hier ihre Wiener Niederlassung errichten ließ. Deshalb ist auch über dem Portal – reichlich ungewöhnlich für Wien – ausnahmsweise kein kaiserlicher Doppeladler zu sehen, sondern das Wappentier der USA, ein Weißkopfseeadler.

Der »Stock im Eisen« steht heute noch an der Ecke des Gebäudes. Die Schlossergesellen, die in vergangenen Zeiten durch Wien zogen, hatten es sich zur Tradition gemacht, hier einen Nagel in den aufgestellten Baumstamm zu schlagen – mittlerweile ist das Holz gespickt mit unzähligen Eisenstiften, die ihm schließlich den Namen gaben.

Griechenviertel

1010, Griechengasse, Fleischmarkt

Spätestens nach dem Fall Konstantinopels 1453 emigrierten zahlreiche griechische Kaufleute aus dem nun türkischen Machtbereich in andere Teile Europas, um ungestört ihre Geschäfte weiterführen zu können. Auch in Wien siedelten sich manche von ihnen an und bildeten nun eine wichtige Verbindung zum Levantehandel. 250 Jahre später kam es zu einem weiteren wichtigen Impuls für das griechische Leben in Wien. 1718 schloss Habsburg mit dem osmanischen Sultan Achmed III. den Frieden von Passarowitz. In diesem wurden einerseits Gebietsabtretungen des Osmanischen Reiches an Österreich festgelegt, im Gegenzug wurde es osmanischen Untertanen ermöglicht, sich in den habsburgischen Ländern anzusiedeln, um dort sozusagen als privilegierte Ausländer frei ihre Geschäfte zu treiben. Neben zahlreichen sephardischen Juden (s. Jüdischer Friedhof Währing) kamen nun auch vermehrt griechische Händler nach Wien.

Auf Fürsprache Prinz Eugens wurde ihnen, den Griechisch-Orthodoxen, die seelsorgerische Betreuung durch die Bruderschaft zum heiligen Georg gestattet. Zunächst in einem Privathaus untergebracht, übersiedelte ihre Kapelle zu Beginn des 19. Jahrhunderts in das »Küss den Pfennig«-Haus in der Griechengasse (Georgskirche, Griechengasse 5). Das Gebäude wurde um 1900 grundlegend umgestaltet, auch das Relief des Giebels, das den Heiligen im Kampf mit dem Drachen zeigt, entstand damals. Die Kosten des Umbaus übernahm Nikolaus Dumba, ein vermögender Industrieller und wichtiges Mitglied der Wiener griechischen Gemeinde. Er machte sich nicht zuletzt auch einen Namen als großzügiger Kunstmäzen und Musikfreund, weshalb ihm, dem einstigen Vizepräsidenten des Musikvereins, die Ehre zuteil wurde, als einziger »Nicht-Komponist« am Musikerhain des Zentralfriedhofes begraben zu werden, in direkter Nachbarschaft Beethovens, Schuberts, Brahms' und Strauß'.

Die pittoreske, schmale Griechengasse mit ihren alten Prellsteinen führt unter einem Schwibbogen hindurch zum Fleischmarkt. Links an der Ecke befindet sich das Griechenbeisl (Fleischmarkt 11), das älteste bis heute bestehende Wirtshaus Wiens. Mitte des 15. Jahrhunderts wurde es erstmals als Gaststätte erwähnt. Ab 1914 war Leopold Hauer Inhaber der Wirtschaft, ein Mann, der sich aber zunehmend der Kunst und weniger der Gastronomie verschrieb. War sein Vater bereits großer Kunstsammler gewesen, so wurde Leopold selbst Maler. Zu seinen Freunden zählten Egon Schiele, Oskar Kokoschka und Albin Egger-Lienz, die sich natürlich auch im berühmten Mark-Twain-Zimmer des Griechenbeisels verewigten. Seit vielen Jahrzehnten war es nämlich üblich, dass die Künstler, die hier zu Gast waren, ihre Autogramme an der Wand des kleinen Speiseraums hinterließen, darunter Beethoven, Waldmüller, Schubert, Brahms, Strauß, Grillparzer, Richard

Wagner – und Mark Twain, der 1897/98 viele Monate mit seiner Familie in Wien verbrachte. Diese Unterschriften sind heute noch ein besonderes Kuriosum des Hauses.

Direkt gegenüber steht das sogenannte Toleranzhaus (Fleischmarkt 18), das einst dem griechischen Kaufmann Chrestos Nakos gehörte. Nachdem Joseph II. 1781 das Toleranzedikt erlassen hatte, das allen nicht katholischen Christen die – fast – freie Religionsausübung gestattete (s. Evangelische Kirchen), ließ Nakos in seiner Dankbarkeit den Lobspruch an der Fassade seines Hauses (über den Fenstern des dritten Stocks) anbringen: »Vergänglich ist dies Haus, doch Josefs Nachruhm nie – Er gab uns Toleranz, Unsterblichkeit gab sie«.

Das markanteste Gebäude der Straße ist unbestreitbar die Kirche zur Hl. Dreifaltigkeit (Fleischmarkt 13). Auch sie ist eng mit Josephs Toleranzedikt verbunden, konnte sich doch erst jetzt eine österreichische griechisch-orthodoxe Gemeinde entwickeln (die ältere Georgskirche war ja wohlgemerkt von privilegierten osmanischen Staatsbürgern gegründet worden!). Die Kirche durfte ursprünglich von außen nicht als solche erkennbar sein, weshalb der eigentliche Kirchenraum tief im Gebäude versteckt liegt. Die prachtvolle exotische Rohziegelfassade mit dem achteckigen Turm und den bunten Heiligenbildern entstand erst zur Mitte des 19. Jahrhunderts. Der berühmte Ringstraßenarchitekt Theophil Hansen, der selbst jahrelang in Griechenland gelebt hatte, schuf die Entwürfe dazu.

Durch ein düsteres Vestibül gelangt man zu einem kleinen, überglasten Vorraum und schließlich in die Kirche. Rechts steht der Bischofsthron, links die Kanzel mit dem byzantinischen Doppeladler und dahinter die farbenprächtige Ikonostase, die Bilderwand, die bei den Orthodoxen den Gemeinderaum vom Altarraum abtrennt. Ein Großteil des Gottesdienstes spielt sich hinter ihr ab. Im ersten Stock des Gebäudes befindet sich übrigens auch die griechische Schule, die seit 1801 in Wien besteht und somit die älteste außerhalb Griechenlands ist.

Vorbei am Schwindhof, dem Geburtshaus des Malers und Schubertfreundes Moritz von Schwind, geht es zum Laurenzerberg und dem großen Gebäude der Post. An seiner Stelle stand einst das Augustiner Chorfrauenkloster St. Laurenz, das nach seiner Auflösung unter Joseph II. in das Amt für Bücherzensur umgewandelt wurde. Unter Metternich war hier dementsprechend viel zu tun, und ganz gegen seine innere Überzeugung arbeitete hier der junge Dichter Johann Mayrhofer als Zensor. Auch er wurde bekannt als sehr enger Freund Schuberts, mit dem er auch einige Jahre zusammenlebte. Schubert vertonte knapp 50 seiner Gedichte, auch das Textbuch zur Oper »Adrast« stammt von ihm. Zunehmend depressiv geworden, beging Mayrhofer 1836 hier in seinem Büro Selbstmord.

Gegenüber, an der Ecke zur Postgasse, befand sich einst das Gasthaus »Zum weißen Ochsen«, in dem die Familie Mozart bei ihrem ersten Wienaufenthalt Quartier nahm. Am 6. Oktober 1762 kam sie mit dem Postschiff beim Schanzelufer des Donaukanals an. Leopold Mozart fühlte sich damals verpflichtet, »der Welt ein Wunder zu verkündigen, welches Gott in Salzburg hat lassen geboren werden«. Dieses Wunder, nämlich sein sechsjähriger Sohn Wolfgang, sorgte in Wien tatsächlich in Kürze für Furore, in den Adelspalais und bald auch am Kaiserhof.

In der Postgasse 10 steht eine weitere griechische Kirche (Barbarakirche), diesmal allerdings keine orthodoxe, sondern eine griechisch-katholische (oder »unierte«), weshalb

Der Fleischmarkt – rechts der Eingang zur Dreifaltigkeitskirche

sie auch schon unter Maria Theresia hier, in einer ehemaligen Jesuitenkapelle, eingerichtet werden durfte. Eine Inschrift über dem Portal weist in griechischer und altslawischer Sprache auf Maria Theresias Stiftungsdekret hin.

Geht man nun den Fleischmarkt in entgegengesetzter Richtung zurück und überquert die Rotenturmstraße, findet sich dort am linken Eckhaus (Rotenturmstraße 21) eine Gedenktafel für Rhigas Pheraios, einen der berühmtesten griechischen Freiheitsdichter des 18. Jahrhunderts und Kämpfer gegen die osmanische Herrschaft in seinem Land. Im Wiener Exil ließ er seine revolutionären Schriften und Flugblätter drucken, die dann nach Griechenland geschmuggelt wurden. Kaiser Franz lieferte ihn 1798 an die Türken aus – er wurde noch im selben Jahr hingerichtet. Der romantische Dichter Lord Byron, der sich zwanzig Jahre später schwärmerisch für den griechischen Freiheitskampf engagierte, übersetzte mehrere von Pheraios' Werken ins Englische.

Grinzinger Friedhof

1190, An den langen Lüssen 33

Am Rande Wiens, nahe der Weinberge und etwas abseits von den Touristenbussen des berühmten Heurigenortes, hat sich der Grinzinger Friedhof seinen ländlichen Charakter bis heute bewahrt. Als er im ausgehenden 18. Jahrhundert angelegt wurde, war Grinzing ja noch ein kleines, unbedeutendes Dörfchen weit vor den Toren der Stadt. Erst zur Biedermeierzeit entwickelte es sich so wie seine benachbarten Ortschaften Heiligenstadt oder Sievering zu einem beliebten Ausflugsort der Wiener, und in weiterer Folge entstanden auch die ersten noblen Villen, die Grinzing seither prägen. Damals, um 1830, wurde der Friedhof, der sich bislang rund um die schöne gotische Kirche im Ortskern erstreckte, hierher auf eine Anhöhe verlegt. Eine große Zahl bedeutender Persönlichkeiten wurde im Laufe der Zeit nun hier bestattet, und so wie der Hietzinger Friedhof (s. d.) nicht zuletzt für die dort begrabenen Künstler des Jugendstils bekannt ist, so ist es der Grinzinger für jene des Historismus (ein Lageplan mit allen Prominentengräbern hängt übrigens beim Friedhofseingang).

In einer repräsentativen Gruft liegt Heinrich von Ferstel begraben, der große Architekt der Ringstraßenära. In jungen Jahren hatte er sich schon durch den Bau der Votivkirche (s. d.) und der österreichischen Nationalbank (s. Palais Ferstel) einen Namen gemacht, und schuf bis zu seinem Tod einige der bedeutendsten Prachtbauten der Innenstadt. Die Vollendung seines letzten, großen Projekts, der Universität (s. d.), konnte er nicht mehr miterleben. Er starb bereits ein Jahr vor deren Fertigstellung in seiner Villa nahe des Grinzinger Friedhofs (1190, Himmelstraße 45). Ferstel hatte sie einst – in neugotischem Stil – selbst entworfen, so wie auch die Gruft, in der er und seine Familie begraben sind.

Nur wenige Schritte von ihm entfernt liegt ein weiterer wichtiger Architekt des Historismus, August Sicard von Sicardsburg. Gemeinsam mit seinem Freund und Kompagnon Eduard van der Nüll plante er das erste Großprojekt der Ringstraße, die Hofoper (s. Staatsoper). Auch der Baumeister Ferdinand Fellner, gemeinsam mit seinem Partner Hermann Helmer der Theaterarchitekt Mitteleuropas, ist hier begraben (s. Volkstheater).

Das berühmteste Grab des Friedhofs ist sicherlich jenes von Gustav Mahler: ein schlichter, edler Stein, den Josef Hoffmann für ihn entworfen hatte. Mahler starb nach tagelangem Todeskampf am 18. Mai 1911. Obwohl er sich ein einfaches Begräbnis gewünscht hatte, folgten vier Tage später rund 500 Men-

Ortskern von Grinzing

schen seinem Sarg, darunter Bruno Walter, Gustav Klimt, Arnold Schönberg, Alfred Roller, Leo Slezak und Carl Moll, der Stiefvater seiner Frau Alma (s. Hohe Warte; auch Moll liegt hier auf dem Grinzinger Friedhof). Alma selbst fehlte bei der Beisetzung, denn sie verabscheute Begräbnisse und nahm viele Jahre später auch nicht an jenem ihrer Tochter teil. Die 17-jährige Manon (aus Almas Ehe mit Walter Gropius) hatte sich in Venedig mit der Kinderlähmung angesteckt und konnte schon binnen weniger Tage nicht mehr gehen. Bundeskanzler Kurt Schuschnigg, ein enger Freund der Familie, stellte damals für den Transport des kranken Mädchens eigens den ehemaligen Sonderzug Kaiser Franz Josephs zur Verfügung. Nach einem Jahr im Rollstuhl starb Manon im April 1935 und das Begräbnis wurde – auch ohne Alma – zu einem gesellschaftlichen Großereignis. »Sie wurde wie eine Königin beerdigt«, schrieb die Mutter, »denn als eine solche hat sie ja auch gelebt.« Schon zu Lebzeiten hatte sie die Tochter zu einem »Engel« stilisiert, dessen Leiden vor den vielen Besuchern des Hauses regelrecht zelebriert wurde (woran sich etwa Elias Canetti später noch voller Schaudern erinnerte). Alma starb im Dezember 1964 in den USA, wohin sie mit ihrem dritten Mann, dem berühmten Schriftsteller Franz Werfel, emigriert war. Ihr Leichnam wurde nach Wien überführt und im Grab ihrer Tochter bestattet. Es befindet sich in unmittelbarer Nähe von Gustav Mahlers Grab.

Neben den berühmten Schauspielern Raoul Aslan, Attila Hörbiger und seiner Frau, der Doyenne des Burgtheaters, Paula Wessely, dem Maler Leopold Kupelwieser und dem Konzertmeister Arnold Rosé liegen auch zwei der bedeutendsten österreichischen Schriftsteller im Grinzinger Friedhof begraben: Heimito von Doderer, der Autor der »Strudlhofstiege«, und Thomas Bernhard. Wenige Monate vor seinem Tod, im November 1988, erlebte Bernhard noch die Uraufführung seines Stückes »Heldenplatz« am Burgtheater. Damals herrschten tumultartige Zustände in Wien, nachdem einzelne Passagen durch manche Medien und Politiker zu einem Skandal hochgepeitscht worden waren. »Nestbeschmutzer« war noch der freundlichste Ausdruck, den man für Bernhard fand. Er wurde in einem unscheinbaren Grab bestattet, sein Name steht in einem eisernen Kästchen verborgen.

Haus der Musik – Palais Erzherzog Karl

1010, Seilerstätte 30/Annagasse 20

Noch längst war Erzherzog Karl nicht der umjubelte Feldherr, als er im Jahr 1788 – er war damals erst 17 – das große Gebäude in der Seilerstätte bezog. Hier, wo bislang Jahrzehnte hindurch das kaiserliche Versatzamt (s. Dorotheum) untergebracht war, ließ er sich nun sein privates Wohnpalais einrichten.

Dass er sich einmal einen Namen als herausragendes militärisches Talent erringen sollte (und somit ein seltenes Exemplar der Habsburger darstellte), war damals noch keineswegs abzusehen. Er galt nach seiner Geburt als Sohn des späteren Kaisers Leopold II. eher als schwächliches, schüchternes Kind, das darüber hinaus an Epilepsie litt. In Florenz aufgewachsen, wurde er später von seiner kinderlosen Tante Marie Christine und ihrem Mann Albert von Sachsen-Teschen adoptiert (s. Albertina). Karls militärische Laufbahn begann mit den Feldzügen gegen das revolutionäre Frankreich, in denen er sich schon bald als talentierter Stratege erwies. In den Schlachten gegen die siegesgewohnten französischen Generäle errang er mehrere Erfolge in Süddeutschland und in Oberitalien und wurde deshalb von Napoleon als militärischer Gegner hoch respektiert. Als dieser ihm 1805 in Geheimverhandlungen die österreichische Kaiserkrone anbot, schlug er sie jedoch aus.

Sein älterer Bruder Franz war damals schon seit vielen Jahren Kaiser und versuchte, den politischen Einfluss Karls möglichst gering zu halten. Als Feldherr wurde er im Notfall zwar eingesetzt, in die politischen Entscheidungen jedoch nicht eingebunden, was ihn verbitterte und in seiner kritischen Haltung seinem Bruder und dessen Ratgebern gegenüber bestärkte: »Österreich hat unter allen seinen Feinden keinen gefährlicheren als seine eigene Regierung«, schrieb er und bezeichnete die Minister und Einflüsterer seines Bruders als »Schurken und Narren«.

Ende Mai 1809 – wieder einmal herrschte Krieg gegen Frankreich – konnte Karl nach der Schlacht von Aspern nahe Wien seinen größten Sieg feiern (s. Hofburg/Heldenplatz). Heute noch wird sein Name stets damit verbunden, wobei man die darauf folgende (und entscheidende) Niederlage von Deutsch-Wagram oft außer Acht lässt. Napoleons Truppen besetzten daraufhin abermals Wien und Erzherzog Karl zog sich endgültig ins Privatleben zurück. Als bedeutender Militärschriftsteller war er ab nun tätig und widmete sich darüber hinaus der Modernisierung seiner – von den Adoptiveltern geerbten – unermesslichen Güter. Auch nach dem Tod seines kaiserlichen Bruders Franz verstand Staatskanzler Metternich es, ihn weiterhin aus den Regierungsgeschäften auszuschließen.

Im Jahr 1815 heiratete Karl die hessische Prinzessin Henriette von Nassau-Weilburg. Die Trauung fand zwar in der katholischen Stadtkirche von Weilburg statt, die Braut blieb jedoch evangelisch – sie war somit die erste und einzige Protestantin, die später in der Kaisergruft (s. Kapuzinergruft) bestattet wurde.

Ob in Karls Palais in der Seilerstätte tatsächlich der erste Christbaum Wiens stand, ist umstritten. Gerne wird erzählt, dass Henriette diesen – seit Kurzem in den evangelischen Gebieten Deutschlands gepflegten – Brauch aus ihrer Heimat nach Wien importierte und zu Weihnachten 1816 hier den ersten Lichterbaum aufstellen ließ. Solche geschmückten und beleuchteten Bäume gab es in Privathäusern zur Weihnachtszeit allerdings schon früher. Zwei Jahre zuvor, am Heiligen Abend 1814, wurde von der Geheimpolizei Metternichs beobachtet, dass im Hause des jüdischen Bankiers Nathan Adam von Arnstein ein geschmückter und beleuchteter Baum »nach Berliner Sitte« aufgestellt war, und im Jahr 1816 schrieb die Dichterin und Salondame Karoline Pichler, dass es »bei uns seit Langem Sitte gewesen, nach Gewohnheit des übrigen Deutschland, einen Christbaum zu errichten und die jüngeren Mitglieder der Gesellschaft durch kleine Geschenke zu erfreuen«. Später, als Erzherzog Karl und Henriette mit ihren Kindern schon in der Albertina lebten, wurde im dortigen Musensaal eine große Tanne zu Weihnachten aufgestellt. Kaiser Franz übernahm nun diesen Brauch und machte ihn auch in der Hofburg heimisch. Adel und Bürgertum folgten ihm bald.

Das einstige Palais des Erzherzogs Karl und seiner Familie ist seit dem Jahr 2000 das »Haus der Musik«. Auf einer Fläche von über 5000 Quadratmetern ist es seither den Besuchern möglich, auf mehreren Stockwerken die Welt der Musik interaktiv zu erleben. Von einem virtuellen Dirigentenpult aus kann man etwa die Wiener Philharmoniker dirigieren oder seine eigenen Walzer komponieren. Den Philharmonikern und ihrem Gründer Otto Nicolai ist in den ehemaligen Prunkräumen des Palais ein eigenes Museum eingerichtet. Ehrenpräsident des Hauses ist übrigens der Stardirigent Zubin Mehta.

Haydns Sterbehaus und Johannes-Brahms-Gedenkstätte

1060, Haydngasse 19

Wien war die Stadt, in der Joseph Haydn die prägenden Jahre seiner Kindheit und Jugend verbrachte, zunächst als Sängerknabe in St. Stephan, dann als Wirtshausgeiger und freischaffender Künstler. Im Alter von 29 trat er als Kapellmeister in die Dienste der Familie Esterházy und war ab nun jahrzehntelang hauptsächlich am prachtvollen fürstlichen Hof in Eisenstadt und auf Schloss Esterháza tätig. Erst nachdem Fürst Nikolaus I. 1790 gestorben und dessen (durch Haydn berühmt gewordenes) Orchester aufgelöst worden war, zog er wieder in die Haupt- und Residenzstadt. Zwar blieb er weiterhin Kapellmeister mit Bezug des vollen Gehalts, hatte jedoch nur wenige Verpflichtungen zu erfüllen. Der mittlerweile 58-Jährige konnte sich somit ganz auf seine Konzerttätigkeit konzentrieren.

Zwischen seinen beiden umjubelten Konzertreisen nach England kaufte sich Haydn 1793 ein kleines Haus in der Vorstadt, das er in den kommenden Jahren großzügig umbauen ließ. Gemeinsam mit seinem Sekretär Johann Elßler und dessen Frau (den Eltern der später weltberühmten Tänzerin Fanny Elßler) verlebte er hier seine letzten Jahre und komponierte einige seiner berühmtesten Werke, darunter das Oratorium »Die Schöpfung«. Nachdem es zuvor schon zweimal im Palais Schwarzenberg am Neuen Markt mit enormem Erfolg gespielt worden war, fand im März 1799 die erste öffentliche Aufführung im alten Burgtheater statt: Der Andrang auf die Theaterkasse war derart groß, dass es 18 berittener Soldaten und eines Dutzends Polizisten bedurfte, die Ordnung aufrechtzuerhalten! Die Verehrung, die man Haydn im In- und Ausland entgegenbrachte, grenzte damals schon fast an religiöse Huldigung, und je älter er wurde, desto berühmter wurde sein Name.

Ende März 1808 trat er zum letzten Mal in der Öffentlichkeit auf. Anlässlich seines bevorstehenden 76. Geburtstages wurde »Die Schöpfung« unter der Leitung Antonio Salieris im Festsaal der Alten Universität (s. Altes Universitätsviertel) aufgeführt. Nach dem ersten Teil musste Haydn aber nach Hause gebracht werden, da er schon zu schwach war, um den ganzen Abend durchzustehen.

Ein knappes Jahr später belagerten die französischen Truppen unter General Bertrand zum zweiten Mal Wien. Joseph Haydn war damals bereits bettlägerig und eine Kanonenkugel, die im Innenhof seines Hauses einschlug, ließ seine Schlafzimmertür aufspringen und die Fensterscheiben klirren. Elßler berichtet, dass der Sterbende damals am ganzen Leib zitterte und rief: »Kinder, fürchtet euch nicht, denn wo Haydn ist, kann nichts geschehen!« Kurze Zeit später, am 31. Mai 1809, starb er, Wien war nun bereits von den Franzosen besetzt.

Als Ausdruck der Hochachtung für den hochgeschätzten Künstler ließ Napoleon Ehrenwachen vor dem Sterbehaus aufstellen und die Straße dick mit Stroh bestreuen, damit die vorbeifahrenden Fuhrwerke die Totenruhe nicht stören konnten. Haydns Leichnam wurde zunächst am Hundsturmer Friedhof (wo sich heute der Haydnpark im 5. Bezirk befindet) bestattet und 1820 auf Wunsch der Familie Esterházy exhumiert, um nach Eisenstadt überführt zu werden. Der Schreck war damals allerdings groß, als man beim Öffnen des Grabes zwar das Skelett, nicht aber den Schädel Haydns vorfand! Anhänger der damals modernen »Gall'schen Schädellehre« hatten elf Jahre zuvor heimlich den Kopf an sich gebracht, um an dessen Form Haydns Geistesgröße, den »Sitz des Genialen«, abmessen zu können. Über Irrwege kam der Schädel schließlich an die Gesellschaft der Musikfreunde und wurde erst 1954 in einer feierlichen Prozession zu Haydns Sarkophag in der Eisenstädter Kalvarienbergkirche überstellt.

Im ersten Stock des Haydnhauses ist die kleine Gedenkstätte für Johannes Brahms eingerichtet, von dem selbst leider keine Wohnung in Wien mehr erhalten ist. Brahms, der ja schon als musikalisches Wunderkind in Hamburg für Furore gesorgt hatte, kam 1862 im Alter von 29 Jahren nach Wien, wo er seine Karriere als Pianist, Dirigent und Komponist erfolgreich fortsetzte. Bald war er aus der blühenden Musikszene der Kaiserstadt nicht mehr wegzudenken, auch wenn sein Aufenthalt immer wieder von langen Reisen ins Ausland unterbrochen wurde.

Das Haus neben der Karlskirche, in dem Brahms mehr als 25 Jahre wohnte und wo er am 3. April 1897 starb, steht heute nicht mehr. Es musste einem Erweiterungsbau der Technischen Hochschule weichen und wurde zu Anfang des 20. Jahrhunderts abgerissen. Dass sein Gedenkraum im Jahr 1980 ausgerechnet im Haydnhaus untergebracht wurde, erklärt sich aus Brahms' großer Verehrung für den Meister der Wiener Klassik und aus seiner intensiven Beschäftigung mit dessen Kompositionen. Brahms war auch ein eifriger Sammler von Haydns Werken, und das Clavichord, das hier neben anderen Möbelstücken aus Brahms' ehemaliger Wohnung aufgestellt ist, wurde einst vermutlich von Haydn selbst verwendet.

Heiligenkreuzerhof

1010, Schönlaterngasse 5, Grashofgasse 3

Die Geschichte des Heiligenkreuzerhofs, einer der schönsten und intimsten Hofanlagen der Innenstadt, führt uns weit zurück ins Mittelalter. Bis heute ist nicht restlos geklärt, wann genau hier die ersten Gebäude entstanden, doch es wird vermutet, dass sie bereits im 12. Jahrhundert im Verband einer kleinen Kaufmannssiedlung »extra muros«, also außerhalb der damaligen Stadtmauern, gebaut wurden. Zur Mitte des 13. Jahrhunderts wurden sie jedenfalls erstmals erwähnt, damals befanden sich die einzelnen kleinen Häuser bereits im Besitz des Zisterzienserstifts Heiligenkreuz, dem der Hof bis heute gehört.

So wie Melk, Zwettl, Mailberg und andere Klöster verfügte Heiligenkreuz nun über einen Ort in Wien, an dem es seine wirtschaftlichen Produkte verkaufen konnte (in diesem Fall handelte es sich übrigens vor allem um Brot, um Schuhe und um »Hausen«, riesige Fische,

Heiligenkreuzerhof mit Bernhardskapelle

die mehrere Hundert Kilo wiegen können und heute in Österreich ausgestorben sind). Gleichzeitig diente die Niederlassung den Äbten und anderen Stiftsangehörigen als Wohnquartier während ihrer Wien-Aufenthalte.

Im Laufe der Jahrhunderte wurden die einzelnen Häuser zu einem zusammenhängenden Hof verbunden, der zwischen 1660 und 1680 noch einmal erweitert wurde. Zu jener Zeit wurde auch der »Prälaturhof« durch eine niedrige Gartenmauer vom restlichen Hof abgetrennt und die Kapelle zum heiligen Bernhard von Clairvaux neu errichtet. Sie liegt hier ein wenig versteckt, doch lohnt sich ein kurzer Besuch des prachtvoll gestalteten Raums allemal: Das Portal mit der Büste des Heiligen und die geschnitzten Seitenaltäre stammen aus der ersten Hälfte des 18. Jahrhunderts und wurden von Giovanni Giuliani geschaffen. Der berühmte Künstler war eng mit dem Stift Heiligenkreuz verbunden, er lebte sogar als Familiar im Klosterverband und schuf dort unter anderem das prachtvolle Chorgestühl der Kirche. Der bekannteste Schüler seiner Werkstatt wurde später übrigens Georg Raphael Donner (s. Belvedere).

Das Bild des Hauptaltars ist ein Werk Martin Hohenbergs, der unter der italianisierten Version seines Namens besser bekannt ist: Martino Altomonte. Er war wie Giovanni Giuliani Familiar der Zisterzienser und starb in seiner Wohnung im Heiligenkreuzerhof. Er war nicht der einzige berühmte Bewohner des Hofes: Bischof Kollonitsch, in seinen Jugendjahren als Malteserritter im Kampf gegen die Türken an vorderster Front aktiv und dann einer der Hauptvertreter der Gegenreformation, starb hier im Jahr 1707. Später wohnte der Schriftsteller (und Gründer des Wiener Tierschutzvereins) Ignaz Franz Castelli hier und auch der legendäre Kabarettist und Schauspieler Helmut Qualtinger.

Einer der beiden Ausgänge des Heiligenkreuzerhofs führt in die verwinkelte Schönlaterngasse, eines der stimmungsvollsten Gässchen der Wiener Innenstadt. Die Fassaden der malerischen Gebäude stammen meist aus der Barockzeit, obwohl die Gebäude in ihrem Kern noch viel älter sind. Auf Nummer 6 steht das Haus »zur schönen Laterne«, dem die Gasse ihren Namen verdankt. Die an der Wand angebrachte Laterne ist allerdings nur eine Kopie des schmiedeeisernen Originals aus dem 18. Jahrhundert, das heute im Wien Museum zu besichtigen ist.

Das gegenüberliegende Gebäude (Schönlaterngasse 7) ist eng mit einer der bekanntesten Wiener Sagen verbunden. In einem tiefen Brunnen soll einst – im beginnenden 13. Jahrhundert – ein Basilisk gehaust haben, ein »Schlangenkönig«, ein Mischwesen aus Hahn und Schlange (oder Kröte): Sein stinkender Atem betäubte, so glaubte man, die Menschen und sein Blick verwandelte sie in Stein. Ein Bäckerjunge soll daraufhin mit einem Spiegel in den Brunnen hinabgestiegen sein, woraufhin das gefürchtete Untier sich durch seinen reflektierten Blick selbst versteinerte. An der Hauswand wurde diese Sage nach einem alten Text des 16. Jahrhunderts in den 1930er-Jahren niedergeschrieben, direkt darüber befindet sich in einer Nische eine Sandsteinfigur, die den Basilisken darstellen soll. Der berühmte Geologe des 19. Jahrhunderts Eduard Sueß machte übrigens für diese Sage einen naturwissenschaftlich erklärbaren Hintergrund aus: Der Brunnenschacht reichte im Mittelalter wohl an die Tegelgrenze, wo das Grundwasser betäubende Erdgase enthält – der unaufgeklärte Mensch in früherer Zeit sah im stinkenden Wasser vermutlich einen Hinweis auf ein geheimnisvolles, giftiges Wesen aus der Dämonenwelt.

Hermesvilla

1130, Lainzer Tiergarten

Die Zeiten, da Kaiserin Elisabeth als schüchternes Mädchen unter der strengen Wiener Hofetikette litt, waren längst vorbei. Sie hatte sich im Laufe der Jahre zu einer selbstbewussten, ja fast schon egomanischen Frau entwickelt, die nicht länger bereit war, ihre Rolle innerhalb des starren gesellschaftlichen Korsetts der Monarchie zu spielen. Von unbändigem Drang nach Freiheit und Selbstverwirklichung getrieben, verließ sie immer öfter den »goldenen Käfig« Wiens und ging auf Reisen: nach England, nach Ungarn, nach Italien, vor allem aber nach Griechenland, der Heimat jener antiken Dichter, Helden und Götter, die sie zeitlebens so schwärmerisch verehrte.

Kaiser Franz Joseph versuchte damals, seine Frau in Wien zu halten, und hoffte, ihr durch den Bau eines privaten Schlösschens im Grünen einen Anreiz zum Bleiben zu bieten. Inmitten des alten habsburgischen Jagdgebietes von Lainz ließ er ihr ab 1881 vom Ringstraßenarchitekten Carl von Hasenauer die »Villa Waldruh« erbauen. Drei Jahre später war das prächtige Gebäude fertiggestellt. Seinen bis heute gebräuchlichen Namen verdankt es der Marmorstatue des griechischen Gottes Hermes, die Elisabeth beim deutschen Künstler Ernst Herter selbst in Auftrag gab. Sie steht auf der Gartenseite der Villa.

Die Inneneinrichtung des Schlösschens orientierte sich ganz am Geschmack der Kaiserin, so wurde etwa eine Skulptur des schlafenden Achilles im Stiegenhaus aufgestellt, Elisabeths Lieblingshelden aus der griechischen Mythologie (auch ihre luxuriöse Villa auf Korfu hieß nach ihm »Achilleion«). So wie etwa in der Hofburg oder auf ihrem ungarischen Lieblingsschloss Gödöllö trug man auch den damals völlig unüblichen, »exzentrischen« Gewohnheiten Kaiserin Elisabeths Rechnung: Ein eigenes Turnzimmer wurde für sie eingerichtet, passenderweise mit Wandbildern antiker Gladiatoren versehen. Hier befanden sich einst die Schwebebalken, die Ringe und die Strebestangen, die in keiner Unterkunft der sportbesessenen Kaiserin fehlen durften. Die Wand- und Deckengemälde ihres Schlafzimmers wurden vom berühmten Hans Makart entworfen und vom damals noch weitgehend unbekannten Gustav Klimt und seinem Bruder Ernst ausgeführt. Gemeinsam mit Franz Matsch schuf Klimt auch das Deckengemälde im benachbarten Salon. Weil sich Elisabeth in ihren Gedichten gerne mit der Feenkönigin Titania identifizierte, sind Szenen aus Shakespeares »Sommernachtstraum« zu sehen: Titania mit dem Esel ist das Motiv des Hauptgemäldes an ihrem Bett – wobei der Esel unzweifelhaft als Anspielung auf den Kaiser gemeint war! Das wuchtige, dunkle Prunkbett stammt aus dem 18. Jahrhundert. Elisabeth schlief nicht gerne darin, lieber ließ sie sich eine Matratze auf den Boden vor das Fenster legen, damit sie beim Einschlafen den Mond sehen konnte.

Die Kaiserin schätzte die einsame Waldlandschaft von Lainz, in der sie völlig ungestört ihre stundenlangen Spaziergänge machen konnte, ohne von neugierigen Beobachtern gestört zu werden. Damit sie auch Ruhe vor den vielen frei laufenden Wildschweinen hatte, trug sie stets eine hölzerne Ratsche mit sich, um

Die Hermesvilla im Lainzer Tiergarten, im Vordergrund die Statue des Hermes

diese damit zu vertreiben. Auf die Dauer konnte aber auch die Hermesvilla sie nicht an Wien binden. Elisabeth verbrachte hier nur wenig Zeit und ging weiterhin rast- und ruhelos auf ihre ausgedehnten Reisen ins Ausland.

In ihrem Testament vermachte sie die Lainzer Villa ihrer Tochter Marie Valerie, die sich hier aber reichlich unwohl fühlte. Sie ließ viele der kostbaren Einrichtungsgegenstände in ihr Schloss Wallsee bringen und hielt sich selten hier auf. Nach dem Zusammenbruch der Monarchie wurde zunächst ein Golfclub eingerichtet, nach dem Zweiten Weltkrieg wurde die Villa durch Plünderungen stark in Mitleidenschaft gezogen. Erst in den 1970er-Jahren wurde sie von Grund auf renoviert und dient seither als eine Außenstelle des Wien Museums, in der regelmäßig Ausstellungen zur Wiener Kulturgeschichte zu sehen sind.

Herrengasse

1010, Herrengasse

Biegt man von der Freyung – vorbei an den prachtvollen Barockpalais der Harrachs und Kinskys – in die schmale Herrengasse ein und geht dann die lang gestreckte Seitenfassade des Palais Ferstel (s. d.) entlang, kommt man zu jenem mächtigen Gebäude, dem die Gasse ihren Namen verdankt. Ab dem Jahr 1513 befand sich hier das Niederösterreichische Landhaus (Herrengasse 13, heute: »Palais Niederösterreich«), der Versammlungsort der niederösterreichischen Stände. Herren, Ritter, Prälaten und Vertreter der freien Städte traten hier jahrhundertelang zu ihren politischen Beratungen zusammen, darüber hinaus fanden auch die sogenannten Erbhuldigungen statt, also die Leistung des Treueides dem jeweiligen Landesherren gegenüber.

In den 1570er-Jahren, als das Gebäude in den Formen der Renaissance umgestaltet wurde, ließen sich die evangelischen Ständevertreter nicht nur eine eigene kleine Betstube einrichten, sondern auch eine Druckerei, in der sie protestantische Schriften verlegten. Die Streitereien zwischen ihnen und ihren katholischen Kollegen rissen damals nicht ab, sodass sich Kaiser Maximilian II. gezwungen sah, an den beiden Eingängen des Hauses Warnhinweise anzubringen: Es sei, so machte er darauf klar, strengstens verboten, im Landhaus seinen Degen zu ziehen, ebenso, miteinander zu »balgen« oder zu »rumoren« – ein deutlicher Hinweis auf die damaligen Umgangsformen! Als Maximilian, der den Evangelischen wohlwollend gegenübergestanden war, 1578 starb, brachen für diese harte Zeiten an. Ihre kleine Kapelle wurde geschlossen und später in eine katholische umfunktioniert. Die Gegenreformation setzte mit voller Härte ein.

Der alte Gebäudekomplex des Landhauses wurde ab den 1830er-Jahren großzügig umgestaltet. Unter Beibehaltung der alten Bausubstanz schuf Alois Pichl eine mächtige, einheitliche Fassade. Kaum war der Umbau abgeschlossen, spielten sich am 13. März 1848 dramatische Szenen hier ab. Bürger und Studenten demonstrierten in der Herrengasse für Pressefreiheit und eine Verfassung, die Menge drang schließlich ins Landhaus ein, im Innenhof wurden Reden gehalten und im Gegenzug marschierten die kaiserlichen Truppen auf. Schüsse fielen und mehrere Demonstranten blieben tot zurück. Dies war der Auftakt zur Revolution. Angesichts der drohenden Lage machte der Kaiser nun Zugeständnisse: Die Zensur wurde aufgehoben und

Das Aula-Gebäude der Alten Universität, heute Akademie der Wissenschaften

Am Hof mit Palais Collalto (links) und Kirche »Kirche zu den neun Chören der Engel«

Das Arsenal, im Vordergrund der Schweizer Garten

Der Augarten als Treffpunkt der vornehmen Wiener Gesellschaft

Das Heiligenstädter Testament-Haus, in dem Beethoven seine Sommerfrische verbrachte

Das Obere Belvedere, vom Schlosspark aus gesehen

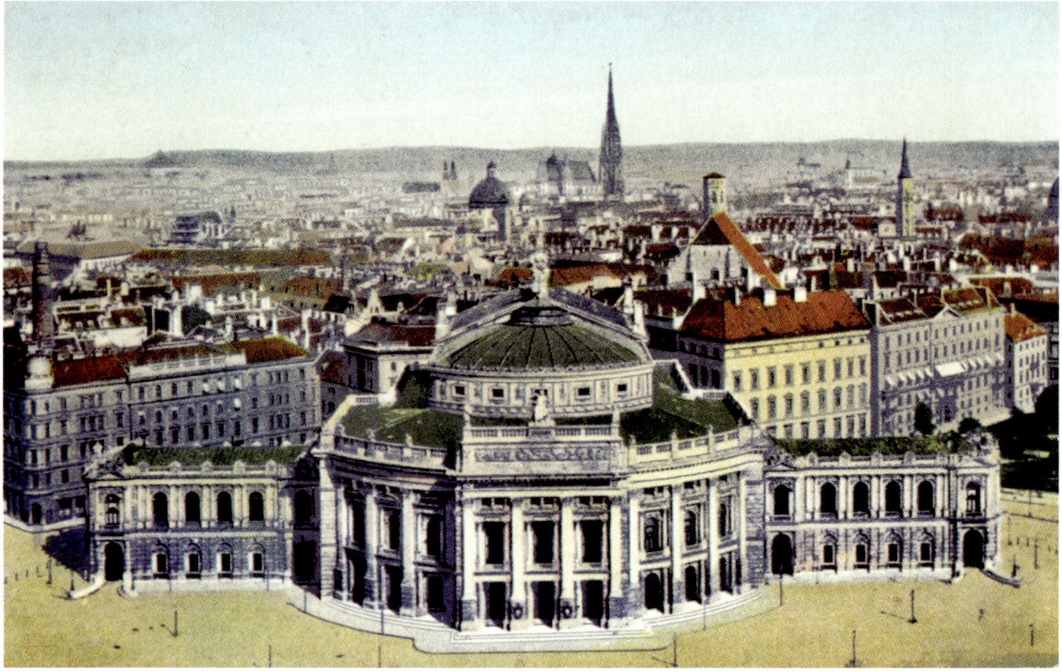

Das neue Burgtheater

Schloss Cobenzl – dahinter der Latisberg

Die Aussichtsterrasse von Schloss Cobenzl um 1900

Die Singerstraße, im Hintergrund das Deutschordenshaus mit Elisabethkirche

Der Donaukanal, links der Franz-Josephs-Kai

Die Weihburggasse, im Hintergrund die Franziskanerkirche

Der Graben im 18. Jahrhundert, in der Mitte die Pestsäule

Der Graben um 1900

Der Fleischmarkt, Zentrum des alten Griechenviertels

Das Hochhaus in der Herrengasse

Staatskanzler Metternich musste zurücktreten. Auf der gegenüberliegenden Straßenseite befindet sich das sogenannte Hochhaus (Herrengasse 6–8), das 1932 fertiggestellt wurde. Zur Entstehungszeit gab es wütende Proteste gegen den Bau dieses »Wolkenkratzers«, der heute kaum noch als Besonderheit wahrgenommen wird. Von der Straße aus fällt das 16-stöckige Gebäude aufgrund der stufenartigen Anordnung der oberen Geschoße tatsächlich nicht sonderlich auf. In den 1950er-Jahren galt es jedenfalls als eine besonders noble Adresse und mehrere Prominente der Theater- und Filmszene hatten hier ihre Wohnungen, wie etwa Curd Jürgens, Paula Wessely oder Susi Nicoletti.

Bis ins Jahr 1913 stand auf diesem Grundstück übrigens das Majoratshaus der Fürsten Liechtenstein. Hier war ursprünglich die berühmte klassizistische Bibliothek mit ihren rund 100 000 kostbaren Büchern aufgestellt. Kurz vor Abbruch des Gebäudes wurde sie in das Gartenpalais in der Roßau verlegt (s. Palais Liechtenstein). In der ehemaligen Reitschule des weitläufigen Gebäudes befand sich seit 1872 der Bösendorfer-Saal, einer der bekanntesten Konzertsäle Wiens, in dem Liszt, Brahms, Rubinstein und viele andere umjubelte Auftritte hatten.

Neben den Liechtensteins wohnte einst in fast jedem Haus der Herrengasse eine adelige Familie, so etwa Herberstein, Mollard-Clary, Trauttmansdorff, Porcia oder Batthyány. An der Ecke zur Schauflergasse steht das Palais Wilczek (Herrengasse 5). Berühmtester Spross dieser alten Familie war Hans Graf Wilczek, der 1825 hier geboren wurde. Er machte sich einen Namen als großer Philanthrop und leidenschaftlicher Unterstützer wissenschaftlicher Unternehmungen, so finanzierte er etwa die Nordpolexpedition von Payer und Weyprecht, bei der das nördlichste Festland der Erde entdeckt wurde (Franz-Josefs-Land). Darüber hinaus war er maßgeblich an der Gründung des Rudolfinerhauses (s. d.) sowie der Wiener Rettungsgesellschaft beteiligt. Bei einem seiner Zeitgenossen allerdings war er nicht sonderlich beliebt: bei Kaiser Franz Joseph. Wilczek war nämlich ein Liebhaber der Schauspielerin Katharina Schratt, der »lieben, guten Freundin« des Kaisers. Beide Männer waren ständig aufeinander eifersüchtig und überboten sich gegenseitig mit teuren Geschenken für die Schratt, die davon freilich nur profitierte.

Hietzing, Am Platz

1130, Am Platz

Das kleine Dorf Hietzing, das im frühen Mittelalter unweit der heutigen Kennedybrücke am Wienfluss entstand, unterschied sich lange Zeit kaum von den vielen anderen Vororten Wiens. Erst als im 18. Jahrhundert der kaiserliche Hof die neue Sommerresidenz Schönbrunn bezog, änderte sich das gesellschaftliche Gefüge in dem bislang ganz von der Landwirtschaft geprägten Dörfchen. Wo der Kaiser war, dort wollten auch der Adel und die wohlhabenden Bürger sein, und mit ihnen kamen schließlich die Handwerker und Dienstboten, die Fuhrleute und Gastwirte. So entwickelte sich Hietzing im Laufe der Jahrzehnte zu einem beliebten Sommerfrischeort der Wiener, und als im 19. Jahrhundert die vornehmen Villen der Diplomaten, Bankiers, Schauspieler und Industriellen gebaut wurden, erhielt es endgültig sein Image als »Nobelbezirk«.

Unweit des Platzes in Hietzing befindet sich das Parkhotel Schönbrunn (Hietzinger Hauptstraße 10–14). Während der Biedermeierzeit stand hier eines der beliebtesten Vergnügungsetablissements der Stadt, das von Ferdinand Dommayer gegründete »Casino«, eine Mischung aus Tanz- und Konzertsaal, Kaffeehaus und Restaurant. Schon bald nach der Eröffnung im Jahr 1833 wurde es zu einer Wiener Institution, ja zum Inbegriff des Wiener Gesellschaftslebens. Rauschende Bälle und Feste

Am Platz in Hietzing

wurden hier gefeiert, Johann Strauß Vater und Josef Lanner spielten regelmäßig im Tanzsaal auf und 1844 gab auch Strauß Sohn hier sein erstes öffentliches Konzert. Der Vater, der ja immer schon strikt gegen eine Musikerkarriere seiner Söhne gewesen war, versuchte mit allen Mitteln, den Auftritt des jungen Johann zu verhindern. Letztlich setzte sich der Sohn jedoch durch, wobei er von seiner Mutter tatkräftig unterstützt wurde. Zwar stand er damals noch im Schatten des berühmten Vaters, doch war seine überragende Karriere bald nicht mehr aufzuhalten. Sein Debüt im Dommayer'schen Casino wurde jedenfalls ein gewaltiger Erfolg, von Publikum und Presse wurde er als der aufgehende Stern am Wiener Musikhimmel gefeiert. Dreißig Jahre später bewohnte er übrigens eine hübsche Villa, die nur wenige hundert Meter entfernt in der Maxingstraße 18 steht. Dort komponierte er – in nur 42 Tagen und Nächten – eines seiner berühmtesten Werke: »Die Fledermaus«.

In der zweiten Hälfte des 19. Jahrhunderts ließ die Strahlkraft des »Casinos« nach, Ferdinand Dommayer war inzwischen gestorben und sein Sohn sah sich gezwungen, den Besitz zu verkaufen. 1907 entstand an seiner Stelle das noble Parkhotel Schönbrunn, in dem nun viele internationale Stars der Theater-, Opern- und Filmszene abstiegen. An das alte Dommayer'sche Casino erinnert heute nur noch eine Abbildung über dem Hoteleingang.

Direkt gegenüber dem Parkhotel steht das sogenannte Kaiserstöckl (Hietzinger Hauptstraße 1a), in dem seit 1929 ein Postamt untergebracht ist. Maria Theresia ließ dieses elegante Gebäude am Rande des Schönbrunner Schlossparks zur Mitte des 18. Jahrhunderts als private Sommerunterkunft für ihren Leibarzt Gerard van Swieten erbauen. Bis zum Ende der Monarchie diente es als Sommerresidenz der Außenminister Österreich-Ungarns.

Im Jahr 1866 wohnte hier der letzte König von Hannover, der blinde Georg V., mit seinen Kindern. Er hatte sich in der Auseinandersetzung um die Vorherrschaft in Deutschland gegen Preußen und für Österreich entschieden und somit auf das falsche Pferd gesetzt. Nachdem die österreichischen Truppen bei Königgrätz besiegt worden waren, besetzten die Preußen Hannover, das ab nun kein souveränes Königreich mehr war. König Georg floh daraufhin ins Exil nach Wien, wo ihm das Kaiserstöckl als Quartier zur Verfügung gestellt wurde. Georg war übrigens ein Cousin der englischen Queen Victoria und führte – wie später auch sein Sohn Ernst August – den Titel eines Herzogs von Cumberland. Ernst August, der nie auf seine Thronansprüche in Hannover verzichten wollte, ließ sich schließlich in Gmunden nieder, wo er sich in den 1880er-Jahren ein Schloss im Tudorstil errichten ließ: Es ist heute ein Pflegezentrum und trägt immer noch den Namen »Cumberland«. Zu Ernst Augusts Besitz in Wien zählte schließlich auch das prächtige Gebäude, in dem heute das Reinhardt-Seminar untergebracht ist, das Palais Cumberland in der Penzinger Straße 9 – 13.

Neben dem Eingang zum Schönbrunner Schlosspark steht die Hietzinger Pfarrkirche Mariä Geburt (1130, Am Platz), die im Kern bis ins frühe 15. Jahrhundert zurückgeht. Nach den Zerstörungen während der Ungarneinfälle und der beiden Türkenbelagerungen wurde sie um 1700 neu ausgestaltet, der neugotische Turm stammt aus der zweiten Hälfte des 19. Jahrhunderts.

Bis in die Zeit Kaiser Josephs II. war die Kirche eine bedeutende Wallfahrtsstätte, verfügte sie doch über eine Marienstatue, der die wundersame Rettung von vier gefangenen Hietzinger Bauern aus den Händen der Türken zugeschrieben wurde. Diese Statue befindet sich noch heute am prachtvollen barocken Hochaltar, der vom berühmten Matthias Steinl geschaffen wurde. Die vier von ihren Ketten befreiten Bauern sind als steinerne Figuren links und rechts vom Altar dargestellt.

Vor der Kirche erinnert ein Denkmal an Erzherzog Ferdinand Max, der als glückloser Kaiser Maximilian von Mexiko in die Geschichte eingegangen ist. Ganz in der Nähe, dort wo sich heute der Maxingpark (gegenüber Maxingstraße 46–48) befindet, stand jenes pittoreske, einem rustikalen Bauernhof nachempfundene Sommerhaus, das er sich als 17-Jähriger nach eigenen Plänen errichten ließ. Sowohl sein älterer Bruder Franz Joseph als auch die Mutter Sophie hatten wenig Sinn für diese, wie sie sagten, »lächerliche Verschwendung« und sahen darin nur einen weiteren seltsamen Spleen des jungen Erzherzogs. Diese »Villa Maxing«, der Park und Straße ihren Namen verdanken, existiert heute nicht mehr. Lediglich ein paar Mauerreste erinnern an das 1955 abgerissene Gebäude. Das Einzige, was von der Villa Maxing übrig blieb, ist die eiserne Wetterfahne, die heute im Hietzinger Bezirksmuseum (Am Platz 2) zu sehen ist. In der Vitrine daneben befindet sich übrigens auch ein unscheinbares, hölzernes Kreuz, das an Ferdinand Max erinnert. Es wurde aus den Planken der Fregatte »Novara« gefertigt, also jenes Schiffes, das ihn 1864 nach Mexiko brachte und seinen zerschossenen Leib drei Jahre später wieder nach Europa überführte.

Hietzinger Friedhof

1130, Maxingstraße 15, Montecuccoliplatz

Dass sich Hietzing im Laufe des 19. Jahrhunderts zu einem noblen Vorort entwickelte, lässt sich auch an den Grabsteinen des dortigen Friedhofs ablesen. Neben den monumentalen Gruften mancher Adelsfamilien oder Industrieller finden sich die Namen bedeutender Politiker, Wissenschaftler und auffallend vieler Schauspieler und Künstler. Viele von ihnen bewohnten die vornehmen Villen, die noch heute in den Seitengassen der Maxingstraße stehen.

Nur wenige Gehminuten vom Haupteingang (dort hängt übrigens eine alphabetisch geordnete Liste sämtlicher Prominentengräber mit genauer Ortsangabe der Gräber) entfernt, befindet sich das Grab Katharina Schratts, einer der berühmtesten Schauspielerinnen Wiens des 19. Jahrhunderts. Als »liebe, gute Freundin« Kaiser Franz Josephs ist sie heute noch bekannt. Dass es immer noch so manchen Tratsch über ihre Beziehung zum Kaiser gibt, erstaunt, ist diese doch gut dokumentiert und sollte mittlerweile eigentlich keinen Anlass mehr geben, spektakuläre, erotische Enthüllungen zu erwarten. Franz Joseph verehrte jedenfalls die berühmte Schratt, die ja am Hofburgtheater spielte. Die ehemüde Kaiserin Elisabeth, die in ihrer zunehmenden Ablehnung gegen den Wiener Hof immer mehr Zeit auf Reisen verbrachte, machte ihren Mann 1886 mit Schratt bekannt, um zumindest kein allzu schlechtes Gewissen wegen ihrer ständigen Abwesenheit haben zu müssen. Sie wusste ihn bei ihr in guten Händen. Tatsächlich entwickelte sich die enge Freundschaft zwischen Kaiser und Schauspielerin zu beider Vorteil. Franz Joseph, der die Schratt regelmäßig frühmorgens in ihrer noblen Villa in unmittelbarer Nähe der Schönbrunner Parks (Gloriettegasse 9) besuchte, konnte mit ihr bei Kaffee und Guglhupf unbefangen plaudern, was ihm natürlich willkommene Ablenkung zum täglichen Regierungsgeschäft war. Die geduldige Zuhörerin, die ein überaus luxuriöses Leben führte, erhielt im Gegenzug vom Kaiser zahlreiche Beweise seiner Zuneigung. Nicht nur beglich er immer wieder ihre teils hohen Spielschulden, sondern beschenkte sie darüber hinaus mit Unmengen von Schmuck (einem »Schatz«, der umgerechnet mehrere Millionen Euro wert war!). Auch im Burgtheater konnte die Diva stets auf ihre Freundschaft zum Kaiser verweisen, wenn sie etwas gegen den Willen der Direktoren durchsetzen wollte (was natürlich für viel böses Blut bei ihren Kollegen sorgte). Als sie im Jahr 1900 aus dem Ensemble ausschied, schrieb der berühmte Schauspieler Hugo Thimig: »Für's Theater ein Segen Gottes, wenn mit ihr diese mächtige Protectionsintendanz erlischt!« Die Freundschaft zwischen Schratt und dem Kaiser dauerte bis zu seinem Tod.

Etwa hundert Meter von ihrem Grab entfernt liegt eine weitere Frau begraben, die in enger Beziehung zu Franz Joseph stand, allerdings weit weniger bekannt ist. Heute noch wird sie manchmal schamhaft »Bekannte zum Kaiserhaus« genannt oder despektierlich »Kaiserliebchen«. Anna Nahowski war 16, als sie sich dem damals 45-jährigen Kaiser bei einem seiner einsamen Spaziergänge im Schönbrunner Schlosspark »anbot«. Es entwickelte sich eine langjährige, heimliche Beziehung, die allerdings nichts Gefühlsbetontes an sich hatte, sondern rein auf das Körperliche konzentriert war. Nahowski erhielt für ihre Dienste und ihr diskretes Stillschweigen riesige Summen Bargelds. Besonders bei der Geburt ihrer Kinder zeigte sich der Kaiser großzügig: Da erhielt Nahowski einmal 50 000 Gulden, ein andermal 100 000, als endgültige Abfertigung im Jahr 1889 weitere 200 000 (1 Gulden entspricht etwa 8 Euro). Ihr Ehemann, ein Angestellter der Eisenbahn, schwieg dazu, profitierte er doch ebenso. Mit dem vielen Geld kaufte sich Nahowski in unmittelbarer Nähe Schönbrunns eine prachtvolle Villa (1130, Maxingstraße 46, heute die Residenz der US-Botschaft), was dem Kaiser seine Besuche erleichterte.

Ihren Kindern konnte sie eine ausgezeichnete Ausbildung finanzieren, so auch der Tochter Helene. Auch diese liegt auf dem Hietzinger Friedhof begraben, unter einem edlen Holzkreuz gemeinsam mit ihrem Ehemann, dem berühmten Komponisten Alban Berg. Der Schüler Arnold Schönbergs zählte zu den herausragenden Vertretern der musikalischen Avantgarde des beginnenden 20. Jahrhunderts, seine Opern »Wozzeck« und »Lulu« sind Meisterwerke der klassischen Moderne.

Neben Berg sind drei weitere Hauptvertreter der modernen Kunst am Hietzinger Friedhof beigesetzt, allesamt Mitbegründer der Secession und zu Lebzeiten Freunde und Arbeitskollegen: Gustav Klimt, Otto Wagner und Kolo Moser. Sie starben alle im Jahr 1918, im gleichen Jahr wie Egon Schiele, der aber am Friedhof Ober St. Veit bestattet wurde.

Zu den älteren Gräbern zählen jene Franz Grillparzers und seiner »ewigen Braut« Kathi Fröhlich, Henriette (Jetty) Strauß', der ersten Ehefrau des Walzerkönigs, und schließlich Fanny Elßlers. Mit ihr starb im Jahr 1884 die vielleicht berühmteste Tänzerin des 19. Jahrhunderts. Schon als Kind feierte sie gemeinsam mit ihrer Schwester Therese Erfolge im Ballett, ihnen folgte eine beispiellose Weltkarriere. Überall in Europa und Nordamerika lag ihr das Publikum – besonders das männliche – zu Füßen, wenn sie den lasziven »Cachucha« tanzte.

Hofburg

1010, Hofburg

Sie ist ein uneinheitliches Stückwerk, ein Konglomerat aus Trakten, Höfen, Plätzen und Stiegen, ein riesiger Gebäudekomplex, an dem viele Generationen von Habsburgern ihre Spuren hinterließen. Von der zweiten Hälfte des 13. Jahrhunderts bis zum Vorabend des Ersten Weltkrieges wurde daran gebaut, in den Formen der Gotik und der Renaissance, des Barocks und des Historismus: Die Wiener Hofburg ist gleichsam ein Spiegel der jeweiligen Architekturmoden. Diese mangelnde Regelmäßigkeit und die fehlende Symmetrie macht sie aber ganz besonders interessant, lässt sich doch anhand der historisch gewachsenen Strukturen auch die im Laufe der Jahrhunderte gestiegene Bedeutung des Hauses Habsburg ablesen: Je wichtiger und mächtiger es wurde, desto repräsentativer wurde auch sein Stadtschloss gestaltet.

Am Beginn stand eine kleine, gotische Wehrburg, die ganz am Rande der mittelalterlichen Stadt entstand. Sie war selbst Teil der Befestigungsanlagen, mit vier Türmen an den Ecken, einem Wassergraben an drei Seiten und einer Zugbrücke, die bei Gefahr hochgezogen werden konnte. Dieser älteste Teil der Hofburg umfasste den heutigen Schweizerhof. Es dürfte ausgerechnet der große Widersacher Rudolf von Habsburgs gewesen sein, der Mitte der 1270er-Jahre diese Burg errichten ließ: Ottokar Přemysl, König von Böhmen und damals auch Landesherr Österreichs. Nachdem er 1278 in der Schlacht gegen Rudolfs Truppen gefallen war, zogen die neuen Machthaber hier ein – bis ins Jahr 1918 blieb die Hofburg nun Residenz der Habsburger.

Das enge, mittelalterliche Gemäuer dürfte alles andere als eine vornehme und gemütliche Behausung gewesen sein, nicht zuletzt deshalb, da es ja vorrangig immer noch ein Befestigungsbau war! Vor allem durch die wachsende Bedrohung durch die Türken stand sein Charakter als Wehrburg im Vordergrund und auch sein Ausbau in den Formen der Renaissance (zur Mitte des 16. Jahrhunderts) wurde von einem Festungsbaumeister unternommen: Pietro Ferrabosco. Das prächtige Schweizertor, das er damals gestaltete, erinnert heute noch an Ferdinand, den Bruder des in Spanien residierenden Kaisers Karl V. Über dem Durchgang befindet sich Ferdinands Wappen. Es ist wohlgemerkt nicht mit dem Doppeladler versehen, der nur seinem kaiserlichen Bruder zustand, sondern einem einköpfigen Adler, der auf Ferdinands Würde als römisch-deutscher König hinweist. Erst sechs Jahre nachdem das Schweizertor fertig geworden war, erhielt er die Kaiserwürde.

An die einstige Wehrburg erinnern links und rechts über dem Torbogen zwei unscheinbare eiserne Rollen, über die früher die Ketten der Zugbrücke liefen. Diese wurde zwar später durch einen gemauerten Zugang ersetzt, die Reste des alten Burggrabens blieben jedoch bis heute erhalten. Der Name »Schweizertor« stammt übrigens aus viel späterer Zeit: Maria Theresias Gemahl Franz I. Stephan holte zur Mitte des 18. Jahrhunderts die Schweizer Garde aus seiner Heimat Lothringen nach Wien. Hier, im Herzen der Hofburg, versahen die Soldaten bis in die Zeit Josephs II. nun ihren Wachdienst.

Auf der rechten Seite des Durchgangs (auf der Seite zum Schweizerhof, etwa anderthalb Meter über dem Boden) befindet sich eine kleine, kaum sichtbare lateinische Inschrift: »Si Deus pro nobis quis contra nos« – »Wenn

Innerer Burghof mit Denkmal Kaiser Franz

Gott für uns ist, wer kann dann gegen uns bestehen?« Sie gibt bis heute Rätsel auf, doch besagt die wahrscheinlichste Theorie, dass es sich bei diesen Worten um mehr handelte als lediglich einen harmlosen Spruch aus der Bibel. Die Schrift dürfte während des Dreißigjährigen Krieges hier angebracht worden sein (die Zahl 1660 wurde erst später hinzugefügt), also zu einer Zeit, da sich Katholische und Evangelische auf den Schlachtfeldern Europas gegenüberstanden und den halben Kontinent verwüsteten. Die Habsburger waren freilich papsttreu, doch viele ihrer Untertanen waren es nicht. Zwar hatte die Gegenreformation aus Wien wieder eine katholische Stadt gemacht, doch es gab weiterhin auch hier Menschen, die mit den lutherischen Feinden sympathisierten. Es war nun vermutlich ein Wachsoldat, der damals die Inschrift in die Mauer ritzte und damit einen eindeutigen Standpunkt ausdrückte, denn die Worte waren nichts anderes als der Wahlspruch des Hauptgegners der Habsburger, des evangelischen Königs Gustav Adolf von Schweden!

Im Schweizerhof befindet sich eines der wichtigsten Museen Wiens, die Schatzkammer. Unter all den wundervollen Kunstobjekten, Schmuckstücken, Messornaten und Krönungsgewändern sind hier neben den Insignien des Kaisertums Österreich auch jene des Heiligen Römischen Reiches zu finden, allen voran die Krone Ottos des Großen. Sie war 1000 Jahre hindurch das Symbol des Reiches, bis dieses 1806 von Kaiser Franz aufgelöst wurde. Damals befand sich die Krone erst seit wenigen Jahren in Wien, denn eigentlich hatte Nürn-

Brunnen »Die Macht zur See« am Michaelerplatz

berg seit 1423 das Privileg, »Hort des Reichsschatzes« zu sein. Aus Angst, sie könnte Napoleons anrückenden Truppen in die Hände fallen, brachte man sie damals hierher, in die Haupt- und Residenzstadt, und obwohl Franz ihre Rückgabe garantierte, befindet sie sich auch heute noch in der Schatzkammer.

Oberhalb des Eingangs zur Schatzkammer gelangt man in die kleine Hofburgkapelle, in der zu den sonntäglichen Messen Mitglieder der berühmten Wiener Sängerknaben singen. Das Innere des Kirchenraums wurde in der Barockzeit (und um 1800 noch einmal) umgestaltet, vom originalen Gebäude des 15. Jahrhunderts ist aber neben den wunderschönen Schlusssteinen des Gewölbes zumindest die Außenseite des gotischen Chors zu sehen (Kapellenhof). An ihm vorbei führt der Weg auf den Josefsplatz.

Das Reiterdenkmal Josephs II. wurde unter seinem Neffen, dem Kaiser Franz, aufgestellt. Auf der Hinterseite befindet sich die Inschrifttafel, die darauf verweist – und wäre die Jahreszahl nicht angegeben, so könnte man anhand der hier angeführten Titel des Auftraggebers dennoch die Entstehungszeit ziemlich genau eruieren: als »Rom. et Aust. Imp.« wird Franz hier bezeichnet, also als Kaiser des Heiligen Römischen Reiches (Romanorum Imperator) und Kaiser von Österreich (Austriae Imperator). Er war bekanntlich der einzige Habsburger, der beide Titel führte, nämlich zwischen der Gründung des erblichen Kaisertums Österreich (1804) und der Aufhebung des Reiches zwei Jahre später. Tatsächlich wurde das Denkmal im Jahr 1806 enthüllt.

Seine Entstehung verdankt es keineswegs nur der Pietät des Kaisers für seinen toten Onkel, zu dem er zeit seines Lebens ein gespanntes Verhältnis hatte. Es sollte vielmehr in einer politisch hochbrisanten Epoche – nämlich jener der Bedrohung durch Napoleon – allen Untertanen der habsburgischen Länder eine einigende Symbolfigur bieten, sollte das Gemeinschaftsgefühl aller Nationalitäten, Stände und Religionen ansprechen! So sind all die Neuerungen, die Joseph einst für seine Völker eingeführt hatte, an den Bronzetafeln der Säulen rund um das Denkmal angeführt: Bauernbefreiung, konfessionelle Toleranz, Förderung der Wissenschaft, des Handels und der Landwirtschaft, Gründung des ersten modernen Krankenhauses und vieles mehr. Gegen den Feind von außen sollte der längst verstorbene Joseph Leitfigur eines neuen Patriotismus werden. Um diesen zu fördern, hatte Franz im Jahr 1797 bei Haydn auch ein »Volkslied« in Auftrag gegeben: die berühmte Kaiserhymne (die heutige deutsche Bundeshymne).

Direkt hinter dem Denkmal befindet sich der Eingang in die ehemalige Hofbibliothek (die heutige Nationalbibliothek). Nachdem sie jahrhundertelang in allen möglichen, nicht geeigneten Unterkünften untergebracht war, entschloss sich Kaiser Karl VI., diesen repräsentativen Neubau errichten zu lassen. Johann Bernhard Fischer von Erlach erarbeitete die Pläne dazu und sein Sohn Joseph Emanuel vollendete sie schließlich im Jahr 1735.

Herzstück des Gebäudes ist der grandiose Prunksaal mit seiner hohen, ovalen Kuppel. Die wundervollen Fresken stammen vom berühmten Daniel Gran und zählen zu den prächtigsten Arbeiten jener Zeit. Schon bald galt der 70 Meter lange Raum als Inbegriff der Schönheit: »Wenn die Musen irgendwo in der Welt einen prächtigen, einen geschmackvollen und majestätischen Tempel haben, so ist es der kaiserliche Bibliotheksaal in Wien«, hieß es. Die Architektur, die Fresken, die marmornen Säulen und Statuen – alles ist Teil des Gesamtkunstwerks und alles dient der Verherrlichung des Bauherren, Kaiser Karls. Als Förderer der Künste und der Wissenschaften wird er dargestellt: Als »Herkules musarum« steht er als Marmorstatue unterhalb der Kuppel und über ihm, am höchsten Punkt des Freskos, schwebt Fama, die Verkünderin seines Ruhms. Ihr zu Füßen halten Herkules und Apoll sein goldenes Porträtmedaillon.

In den kunstvoll gearbeiteten Regalen im Mitteloval sind jene 15 000 Bände aufgestellt, die einst die private Bibliothek des Prinzen Eugen bildeten. Sie war eine der wertvollsten des 18. Jahrhunderts. Aus ganz Europa ließ er sich die kostbaren Bücher, Atlanten und Kupferstichbände in sein Palais in der Himmelpfortgasse bringen. Er meinte einmal, dass er sein Alter in Ruhe beschließen könne, denn »er besitze einen genügend großen Vorrat an guten Büchern, um sich nicht zu langweilen«. Nach seinem Tod im Jahr 1736 verkaufte seine Alleinerbin Viktoria von Sachsen-Hildburghausen die Bibliothek an den Kaiser (s. auch Belvedere). Sie bildet noch heute einen der großartigsten Schätze der Nationalbibliothek.

Jahrzehnte später war Gottfried van Swieten Präfekt der Hofbibliothek, so wie es zuvor bereits sein Vater Gerard, der berühmte Leibarzt Maria Theresias, gewesen war. Als großer Freund und Förderer der Musik und selbst hochtalentierter Komponist gründete er 1786 die adelige »Gesellschaft der Cavaliers«, die ab nun ihre Konzerte im Prunksaal veranstaltete. Auch Wolfgang Amadeus Mozart trat hier in seinen letzten Lebensjahren mehrmals als Dirigent auf.

In der zweiten Hälfte des 18. Jahrhunderts wurde die bislang freistehende Hofbibliothek mit den benachbarten Gebäuden verbunden, im Norden mit dem Redoutensaaltrakt und im Süden mit dem Augustinertrakt. In diesen eingebunden steht die Augustinerkirche, die bereits in den 1330er-Jahren erichtet, im 18. Jahrhundert jedoch stark verändert wurde. Sie diente der kaiserlichen Familie als Hofkirche und war somit auch Ort so mancher Trauung: Sowohl Maria Theresia und Franz Stephan von Lothringen heirateten hier als auch Elisabeth und Franz Joseph.

Im rechten Seitenschiff befindet sich die Loretokapelle, in der die Herzen der Habsburger in silbernen Urnen aufbewahrt sind (s. Kapuzinergruft). Auch das wundervolle Grabdenkmal Antonio Canovas für Erzherzogin Marie Christine steht hier. Ihr Witwer Albert von Sachsen-Teschen ließ es bemerkenswerterweise in Form einer ägyptischen Pyramide und völlig ohne christliche Symbolik gestalten (was daran lag, dass er Freimaurer war). Auch auf die Nennung von Marie Christines Namen und ihre Titel wurde gänzlich verzichtet, lediglich mit zwei Worten unterhalb ihres Porträtmedaillons wird an sie erinnert: »Uxori Optimae« – »der besten Ehefrau«. Begraben liegt sie in der Kapuzinergruft.

Im Augustinertrakt war lange Zeit auch das

Michaelerplatz mit Michaelertrakt der Hofburg

kaiserliche Naturalienkabinett untergebracht, dessen Sammlungen später Grundstock des Naturhistorischen Museums werden sollten. Im Jahr 1848, als Fürst Windisch-Graetz mit seinen Truppen das aufständische Wien zurückeroberte, fing der Dachstuhl im Kugelhagel Feuer. Der verheerende Brand zerstörte damals viele der hier gelagerten Präparate, auch jene, die wohl zum Makabersten gehörten, das je in Wien ausgestellt war: die auf lebensgroße Holzpuppen gespannten Häute von vier Afrikanern! Neben drei Tierpflegern der Schönbrunner Menagerie war auch der berühmte Angelo Soliman (1796 im Alter von 75 Jahren gestorben) auf diese Weise »ausgestopft« worden. Als ehemaliger Sklave kam Soliman einst nach Europa und trat als »Hofmohr« in die Dienste der Fürsten Liechtenstein. Er war ein vornehmer und angesehener Mann, katholisch getauft, Freimaurer, verheiratet mit einer Wienerin, Familienvater, Hausbesitzer – doch all das hinderte Kaiser Franz nicht daran, ihn nach seinem Tod mit Federkrone und Glasperlenketten schmücken zu lassen, um als besondere Attraktion im Naturalienkabinett zu dienen. Bis 1806 wurde er so dem zahlenden Publikum als »typischer« Afrikaner inmitten eines Dioramas präsentiert, trotz aller Proteste seiner Tochter und des Wiener Erzbischofs! Bis zum Brand des Jahres 1848 war er schließlich am Dachboden in einer Kiste untergebracht.

Der Weg führt nun zurück durch die Reitschulgasse in Richtung Michaelerplatz. Auf der rechten Seite öffnet sich hier der wunderschöne Arkadenhof der Stallburg. So wie das Schweizertor entstand dieser Renaissancezubau Mitte des 16. Jahrhunderts und sollte ursprünglich Erzherzog Maximilian (dem späteren Kaiser Maximilian II.) als private Unterkunft dienen. Bald jedoch wurde sie, wie der Name schon sagt, als Pferdestall verwendet, und später fand in den oberen Stockwerken die großartige Kunstsammlung Erzherzog Leopold Wilhelms Platz (heute im Kunsthistorischen Museum, s. d.).

Bis heute sind in der Stallburg die weltberühmten Lipizzaner untergebracht. Im heute slowenischen Lipizza, in der Nähe Triests, wurde das Hofgestüt zur Zucht edler spanischer Pferde im Jahr 1572 gegründet, nach dem Ersten Weltkrieg übersiedelte es ins steirische Piber. Die »Hohe Schule« der Reitkunst, die Tag für Tag in der gegenüberliegenden Winterreitschule der Besucherschar aus aller Welt gezeigt wird, entstand übrigens einst aus militärischen Bedürfnissen: Durch die eintrainierten Sprünge und Kapriolen sollten die Pferde einst im Schlachtengetümmel Freiraum schaffen. Die Geschichte der Lipizzaner wird in einem eigenen Museum dokumentiert, das sich seit zehn Jahren in den Räumen der alten Hofapotheke befindet (Reitschulgasse 2). Von hier kann man durch eine Glasscheibe auch direkt in die Stallungen blicken.

Die säulengeschmückte Winterreitschule wurde während der 1730er-Jahre anstelle einer alten Gartenanlage errichtet. Hier fanden ab nun nicht nur Reitfeste (»Caroussels«) des kaiserlichen Hofes statt, sondern auch viele Konzerte, Opernaufführungen, Bälle und Festtafeln. Auch einige kuriose Veranstaltungen waren darunter: 1808 führte der Erfinder Jakob Degen einen bemerkenswerten Versuch mit seinem »Schwingenflieger« durch, einer Mischung aus Ballon und Flugzeug. Er erhob sich tatsächlich in die Lüfte und erreichte eine Höhe knapp unterhalb der Saaldecke. Vier Jahre später bewältigte er mit seinem Flugapparat sogar die Strecke von Laxenburg nach Vösendorf. Als er jedoch kurz darauf auch in Paris auftrat, stürzte er mitsamt seinem Schwingenflieger in die Menge der Schaulustigen und wurde von diesen daraufhin beinahe gelyncht. Er ließ die Fliegerei nun bleiben und arbeitete für die österreichische Nationalbank. 1820 entwickelte er für sie übrigens die bis heute gebräuchlichen »Guillochen«, die komplizierten, mehrfarbigen Linienmuster, durch die Banknoten fälschungssicher gemacht werden können.

Erst in den 1890er-Jahren erhielt die Hofburg durch die Neugestaltung des Michaelertrakts einen repräsentativen Haupteingang. Nach dem Abriss des alten Burgtheaters (s. Michaelerplatz, s. Burgtheater), das zwischen Winterreitschule und Michaelertor stand, konnte nun endlich diese einheitliche, prunkvolle Fassade geschaffen werden. Unterhalb der mächtigen Kuppel in der Durchfahrt befindet sich rechts der Eingang zur Hoftafel- und Silberkammer sowie zu den Schauräumen der Kaiserappartements im ersten Stock. Vor wenigen Jahren wurde hier auch das Sisi-Museum eröffnet, das ganz dem Leben Kaiserin Elisabeths gewidmet ist. Gemeinsam mit ihrem Mann Franz Joseph bewohnte sie jene Zimmerfluchten, deren Fenster auf den Inneren Burghof schauen. Bis ins beginnende 19. Jahrhundert war dieser Teil der Hofburg der Reichskanzleitrakt, errichtet ab den 1720er-Jahren von Lukas von Hildebrandt und Joseph Emanuel Fischer von Erlach. Bis zum Ende des Heiligen Römischen Reiches befanden sich hier die Reichskanzlei und das Obersthofmeisteramt.

Man verlässt die Kaiserappartements über eine Stiege der Amalienburg, also des einstigen Witwensitzes Wilhelmine Amalies, der Ehefrau Josephs I., bevor sie endgültig in das von ihr gestiftete Salesianerinnenkloster (s. d.) am Rennweg übersiedelte. Sie war ursprünglich ein frei stehendes Gebäude gegenüber dem Schweizertor und – wie dieses auch – von Pietro Ferrabosco im ausgehenden 16. Jahrhundert erbaut worden.

Der Innere Burghof wurde somit erst Jahrzehnte später durch die Errichtung des Leopoldinischen und des Reichskanzleitraktes zu dem geschlossen Platz gestaltet, der er heute ist. In früheren Zeiten diente er als Turnier- und Paradeplatz, auch Hinrichtungen fanden hier statt, wie jene des unglücklichen Hauptmanns Paradeiser im Jahr 1601, dem man mangelnde Tapferkeit im Kampf gegen die Türken vorwarf.

In der Mitte des Hofes steht das Denkmal für Kaiser Franz, inmitten von vier sitzenden weiblichen Figuren, die die Tugenden des »idealen« Herrschers verkörpern sollen: Frömmigkeit, Friedensliebe, Gerechtigkeit und Stärke. Staatskanzler Metternich ordnete die Aufstellung des Denkmals bereits einen Tag nach Franzens Tod im Jahr 1835 an. Es war ein sehr prestigeträchtiger Auftrag und es verwundert deshalb, dass ausgerechnet der Bildhauer Pompeo Marchesi dafür ausgewählt wurde, denn dieser hatte noch nicht einmal offizielle Pläne dafür eingereicht! Doch trotz aller Proteste vonseiten anderer Künstler hielt Metternich an seiner Entscheidung fest, wohl auch deshalb, weil Marchesi aus der Unruheprovinz Lombardei stammte, die damals heftig gegen die Herrschaft der Österreicher opponierte. Der Kanzler wollte damit offensichtlich eine »vertrauensbildende Maßnahme« setzen und deutlich machen, dass Habsburgs Krone für alle ihre Untertanen gleichermaßen da sei. Nicht ohne Grund wurde als Inschrift des Sockels ein Zitat aus dem 14. Kapitel des kaiserlichen Testaments ausgewählt: »Amorem meum populis meis« – »Meine Liebe (vermache ich) meinen Völkern«. Der Plan ging jedoch nicht auf: Die Unzufriedenheit der italie-

Blick über die Ringstraße auf die Neue Burg

nischen Provinzen wuchs ebenso wie jene der Bürger, Studenten, Arbeiter und Bauern überall in der Monarchie. Als 1848 in Wien die Revolution ausbrach und Metternich fluchtartig die Stadt verlassen musste, wurde auch hier, vor dem Denkmal des Kaisers Franz, lautstark demonstriert. Dass es dabei keineswegs um die Abschaffung der Monarchie als solche ging, sondern »nur« um mehr Freiheit, Mitbestimmung und eine Verfassung, zeigt sich übrigens deutlich an dem nahe gelegenen Denkmal eines anderen Habsburgerkaisers: Am Josefsplatz erkletterten die Revolutionäre das Monument Josephs II. und schmückten es mit Blumenkränzen und der schwarz-rot-goldenen Fahne, den Farben der Revolution! Aufgrund seiner Reformen und der Lockerung der Zensur feierte man den längst Verstorbenen als »Volkskaiser«.

Ein Durchgang führt vom Inneren Burghof zum Heldenplatz. Er entstand ab 1809, also nachdem Napoleon die Sprengung der alten Burgbastei angeordnet hatte, und entwickelte sich während der Biedermeierzeit zu einem beliebten Erholungsort der Wiener Gesellschaft (s. Volksgarten).

Anlässlich des Jahrestages der Völkerschlacht von Leipzig, in der die Österreicher gemeinsam mit Preußen, Russland und Schweden die französische Armee besiegt hatten, ließ Kaiser Franz das Äußere Burgtor errichten – 1824 war es vollendet. Die Inschrift auf der Außenseite, »Laurum militibus lauro dignis« – »Ruhm den Soldaten, die des Ruhmes würdig sind« –, stammt übrigens erst aus dem Jahr 1916 und die vier vergoldeten Lorbeerzweige, die darunter angebracht sind, stehen für die vier verbündeten Monarchen der Achsenmächte des Ersten Weltkriegs: Franz Joseph, Wilhelm II., Zar Ferdinand von Bulgarien und den Sultan der Türkei.

Der Name Heldenplatz bezieht sich auf die beiden monumentalen Reiterstandbilder, die Mitte des 19. Jahrhunderts errichtet wurden. Das ältere und künstlerisch weitaus bedeutendere hängt abermals mit der Erinnerung an Napoleon zusammen. Es ist jenes für Erzher-

Das Schweizertor der Hofburg

zog Karl (s. Haus der Musik), den Sieger über die französischen Truppen in der Schlacht von Aspern. Der deutsche Bildhauer Anton Dominik Fernkorn erhielt den Auftrag, »den Erzherzog in einem der ruhmwürdigsten Momente darzustellen, mit der Fahne in der Hand, wie er im Augenblick der höchsten Gefahr seinen Kriegern die Bahn der Ehre erweist«. Der bereits verstorbene Feldherr sollte gleichsam noch über seinen Tod hinaus Habsburgs Truppen ein leuchtendes Vorbild sein und sie zu neuen Triumphen führen. Auch die Inschrift des Sockels, »Dem beharrlichen Kämpfer für Deutschlands Ehre«, ist keineswegs zufällig gewählt, befand sich Österreich doch damals – wenige Jahre vor Königgrätz – in der Auseinandersetzung mit Preußen um die Vorherrschaft im deutschen Raum.

Der junge Kaiser Franz Joseph wollte das Denkmal 1859, also anlässlich des 50. Jahrestages der Schlacht, als kraftvolles Zeichen der habsburgischen Macht enthüllen lassen, doch gab es ausgerechnet in jenem Jahr wahrlich nichts zu feiern, denn die Niederlagen von Magenta und Solferino brachten damals den Verlust der Lombardei mit sich – als siegreicher Nachfolger des Erzherzogs Karl konnte Franz Joseph sich somit nun nicht mehr darstellen! Erst 1860 wurde das Monument im Beisein mehrerer Veteranen von Aspern feierlich enthüllt.

Auf der gegenüberliegenden Seite steht das zweite Denkmal Fernkorns, jenes des Prinzen Eugen (s. Belvedere). Es wurde am 202. Geburtstag des berühmten Feldherren, am 18. Oktober 1865, enthüllt, was allerdings eine Notlösung darstellte, denn zur Eröffnung der Ringstraße am 1. Mai war der steinerne Sockel noch nicht fertig. Fernkorn war damals bereits schwer krank und musste die Fertigstellung der Skulptur seinen Schülern überlassen. Bald darauf wurde er in die Döblinger Irrenanstalt eingeliefert (s. Rudolfinerhaus) und starb kurze Zeit später.

Hinter dem Prinz-Eugen-Denkmal erstreckt sich der wuchtige Bau der Neuen Burg, zwischen 1881 und 1913 errichtet (allein für das Ausheben der Fundamente brauchte man fünf Jahre!). Er war Teil eines gigantischen Projekts, das der berühmte Hamburger Architekt Gottfried Semper schon seit den 1870er-Jahren für die Hofburg geplant hatte: des Kaiserforums. Das Halbrund der Neuen Burg sollte dementsprechend auf der gegenüberliegenden Seite (also beim Volksgarten) durch eine Säulenkolonnade widergespiegelt werden und so wie diese durch mächtige Triumphbögen quer über die Ringstraße mit den neuen Hofmuseen (s. Maria-Theresien-Platz) verbunden sein. Letztlich wäre also ein riesiger, einheitlich gestalteter Platz bis zu den Hofstallungen (s. Museumsquartier) entstanden. Lange wurde an diesem Projekt gearbeitet, doch Semper und sein ehrgeiziger Mitarbeiter, der Wiener Architekt Carl von Hasenauer, harmonierten nicht miteinander. Nach dem endgültigen Zerwürfnis verließ Semper 1877 Wien.

Das Kaiserforum wurde nie verwirklicht, doch stand der Plan ein halbes Jahrhundert später zumindest für kurze Zeit noch einmal zur Diskussion: Adolf Hitler sah damals eine großzügige Neugestaltung des Heldenplatzes vor, die aber ebenfalls nie durchgeführt wurde. Dass Hitler diesen Platz als besonders geeignet für Großveranstaltungen erkannte, zeigte sich am 15. März 1938. Vom Balkon der Neuen Burg aus erklärte er unter dem tosenden Jubel einer unüberschaubaren Menschenmenge den »Eintritt meiner Heimat in das Deutsche Reich«. Drei Tage zuvor waren die deutschen Truppen in Österreich einmarschiert, die Regierung Schuschnigg war zurückgetreten und viele Menschen hatten sich in Ahnung dessen, was nun folgen sollte, das Leben genommen. Hitler, der einst als Künstler in Wien Karriere machen wollte und schmählich gescheitert war, hatte nun auch seinen persönlichen Triumph: Die verhasste Kaiserstadt, das »verjudete Völkerbabel« lag ihm nun zu Füßen. Keine drei Wochen nach dem »Anschluss« wurden führende österreichische Politiker und Beamte sowie jüdische Intellektuelle ins KZ abtransportiert. Es waren die ersten 151 Personen, denen in den kommenden Jahren Zehntausende folgen sollten.

Vom Heldenplatz aus hat man den besten Blick auf den Leopoldinischen Trakt der Hofburg, jene barocke Erweiterung, die ab den

1660er-Jahren unter Kaiser Leopold I. errichtet wurde. Hier befanden sich später die Wohn- und Repräsentationsräume Maria Theresias und Kaiser Josephs II. Leider sind diese prachtvoll gestalteten Gemächer der Öffentlichkeit meist nicht zugänglich, da sie heute die Büros des Bundespräsidenten beherbergen. Links davon, am Ballhausplatz 2, steht ein weiteres barockes Gebäude, das zwar nicht direkt zur Hofburg gehört, aber dennoch auf das Engste mit ihr verbunden war: die ehemalige Geheime Hofkanzlei, Sitz der kaiserlichen Staatskanzler. Wo einst Metternich die Geschicke Europas lenkte, ist heute das Bundeskanzleramt untergebracht.

Hohe Warte

1190, Steinfeldgasse, Wollergasse

Die elegante Villenkolonie, die Josef Hoffmann ab dem Jahr 1899 entwarf, befindet sich noch heute in einer der besten Wohngegenden Wiens. Den Auftrag dazu erhielt der berühmte Architekt damals von Künstlern und Förderern der Secession (s. d.), deren Gründungsmitglied er selbst war. Hier, im vornehmen, aber dennoch ländlichen Döbling, schuf er die Wohnhäuser nach den Idealvorstellungen des Jugendstils, großzügig gestaltet, harmonisch aufeinander abgestimmt, doch jedes für sich ein eigenständiges Kunstwerk.

Neben einer Villa für den Kunstsammler Friedrich Viktor Spitzer (Steinfeldgasse 4) und der Villa Hochstetter (Steinfeldgasse 7) entstand auch jene für Hugo Henneberg (Steinfeldgasse 4 / Wollergasse 8), damals einer der führenden Kunstfotografen Österreichs und Unterstützer der Secession. Die beiden letztgenannten Häuser wurden während des Zweiten Weltkriegs allerdings durch Bombentreffer stark beschädigt und haben heute nicht mehr ihr originales Aussehen.

Unter den Bauherren der Hohen Warte befand sich nicht zuletzt der Maler Carl Moll, für den Hoffmann gleich zwei Bauten entwarf: Der erste war Teil eines Doppelwohnhauses (Steinfeldgasse 6 und 8, Geweygasse 13), in dem Moll zunächst Tür an Tür mit dem berühmten Grafiker und Designer Kolo Moser (s. Museum für angewandte Kunst) wohnte. Kurze Zeit später übersiedelte Moll in das nahe gelegene Haus in der Wollergasse 10, ein Gebäude mit quadratischem Grundriss und einem schlichten, aber dennoch markanten Treppenturm, in dem man in die oberen Stockwerke gelangt.

Im April 1912 lud Moll das »enfant terrible« der damaligen Wiener Gesellschaft in diese Villa ein, um von ihm ein Porträt seiner Stieftochter Alma malen zu lassen: den jungen Oskar Kokoschka. Die damals 32-jährige Alma – seit einem Jahr Witwe Gustav Mahlers – ließ sich auf eine leidenschaftliche Affäre mit dem exzentrischen und stürmischen Kokoschka ein, er schien wie besessen von ihr, liebte sie »wie ein Heide, der zu seinem Stern betet«. Er ließ sich sogar eine lebensgroße Puppe von ihr anfertigen, um die lüstern begehrte Alma immer bei sich zu haben (in einem Anfall schlug er dieser Puppe eines Nachts den Kopf ab und begoss sie mit Wein. Die Polizei rückte damals aus, um die vermeintliche Leiche zu bergen!). Seine grenzenlose Eifersucht – auch ihrem verstorbenen Gatten Gustav Mahler gegenüber – bewirkte allerdings nur, dass Alma sich wieder ihrem einstigen Geliebten Walter Gropius, dem berühmten deutschen Bauhaus-Architekten, zuwandte, den sie 1915 heiratete.

Während Alma mit ihrem mittlerweile dritten Ehemann Franz Werfel in der amerikanischen Emigration lebte, beging ihr Stiefvater Carl Moll am 13. April 1945 in der Villa auf der Hohen Warte Selbstmord: Gemeinsam mit seiner Tochter Maria (Almas Halbschwester) und deren Ehemann Richard Eberstaller nahm er eine tödliche Dosis Gift ein. Alle drei waren überzeugte Nationalsozialisten (Eberstaller gar Vizepräsident des Wiener Landesgerichts unter dem NS-Regime) und wollten den heranrückenden Sowjets nicht in die Arme fallen.

An Alma Mahler erinnert auch das prächtige Gebäude mit dem halbrunden Turm und dem Walmdach (Steinfeldgasse 2/Wollergasse 12), das Hoffmann einst für den Bauunternehmer Eduard Ast entwarf. Im Jahr 1931 – die Weltwirtschaftskrise zwang Ast damals, zu verkaufen – erwarben es Alma Mahler und ihr nunmehriger Ehemann, der höchst erfolgreiche Schriftsteller Franz Werfel. Bis zu ihrer gemeinsamen Emigration war dieses Haus ein gesellschaftlicher Treffpunkt ersten Ranges. Bei den zahlreichen Festen und Einladungen, die in den – durch Klimt-Bilder und Stücke der Wiener Werkstätte geschmückten – Räumen stattfanden, trafen sich damals Künstler, Literaten und Politiker. Gerhard Hauptmann, Alban Berg, Hugo von Hofmannsthal und viele andere Berühmtheiten waren regelmäßig zu Gast, darüber hinaus verstand sich das Ehepaar gut mit den Machthabern des austrofaschistischen Regimes. Hochrangige Regierungsmitglieder wie der Justizminister und spätere Bundeskanzler Kurt Schuschnigg (der übrigens eine Affäre mit Almas Tochter Anna aus ihrer Ehe mit Gustav Mahler hatte) zählten zum engen Freundeskreis der Familie.

Alma sprach vom »Unglückshaus«, nachdem ihre 17-jährige Tochter Manon (deren Vater Walter Gropius war) an Kinderlähmung erkrankt war, denn schon der Vorbesitzer der Villa, Eduard Ast, hatte zwei seiner Kinder hier sterben sehen müssen. Im April 1935 war Manon tot (s. Grinzinger Friedhof) und Alma hielt es auf Dauer nicht mehr in dieser Villa. Am 12. Juni 1937 wurde ein großes Abschiedsfest gegeben, bei dem unter anderem der Dirigent Bruno Walter, der Schriftsteller Ödön von Horvath und der Komponist Egon Wellesz anwesend waren. Zu fortgeschrittener Stunde fiel Werfel damals betrunken in den Gartenteich und Carl Zuckmayer zog sich zum Schlafen in die Hundehütte zurück.

Obwohl Alma mit dem Nationalsozialismus sogar heftig sympathisierte, musste sie doch im März 1938 aus Sorge um ihren jüdischen Ehemann Franz Werfel und die »halbjüdische« Tochter Anna über Frankreich und Spanien in die Vereinigten Staaten emigrieren.

Hoher Markt

1010, Hoher Markt

Der Hohe Markt war Jahrhunderte hindurch eines der bedeutendsten Zentren städtischen Lebens und Handels, was schon durch seinen Namen ausgedrückt wird: »Hoch« bedeutete nämlich nichts anderes als »wichtig«. Er befindet sich auf sehr altem Siedlungsboden, stand hier doch schon in der Antike ein Teil des römischen Militärlagers von Vindobona. Als man nach dem Zweiten Weltkrieg anstelle der zerbombten Häuser die Fundamente für Neubauten aushub, stieß man auf gut erhaltene Reste römischer Offizierswohnungen, die seit-

Hoher Markt mit Vermählungsbrunnen um 1900

her in einem kleinen, unterirdischen Museum zu sehen sind (Hoher Markt 3).

Im Mittelalter entwickelte sich der Hohe Markt zum wichtigen Handelsplatz: Fischer und Krebsler, Tuchhändler, Lederer und viele andere Handwerker und Kaufleute boten hier ihre Waren zum Verkauf. Damals, in der ersten Hälfte des 14. Jahrhunderts, wurde hier auch die Schranne errichtet, also das städtische Gerichtsgebäude. Als es 1438 abbrannte, wurde es etwa 100 Meter weiter neu aufgebaut (heute: Hoher Markt 5/Ecke Tuchlauben). Dort, im Durchgang zur Landskrongasse, befindet sich links ein Relief aus den 1960er-Jahren, das uns einen Eindruck dieser Schranne vermittelt: Es war ein markantes Haus, mit einer großen Freitreppe, die in den mit einem Laubengang versehenen ersten Stock führte. Hier fanden also lange Zeit die Gerichtsverhandlungen statt und vom Söller herab wurden dann die oft grausamen Urteile öffentlich verlesen. Die der Schranne angebaute Kapelle hieß dementsprechend unheilvoll »Zur Todesangst Christi«. Direkt vor dem Gericht befand sich lange Zeit der Pranger und gleich daneben der »Narrenkotter«, ein eiserner Käfig, in dem die Obrigkeit Falschspieler, Trunkenbolde und Prostituierte öffentlich ausstellte und der Verhöhnung durch das Marktvolk preisgab (ein solcher Käfig ist übrigens noch im Kriminalmuseum (s. d.) zu finden). Auch Hinrichtungen wurden auf dem Hohen Markt durchgeführt.

Bis ins ausgehende 18. Jahrhundert gab es in Österreich die »peinliche Befragung«, also die Folter, die allerdings nicht hier, sondern in den weitläufigen unterirdischen Gewölben des Malefiz-Spitzbubenhauses in der Rauhensteingasse durchgeführt wurde, wo zeitweilig auch der Scharfrichter wohnte. Joseph II. löste es auf und ließ im Gegenzug die Schranne am Hohen Markt mit zusätzlichen Gefängniszellen ausstatten. Bis ins Jahr 1839 diente sie noch ihrem ursprünglichen Zweck, als das neu erbaute Landesgericht an der Alser Straße eröffnet wurde. Zur Mitte des 19. Jahrhunderts wurde sie abgerissen.

Auf der Mitte des Platzes steht der barocke Vermählungsbrunnen. Kaiser Leopold I. gelobte im Jahr 1702, ein prächtiges Monument errichten zu lassen, sollte sein Sohn Joseph (der spätere Kaiser Joseph I.) wohlbehalten und siegreich aus dem Krieg heimkehren (damals war soeben der Spanische Erbfolgekrieg zwischen Österreich und Frankreich ausgebrochen und Joseph nahm an der Belagerung der pfälzischen Festung Landau teil, die von den Franzosen besetzt war). Ursprünglich von Johann Bernhard Fischer von Erlach als aufwendige Holzkonstruktion gestaltet, wurde das mittlerweile morsch gewordene Denkmal um 1730 zu einer dauerhaften marmornen Anlage ausgebaut. Damals wurden auch die Brunnenbecken hinzugefügt. Unter dem von vier Säulen getragenen Bronze-Baldachin ist die Vermählung Marias mit Josef durch den Hohepriester dargestellt.

Im Jahr 1914 wurde ein besonderes Schmuckstück des Hohen Marktes enthüllt, die Ankeruhr (Hoher Markt 10–11). Franz Matsch, einst Freund und Mitarbeiter Gustav Klimts, schuf sie im Auftrag der Versicherungsgesellschaft »Der Anker«. Diese wollte wohl alle vorbeieilenden Passanten, die bislang noch keine Lebensversicherung abgeschlossen hatten, an die Vergänglichkeit erinnern und ließ deshalb auf dem Schwibbogen zwischen ihren beiden Bürogebäuden diese Uhr anbringen, vor der zu jeder vollen Stunde eine Gestalt aus der Wiener Geschichte auftaucht, vom römischen Kaiser Marc Aurel über Walther von der Vogelweide und Prinz Eugen hin zu Joseph Haydn. Von Haydn stammt auch die Melodie, die jeden Tag zu Mittag erklingt, wenn alle zwölf Figuren hintereinander erscheinen.

Hundertwasserhaus

1030, Kegelgasse 36–38, Löwengasse 41–43

und KunstHausWien

1030, Untere Weißgerberstraße 13

Nur wenige Gehminuten voneinander entfernt stehen zwei Gebäude, die sich durch ihr Äußeres deutlich von den umliegenden Häusern abheben: Das eine (jenes in der Kegelgasse) ist eine städtische Wohnhausanlage, das andere ein Museum. Sie sind in unregelmäßigen Formen erbaut, versehen mit welligen, mosaikverzierten Böden, mit bunten Säulen und schimmernden Keramikfliesen, verziert mit goldenen Kugeln und reichlich durch Busch- und Baumwerk begrünt.

Friedrich Stowasser, 1928 in Wien geboren und später besser bekannt unter seinem Künstlernamen »Friedensreich Regentag Dunkelbunt Hundertwasser«, entwarf die beiden Häuser in den 1980er-Jahren nach seinen eigenwilligen Vorstellungen. Er war damals schon lange nicht nur als Maler und Aktionskünstler weltweit berühmt, sondern auch immer mehr als Umweltaktivist bekannt. Seine Projekte führten ihn in zahlreiche Länder, wo er den Auftrag zur Gestaltung öffentlicher Gebäude bekam, seien es nun Bahnhöfe, Schulen oder Toilettenanlagen. Er gestaltete sie auf der Grundlage seiner Philosophie des naturverbundenen, menschengerechten Bauens. Die gerade Linie war für ihn ein »Werk des Teufels«, war »gottlos«, da sie in der Natur nicht zu finden sei. Wer bei der Planung eines Hauses ein Lineal verwendete, war, so machte er in seinem berühmten »Verschimmelungsmanifest« von 1959 klar, ein Verbrecher. Hundertwasser, der selbst ernannte »Architekturdoktor«, kämpfte daher leidenschaftlich gegen die kühl wirkenden, geometrischen und rein auf das Funktionale ausgelegten Betonburgen, die den Städten in aller Welt ihren Stempel aufdrückten. Er wollte menschengerechte Wohneinheiten schaffen: bunt, unregelmäßig und phantasievoll. Durch die Begrünung der Dächer sollte der Natur zurückgegeben werden, was ihr durch den Bau des Hauses genommen wurde.

Er entwarf in Zusammenarbeit mit Architekten und Statikern nicht nur selbst Gebäude, sondern forderte jeden Einzelnen auf, eigene Häuser nach individuellen Plänen zu bauen und zu schmücken. »Es muss endlich aufhören«, schrieb er, »dass Menschen ihr Quartier beziehen wie Hendeln und die Kaninchen ihren Stall«, und weiter: »Man muss das Risiko mit in Kauf nehmen, dass so ein tolles Gebäude nachher zusammenfällt, und man darf sich vor Menschenopfern nicht scheuen, die diese Bauweise erfordert. (...) Wenn so ein von den Bewohnern nach eigenen Baugelüsten selbst gebautes tolles Gebilde zusammenfällt, so kracht es ja meist ohnehin vorher, sodass man flüchten kann.« Mit seiner rigorosen Philosophie stieß er bei vielen seiner Zeitgenossen auf Unverständnis und Ablehnung: Was er mache, sei nichts weiter als Kitsch und »Behübschung«, sagten (und sagen) viele. Auch die fast grenzenlose Vermarktung seiner Kunst stieß viele ab: Sowohl das Hundertwasserhaus als auch das KunstHaus (in dem neben seinen Werken regelmäßig Wechselausstellungen zu sehen sind) sind heute Tourismusmagneten ersten Ranges und die Souvenirläden quellen schier über mit Plakaten und Seidenschals, Kaffeetassen und Schmuck, T-Shirts und Wollsocken.

Im Februar 2000 starb Hundertwasser an Bord der »Queen Elizabeth II«. Er wurde auf seinem Anwesen in Neuseeland bestattet.

Wer übrigens mit der Straßenbahn zum KunstHausWien fährt, muss bei der Station »Hetzgasse« aussteigen. Ihr Name erinnert bis heute an jenes hölzerne Amphitheater, das zur Mitte des 18. Jahrhunderts hier errichtet wurde. Nicht weniger als dreitausend Personen hatten hier Platz und konnten den damals so beliebten Tierhatzen zusehen: Wölfe, Löwen, Bären, Hirsche, Stiere oder Esel wurden hier unter dem Beifall des Publikums von Hunden zerfleischt oder von Knechten zu Tode gehetzt (eine »Hetz« zu haben, bedeutet in Wien immer noch, dass man sich prächtig amüsiert). Ein verheerender Brand vernichtete 1796 das große Gebäude und alle hier gehaltenen Tiere kamen darin um. Nur einem Fuchs soll es damals gelungen sein, sich ins Freie zu graben – er entkam dem Feuer.

Johannesgasse

1010, Johannesgasse

Stefan von Hohenberg, herzoglicher Kämmerer und Hofkanzler, war ein wohlhabender und frommer Mann. Vor allem Kleinmariazell, dem Benediktinerstift an der niederösterreichischen Via Sacra, fühlte er sich besonders verbunden und schenkte dem Kloster im Jahr 1482 ein Haus in der Johannesgasse 6. Das Einzige, was heute noch daran erinnert, ist das wunderschöne spätgotische Steinrelief im Innenhof des Hauses. Man fand es nach dem Zweiten Weltkrieg in einem Keller und brachte es hier an: Es zeigt den knienden Hohenberg in Begleitung von Mönchen, Nonnen und seinem ganzen Gefolge (darunter ganz links auch ein Zwerg) neben der Muttergottes. Jener Teil des Hauses, der der Annagasse zugewandt ist, trägt heute noch den Namen »Kleinmariazeller Hof«, obwohl das Kloster bereits 1782 aufgehoben wurde.

Im Jahr 1830 kaufte der Staat das Gebäude und ließ an seiner Stelle einen Neubau errichten. Hier wurde nun das Hofkammerarchiv untergebracht, dessen Eingang sich direkt unter dem Hohenberg-Relief befindet. Es bestand seit dem 16. Jahrhundert und umfasste (und umfasst noch heute) etwa jene Akten, die Auskunft über die Ausgaben des Kaiserhofes für Künstler und Handwerker, aber auch für Alchemisten und Astrologen geben. Heute ist es Teil des österreichischen Staatsarchivs und beherbergt etwa 30 Millionen Akten und Tausende Handschriften.

Grillparzer Büro im Hofkammerarchiv (Gem. v. Rudolf von Alt)

Der berühmteste Beamte, der hier arbeitete, war zweifellos Franz Grillparzer. 25 Jahre lang war er Direktor des Archivs und kam von seiner Wohnung in der nahen Seilergasse täglich hierher in sein schlichtes, biedermeierliches Büro im zweiten Stock. Es ist heute noch original erhalten, mit Stehpult, Kachelofen, Sofa und Standuhr, ganz wie zu Grillparzers Zeiten. Mit seinen Dienstpflichten nahm es der Dichter damals allerdings nicht immer so genau, denn während der Amtsstunden arbeitete er auch eifrig an seinen eigenen Werken. Er selbst meinte dazu salopp: »Ich will die Amtsstunden halten, ich will fleißig sein, aber ich nehme mir zugleich vor, jeden Tag, und zwar gerade im Amtslokale, etwas Poetisches zu arbeiten.« Allzu viel war hier tatsächlich nicht zu tun, denn die hier lagernden Akten wurden nur selten nachgefragt. 1856 ging Grillparzer, mittlerweile vom Kaiser aufgrund seiner »langjährigen eifrigen und ersprießlichen Dienstleistung« zum Hofrat ernannt, in Pension.

Gleich neben dem Hofkammerarchiv, in der Johannesgasse 4, befindet sich heute ein Studentenheim der Universität für Musik und darstellende Kunst. Eine unscheinbare Gedenktafel an der Mauer erinnert hier an die blutigen Ereignisse des 25. Juli 1934. In diesem Haus war damals die RAVAG untergebracht, also der österreichische Rundfunk, den die Nationalsozialisten während ihres Putschversuchs unter ihre Kontrolle bringen wollten. Während im Bundeskanzleramt (s. Hofburg) die tödlichen Schüsse auf Kanzler Dollfuß fielen, stürmten mehrere schwer bewaffnete Putschisten das Rundfunkgebäude, erschossen drei Wachmänner und verschanzten sich. Der Regisseur und Schauspieler Rudolf Ferstel, der zu einer Hörspielprobe im Haus war, verlor die Nerven, entriss einem der Eindringlinge den Revolver und schoss wild um sich, bevor er durch eine Handgranate ebenfalls getötet wurde. Das RAVAG-Gebäude wurde schließlich von der Polizei gestürmt, die Anführer des Putschs wurden wenige Tage später hingerichtet.

Gegenüber dem ehemaligen Ursulinenkloster (s. d.) steht das Savoy'sche Damenstift (Johannesgasse 15). Die Witwe von Prinz Eugens Neffen, Herzogin Maria Theresia von Savoyen-Carignan, hatte es im Jahr 1742 gekauft und testamentarisch als Wohnheim für verarmte adelige Damen aus Österreich und Böhmen gestiftet. Im idyllischen Innenhof befindet sich der sogenannte »Witwe von Sarepta«-Brunnen, ein Gemeinschaftswerk Franz Xaver Messerschmidts und Johann Martin Fischers. Messerschmidt schuf auch die prachtvolle Bleifigur der Muttergottes über dem Portal des Hauses.

Johann-Strauß-Gedenkstätte

1020, Praterstraße 54

Wäre es nach seinem Vater gegangen, würde man heute Johann Strauß d. J. sicherlich nicht mehr kennen. Der nämlich – selbst erfolgreicher Geiger und Komponist – suchte eine Musikerkarriere seiner Söhne Johann, Josef und Eduard stets zu verhindern, denn er fürchtete ganz offensichtlich deren Konkurrenz. Da er aber längst seine Familie wegen einer anderen Frau verlassen hatte und die Kinder nunmehr ihre alleinige Bezugsperson in der Mutter sahen, verlor er – sehr zu seinem Ärger – zunehmend an Einfluss.

Zwar war Strauß Vater zu Lebzeiten noch »Platzhirsch« in den Tanz- und Konzertsälen Wiens, doch vor allem der junge Johann machte ihm diese Stellung bald streitig. Seinem ersten öffentlichen Auftritt im Dommayer'schen Casino 1844 (s. Hietzing, Am Platz), der von Publikum und Presse umjubelt wurde, sollten noch viele folgen. Das Verhältnis zwischen Vater und Sohn blieb stets ein äußerst angespanntes.

Dazu trugen auch die politisch entgegengesetzten Positionen der beiden bei. Im März 1848 befand sich der 22-jährige Strauß Sohn – vom Vater aus Wien verdrängt – gerade auf Konzertreise in Bukarest (damals der Hauptstadt der Walachei). Als er vom Ausbruch der Revolution in Wien und der Flucht Metternichs erfuhr, erklärte er sich sogleich solidarisch mit den rumänischen Nationalisten, die nun im benachbarten Siebenbürgen gegen Habsburg rebellierten. Zurück in Wien, komponierte er den »Revolutionsmarsch«, den »Barrikadenlieder-Walzer« und die »Liguorianer-Seufzer-Polka« (Liguorianer war ein anderer Name für den Orden der Redemptoristen, der von den Aufständischen aus der Stadt vertrieben wurde. Strauß deklarierte sich damals eindeutig als Antiklerikaler, der er sein Leben lang bleiben sollte). Sein Vater hingegen stellte sich nach anfänglichen Sympathien für die Revolution bald auf die Seite der Konservativen und komponierte im August 1848 sein wohl berühmtestes Werk, den »Radetzkymarsch«, mit dem er jenem Feldherren huldigte, der soeben die italienische Freiheitsbewegung blutig niedergeschlagen hatte.

Aufgrund seiner liberalen und antiklerikalen Haltung war Strauß Sohn noch lange nach Niederschlagung der Revolution nicht gerne bei Hofe gesehen. Doch alles Naserümpfen konnte nichts daran ändern, dass er binnen kurzer Zeit der vermutlich berühmteste Österreicher des 19. Jahrhunderts war. Die Erfolge, die er als Walzerkomponist, Geiger und Dirigent feierte, waren überwältigend, nicht nur in Wien, sondern in ganz Europa und sogar darüber hinaus! Mit dem vielen Geld, das er nun verdiente, nahm er sich mit seiner ersten Frau Jetty (s. Kärntner Straße/Palais Todesco) die große Wohnung in der damals noblen Jägerzeile (heute: Praterstraße).

Neben Erinnerungsstücken, Notenblättern, Möbeln und Instrumenten hängt heute in der Strauß-Gedenkstätte ein Bild, das das alte Dianabad zeigt. Im Winter wurde das Schwimmbecken mit einem Bretterboden bedeckt und als Tanzfläche verwendet, und hier führte man anlässlich einer Faschingsfeier am 15. Februar 1867 die wohl berühmteste Komposition von Johann Strauß auf: »An der schönen blauen Donau« (der Originaltext, damals vom Wiener Männergesangsverein gesungen, begann mit den Worten »Wiener seid froh! Oho! Wieso!« und ließ sich eindeutig als Verhöhnung des – nach der verlorenen Schlacht von Königgrätz wenige Monate zuvor – fast bankrotten Staates verstehen). Der Erfolg war von Anfang an gewaltig und Strauß' guter Freund und hoch geschätzter Kollege Johannes Brahms kommentierte die Noten des Donauwalzers mit den knappen Worten »Leider nicht von mir«.

In den kommenden Jahren wandte sich Strauß der Operette zu und feierte auch auf diesem Gebiet einen Triumph nach dem anderen (s. Wienzeile/Theater an der Wien). Seine Tourneen führten ihn nach Deutschland, nach Frankreich, nach Russland und in die Vereinigten Staaten, er verdiente immer mehr Geld und ließ sich ein luxuriöses Palais auf der Wieden errichten.

Doch je größer sein Erfolg, desto größer auch die Angst, alles wieder zu verlieren! Er fürchtete stets Armut, Krankheit und Tod und verbat sich ausdrücklich, dass man in seiner Gegenwart über diese Themen sprach. Als Jetty

1878 starb, floh er regelrecht aus Wien, um nicht bei ihrem Begräbnis dabei sein zu müssen, ebenso wenig war er zuvor bei den Beerdigungen seiner Mutter und seines Bruders Josef gewesen. Keine zwei Monate nach Jettys Tod heiratete er ein zweites Mal, doch diese Ehe verlief unglücklich und wurde schon vier Jahre später »von Tisch und Bett geschieden«. Sofort folgte die nächste Beziehung, diesmal zur über 30 Jahre jüngeren Adele Deutsch. Nach damaligem Recht war im katholischen Österreich eine neuerliche Heirat für den Geschiedenen aber ausgeschlossen, weshalb Strauß 1886 zum evangelischen Glauben übertrat und die Staatsbürgerschaft Sachsen-Coburg-Gothas annahm.

Johann Strauß, bis zuletzt erfolgreich und populär, starb im Alter von 73 Jahren am 3. Juni 1899 in seinem Palais an einer Lungenentzündung. Nach der Einsegnung in der evangelischen Kirche in der Dorotheergasse wurde er neben dem zwei Jahre zuvor verstorbenen Freund Johannes Brahms in einem Ehrengrab am Zentralfriedhof beigesetzt.

Josephinum

1090, Währinger Straße 24

Eine der zahlreichen Reformen Kaiser Josephs II. sah eine grundlegende Verbesserung der medizinischen Ausbildung der Ärzte sowie der Betreuung von Kranken und Verwundeten vor. Etwa zeitgleich mit dem Allgemeinen Krankenhaus (s. d.) und dem nahe gelegenen Garnisonsspital (heute 1090, Van-Swieten-Gasse 1), gründete er 1783 daher das Josephinum, das der Ausbildung von Militär- und Wundärzten dienen sollte – seine offizielle Bezeichnung lautete daher »kaiserlich königliche medizinisch-chirurgische Militärakademie«.

»Wundärzte« nannte man damals die Chirurgen, die zumeist über keinen sehr guten Ruf verfügten. Jahrhunderte hindurch wurden sie von den Barbieren ausgebildet (im Begriff »Feldscher« für Militärärzte steckt noch das Wort »scheren«, also rasieren) und galten als reine Handwerker, die für Amputationen, Knochenbrüche, Verbrennungen und andere äußere Wunden zuständig waren. Oft konnten sie nicht einmal lesen. In einem Handbuch der 1770er-Jahre heißt es: »Unsere Wundärzte werden leider größtenteils beim Barbierbecken gebildet. Drei Jahre stehen sie bei den Barbieren und Badern in der Lehre. Nach Verlauf dieser Zeit werden sie Gesellen und haben weiter nichts gelernt, als den Bart putzen, Pflaster streichen und Aderlassen.« Erst zur Mitte des 18. Jahrhunderts wurde die Chirurgie in Wien zu einem eigenen Studium erhoben.

Im Jahr 1780, also kurz vor der Gründung des Josephinums, besuchte der Kaiser seinen jüngeren Bruder Leopold, der damals noch Großherzog der Toskana war. In Florenz ließ sich Joseph unter anderem das »Museo di Fisica e Storia Naturale« zeigen. Sein Direktor, der berühmte Naturwissenschaftler Felice Fontana, machte ihn dort unter anderem mit den lebensgroßen, naturgetreuen Wachsmodellen des menschlichen Körpers vertraut, die für das Haus eigens angefertigt worden waren: Muskeln, Nervenstränge, Sehnen, Eingeweide, Blutgefäße, Gehirn und Sinnesorgane – alles war detailgetreu dargestellt und eröffnete einen faszinierenden und lehrreichen Blick in das Innere des Menschen. Der Kaiser war begeistert und entschloss sich, auch für Wien eine solche Sammlung anfertigen zu lassen. Unter

Fontanas Aufsicht wurden nun in jahrelanger Arbeit und nach Vorgaben des Anatomen Paolo Mascagni knapp 1200 größere und kleinere Wachspräparate in Florenz hergestellt. Mascagnis neueste Erkenntnisse auf dem Gebiet der Lymphgefäße wurden bei der Herstellung berücksichtigt. Der sonst so sparsame Kaiser gab für die Objekte ein Vermögen aus! 1788 konnte die Sammlung endlich im Josephinum aufgestellt werden. In kostbaren Vitrinen aus Rosenholz und venezianischen Glasscheiben wurden sie untergebracht und dienten den auszubildenden Ärzten ab nun als Studiensammlung.

Im Josephinum ist heute das Institut für Geschichte der Medizin untergebracht. Neben den berühmten Wachspräparaten und einer Sammlung historischer Operationsinstrumente verfügt das Haus über eine der bedeutendsten medizinhistorischen Fachbibliotheken Europas.

Direkt gegenüber dem Josephinum (Palais Clam-Gallas, 1090, Währinger Straße 30) befindet sich ein schönes klassizistisches Sommerpalais mit einem markanten Giebel über dem säulengeschmückten Vorbau. Inmitten eines großen englischen Gartens, der schon lange zum Besitz seiner Familie gehörte, ließ sich Franz Joseph Fürst Dietrichstein, einst österreichischer General gegen Napoleons Armeen, das Gebäude in den 1830er-Jahren errichten. Es steht heute ein wenig abseits der stark befahrenen Straße und umfasst im dicht verbauten Gebiet des 9. Bezirks eine große Fläche, die steil abfallend bis zur Liechtensteinstraße reicht. Zur Mitte des 19. Jahrhunderts starb das alte Kärntner Adelsgeschlecht der

Das Josephinum

Dietrichstein im Mannesstamm aus, das Palais kam durch Heirat in den Besitz der Familie der Clam-Gallas. Im Jahr 1952 kaufte es schließlich die Republik Frankreich und richtete hier ihr Kulturinstitut ein. Im Gebäude, das an der Liechtensteinstraße steht, wurde das französische Lycée untergebracht.

Judenplatz

1010, Judenplatz

Spätestens im frühen 13. Jahrhundert bildete sich zwischen dem Platz Am Hof und der Wipplingerstraße das jüdische Viertel Wiens, das bis zu seiner gewaltsamen Auflösung im Jahr 1421 bestand. So wie in vielen europäischen Städten üblich, war es durch Mauern und Tore von der übrigen Stadt abgegrenzt und verfügte über all jene Einrichtungen, die für ein gottgefälliges jüdisches Leben unverzichtbar waren: eine Synagoge, Mikwen (also rituelle Bäder), koschere Fleischer und Bäcker sowie ein Spital und ein Gästehaus. Der jüdische Friedhof befand sich außerhalb der Stadtmauern, nahe dem ehemaligen Kärntnertor, etwa dort, wo heute das Goethe-Denkmal beim Burggarten steht. In den rund 70 kleinen Häusern lebten etwa 800 Menschen, was fünf Prozent der Wiener Bevölkerung entsprach.

Da den Juden im Mittelalter sowohl der Zugang zu den Handwerksgilden als auch landwirtschaftliche Arbeit untersagt blieben, waren sie gezwungen, sich andere Erwerbsmöglichkeiten zu suchen. Neben der Tätigkeit im Altwarenhandel arbeiteten viele von ihnen als Geldverleiher. Zu ihren Kunden gehörten nicht nur die Landesherren und Mitglieder des Adels, für die sie als »Hausbankiers« agierten, sondern auch viele einfache Bürger und sogar Klöster. Es wurde errechnet, dass um 1380 rund die Hälfte der Wiener Häuser mit Hypotheken belastet war und bei einem Drittel aller durchgeführten Darlehensgeschäfte jüdische Geldgeber involviert waren. Bis zu jener Zeit waren sie aufgrund ihrer wirtschaftlichen Bedeutung relativ gut geschützt, doch änderte sich die Situation, als mit der Zeit mehr und mehr Christen im Geldgeschäft mitmischten. Auch erließen die Landesherren damals immer mehr »Tötbriefe«, mit denen sie die Schuldscheine ihrer adeligen Gefolgsleute einfach annullierten. Den jüdischen Gläubigern entgingen dadurch hohe Summen und ihre Existenzgrundlage stand zusehends auf unsicheren Beinen.

Zu Anfang des 15. Jahrhunderts waren den katholischen Habsburgern und dem Kaiser in der religiös-revolutionären Hussitenbewegung ein ernsthafter Feind erwachsen. In dieser gespannten Situation wurden nun Gerüchte laut, dass die Juden mit den Hussiten paktieren würden, was die feindselige Stimmung gegen die unliebsamen Gläubiger natürlich noch mehr steigerte. Die Situation eskalierte im Mai 1420. Was nun folgte, ging als »Wiener Geserah« in die Geschichte ein: Während man die besitzlosen Juden auf ruderlosen Booten die Donau abwärts treiben ließ, wurden die wohlhabenden Familien gefangen gehalten. Unter Folter sollten sie die Verstecke ihrer Schätze preisgeben und zur Annahme des christlichen Glaubens gezwungen werden. Viele von ihnen wählten nun den Freitod, um der Zwangstaufe zu entgehen. Um das grausame Vorgehen rechtfertigen zu können, wurde eine Schauergeschichte vorgeschoben, die man ab nun bei jeder Judenverfolgung zu hören bekam: jene der Hostienschändung. Wer noch am Leben war, wurde

Böhmische Hofkanzlei am Judenplatz

jetzt wegen Verbrechens gegen den christlichen Glauben zum Tode verurteilt. Am 12. März 1421 brachte man zwischen 200 und 300 Männer, Frauen und Kinder auf den Hinrichtungsplatz der Gänseweide im heutigen dritten Bezirk (etwa dort, wo heute das Hundertwasserhaus steht) und verbrannte sie lebendigen Leibes. Die Synagoge wurde zerstört, der Besitz der Ermordeten fiel an den Landesherren.

Von den mittelalterlichen Gebäuden des jüdischen Viertels ist so gut wie nichts erhalten geblieben, nur im Misrachihaus (Judenplatz 8) und dem Haus »Zum Großen Jordan« (Judenplatz 2) sind im Inneren Reste der alten Mauern zu finden. Am Jordanhaus erinnert eine gotische Relieftafel an die grauenvollen Ereignisse der »Geserah«, die hier allerdings in einen perfiden Zusammenhang mit der Heilsgeschichte gestellt wird. Um 1500, also Jahrzehnte nachdem die Juden getötet oder vertrieben worden waren, ließ der – natürlich christliche – Hausherr diese Darstellung der Taufe Christi mit einer lateinischen Inschrift darunter anbringen. Der Text stellt den Massenmord von einst als gleichsam gottgefällige Tat dar, da er doch – wie es hier heißt – »die furchtbaren Verbrechen der hebräischen Hunde« gesühnt habe. Erst 1998 wurde auf Initiative Kardinal Schönborns eine Gedenktafel am Haus Judenplatz 6 angebracht, die auf die Mitschuld der Kirche und ihrer Vertreter an den Judenverfolgungen hinweist.

Genau dort, wo sich im Mittelalter die Synagoge befand, steht seit dem Jahr 2000 das Mahnmal für die rund 65 000 während des Holocausts ermordeten österreichischen Jüdinnen und Juden. Die englische Bildhauerin Rachel Whiteread gestaltete es als eine von innen nach außen gestülpte Bibliothek, deren Türe zwar erkennbar, jedoch nicht zu öffnen ist. Sie soll auf die unwiederbringlich verlorenen Menschenleben hinweisen, die durch die einzelnen Bücher symbolisiert werden. Am Sockel des Denkmals sind die Namen der Vernichtungslager des Nationalsozialistischen Regimes angebracht.

Im Misrachihaus befindet sich der Eingang zum Museum am Judenplatz (eine Außenstelle des Jüdischen Museums, s. d.), in dem unter anderem Fundstücke gezeigt werden, die während der Ausgrabungsarbeiten der 1990er-Jahre hier zutage gefördert wurden. Ein unterirdischer Gang führt zu den Mauerresten der 1421 zerstörten Synagoge, also direkt unter das Holocaust-Mahnmal.

Es ist kein Zufall, dass die Skulptur, die Gotthold Ephraim Lessing darstellt, ausgerechnet auf dem Judenplatz steht, trat der große Aufklärer des 18. Jahrhunderts doch stets für religiöse Toleranz ein. Mit seiner berühmtesten Theaterfigur, »Nathan dem Weisen«, setzte der Pastorensohn darüber hinaus seinem Freund, dem jüdischen Philosophen Moses Mendelssohn, ein literarisches Denkmal. Siegfried Charoux schuf die Lessingstatue Anfang der 1930er-Jahre im Auftrag der Wiener Sozialdemokraten. Von den Nationalsozialisten nach dem »Anschluss« Österreichs eingeschmolzen, wurde sie nach dem Krieg – wiederum von Charoux – neu hergestellt und schließlich an ihrem ursprünglichen Ort wieder aufgestellt.

Links neben Lessing steht ein prächtiges barockes Gebäude, in dem ab dem frühen 18. Jahrhundert die Böhmische Hofkanzlei (Judenplatz 11) untergebracht war. Von hier aus wurden die Angelegenheiten der böhmischen Länder, also Böhmens, Mährens und Schlesiens, verwaltet, deren Wappen man heute noch auf der Fassade zur Wipplingerstraße sehen kann.

Jüdischer Friedhof Währing

1180, Schrottenbachgasse 11

Wenn auf die im Sommer 2007 gemachten Zusagen der Regierung letztendlich auch Taten folgen, könnte der jüdische Friedhof seinen jahrzehntelangen Dornröschenschlaf bald beendet haben. Noch bietet er jedenfalls ein ziemlich trauriges Bild: wilder Pflanzenwuchs, herabstürzende Äste und Vandalismus haben den alten Grabsteinen bereits schwer zugesetzt. Manche Gruftschächte klaffen weit offen, Baumwurzeln, Erdlöcher und Gestrüpp erschweren das Gehen und stellen für die Besucher eine nicht unerhebliche Verletzungsgefahr dar. Es ist insbesondere den Wiener Grünen und der Historikerin Tina Walzer zu verdanken, dass der Friedhof zumindest im Rahmen von geführten Rundgängen zugänglich gemacht wird. In Kooperation mit der Kultusgemeinde dokumentierte Walzer während der vergangenen Jahre die Tausenden Grabstellen in mühevoller Kleinarbeit und legte so die wissenschaftliche Basis zu einer zukünftigen Sanierung des Areals.

Die Geschichte des Friedhofs führt zurück ins ausgehende 18. Jahrhundert. 1784 ordnete

Kaiser Joseph II. die Auflassung sämtlicher öffentlichen Grabstätten innerhalb der Stadt Wien und ihrer Vororte an. Zu ihnen zählte auch der jüdische Friedhof in der Seegasse (s. Servitenkirche). Auf der äußeren Seite des einstigen Linienwalls (also des heutigen Gürtels) legte man nun fünf neue, große »kommunale Leichenhöfe« an, so auch den Währinger Ortsfriedhof. Neben der christlichen Abteilung wurde auch eine jüdische eingerichtet, beide waren durch eine Mauer voneinander getrennt. Knapp hundert Jahre war er in Verwendung, bevor auch er 1874 aufgelöst wurde. Die Überreste der hier Begrabenen wurden auf den neu eröffneten Zentralfriedhof (s. d.) überführt, darunter auch jene von Beethoven und Schubert. An seiner Stelle entstand der Währinger Park. Die jüdische Abteilung blieb jedoch unangetastet, da nach mosaischem Glauben das Grab als Eigentum des Toten angesehen wird und somit nicht zerstört werden darf. Zwar wurden hier ab nun keine Bestattungen mehr durchgeführt, die alten Grabsteine blieben jedoch im ummauerten Areal erhalten.

Rund 30 000 Menschen waren hier während der vergangenen Jahrzehnte bestattet worden, darunter viele, deren Namen man heute noch kennt. Das 19. Jahrhundert war eine Blütezeit jüdischen Lebens in Wien, zahlreiche Fabrikanten, Industrielle, Kaufleute und Bankiers waren damals an der wirtschaftlichen Entwicklung Österreichs maßgeblich beteiligt. Sie sind zumeist in den prachtvoll gestalteten Gruften entlang der Friedhofsmauer begraben, also in der »vornehmen« Abteilung. Gustav Ritter von Epstein etwa, einst einer der reichsten Männer Wiens, liegt hier mit seiner Familie begraben (s. Palais Epstein), auch Fanny und Nathan Adam von Arnstein sind hier beigesetzt. Fanny führte während des Wiener Kongresses einen berühmten Salon in ihrem Palais am Hohen Markt (s. d.), ihr Mann leitete gemeinsam mit – dem ebenfalls hier begrabenen – Bernhard von Eskeles eines der wichtigsten Bankhäuser Wiens. Auch Jonas von Königswarter, Mitbegründer der Nationalbank und der Creditanstalt, ist mit seiner Familie in einer der Gruften beerdigt.

Besonders interessant ist die sephardische Abteilung. Im 18. Jahrhundert war es Juden zwar grundsätzlich nicht erlaubt, sich in Wien anzusiedeln, doch die Sepharden hatten als Untertanen des Osmanischen Reiches sehr wohl das Recht, sich hier frei zu bewegen, sich niederzulassen und Handel zu treiben (s. Griechenviertel). Ihre Herkunft und ihre weiterhin enge Verbindung zum Orient spiegelten sich auch in der Gestaltung ihrer vergleichsweise exotisch wirkenden Grabhäuschen wider.

Auf der südlichen Seite der Hauptallee, entlang derer die Gräber der Kohaniter, also der Angehörigen der Priesterklasse stehen, befindet sich der neuere Teil des Friedhofs. Hier wurde unter den Nationalsozialisten vieles verwüstet, nachdem 1941 die Auflösung sämtlicher jüdischer Friedhöfe angeordnet worden war. Hunderte Skelette wurden damals ausgegraben und dem Naturhistorischen Museum für sogenannte »rassekundliche« Untersuchungen übergeben. Ein Teil des Friedhofs fiel während des Krieges den Aushubarbeiten für einen Löschteich zum Opfer: Rund 1500 Gräber (von insgesamt etwa 9500) wurden damals völlig zerstört. Vertreter der Kultusgemeinde bemühten sich noch zwischen den Baggerschaufeln, so viele Knochen wie möglich zu bergen, um diese dann in einem Sammelgrab am Zentralfriedhof zu bestatten. Die Tatsache, dass zumindest der Großteil der Gräber die Jahre der NS-Herrschaft überhaupt heil überstand, ist übrigens einem Wiener Senatsrat zu verdanken, der den jüdischen Friedhof Währing zum Vogelschutzgebiet erklärte und so weitere Eingriffe verhindern konnte.

Nach dem Krieg überließ die Kultusgemeinde den zerstörten Teil des Friedhofsareals der Stadt Wien, die im Gegenzug versprach, ihn als unbebautes Grünland zu erhalten. Diese Zusicherung war jedoch schon bald vergessen: 1959 errichtete die Gemeinde Wien dort den Arthur-Schnitzler-Hof.

Jüdisches Museum Wien – Palais Eskeles

1010, Dorotheergasse 11

Die Bezeichnung »Palais Eskeles« ist zwar gebräuchlich, aber irreführend. Der jüdische Bankier Bernhard von Eskeles lebte nie mit seiner Familie in diesem Haus und auch der berühmte Salon seiner Frau Cäcilie befand sich nicht hier, sondern in Hietzing. In Wahrheit besaß er nur wenige Jahre dieses Gebäude in der Dorotheergasse, nachdem es der hoch verschuldete Alois Fürst Kaunitz 1823 seinem Gläubiger, nämlich dem Bankhaus Arnstein und Eskeles, abtreten musste. Damals war es auch alles andere als ein nobles Palais, sondern ein baufälliges Mietshaus, für das zunächst keine Käufer gefunden werden konnten, erst im Jahr 1827 verkaufte Eskeles es schließlich an den ungarischen Grafen Nákó de Szent-Miklos. Von diesem wurde es zu einem wohnlichen Palais umgebaut und diente bis in die 1890er-Jahre der gräflichen Familie als vornehme Unterkunft.

Kurz vor der Jahrhundertwende erwarb der deutsche Kunstsammler Hugo Miethke das Gebäude und richtete hier eine Galerie ein, die bald zu den wichtigsten der Stadt zählen sollte. Während man im ersten Stock die Alten Meister zeigte, war das Erdgeschoß für Ausstellungen zeitgenössischer Malerei bestimmt. Carl Moll, der Mitbegründer der Secession (s. d.), leitete die Galerie ab 1904 und stellte neben Bildern von van Gogh, Renoir, Monet, Gauguin, Cézanne und Toulouse-Lautrec vor allem die Werke österreichischer Künstler wie etwa Gustav Klimts und Stücke der Wiener Werkstätte (s. Museum für angewandte Kunst) aus. Egon Schiele hatte hier seine erste Einzelausstellung und im Jahr 1914 beherbergte die Galerie Miethke auch eine Pablo-Picasso-Schau.

In den 1930er-Jahren gab es die Überlegung, das Palais Eskeles als Wohnhaus für Bundeskanzler Engelbert Dollfuß zu adaptieren, doch wurde dieser Plan durch dessen Ermordung 1934 obsolet. Das benachbarte Auktionshaus Dorotheum (s. d.) zog nun mit einer Briefmarken- und Kunstauktionsabteilung hier ein und blieb bis ins Jahr 1993. Es wurde nun »Kunstpalais« genannt.

Bürgermeister Helmut Zilk kündigte 1986 anlässlich der Ausstellung »Vienna 1900« in New York die Einrichtung eines jüdischen Museums in Wien an. Vier Jahre später konnte es als Provisorium in den Räumlichkeiten des Stadttempels (s. d.) in der Seitenstettengasse eröffnet werden. Ein endgültiger Standort für das Museum war damals noch nicht gefunden und die Diskussionen verliefen teilweise sehr heftig, denn es gab Stimmen, die sich für einen Museumsneubau am Judenplatz aussprachen, wo mittlerweile aber bereits die Grabungsarbeiten für das Holocaust-Mahnmal Rachel Whitereads durchgeführt wurden (s. Judenplatz). Die Verantwortlichen entschieden sich schließlich für das Haus in der Dorotheergasse, wo am 18. November 1993 das »Jüdische Museum Wien« von Helmut Zilk und seinem Jerusalemer Amtskollegen, dem geborenen Wiener Teddy Kollek, eröffnet wurde.

Das Haus macht es sich seither zur Aufgabe, das jüdische Leben und den jüdischen Glauben sowie die lange und leidvolle Geschichte der Wiener Juden zu dokumentieren. Neben den hervorragend gestalteten Sonderausstellungen, die regelmäßig hier gezeigt werden, finden sich im Museum Dinge des täglichen Gebrauchs, Möbel, Bilder, Fotografien und eine große Anzahl ritueller Gegenstände, wie Chanukka-Leuchter, Seder-Teller und Bsamim-Behälter, darüber hinaus prachtvoll gestaltete Thora-Aufsätze und kostbare Textilien. Neben der umfangreichen Judaica-Sammlung der Israelitischen Kultusgemeinde werden im Erdgeschoß und im Schaudepot Tausende Objekte gezeigt, die vom Holocaust-Überlebenden Max Berger in jahrzehntelanger Arbeit aus allen Teilen der ehemaligen österreichisch-ungarischen Monarchie zusammengetragen wurden. Die Sammlung Berger gilt heute in aller Welt als eine der bedeutendsten ihrer Art.

Zum Museum, in dem eine gut sortierte Buchhandlung und das Café Teitelbaum untergebracht ist, gehört seit Herbst 2000 auch die Außenstelle im Misrachihaus (s. Judenplatz).

Kahlenberg

1190, Kahlenberg

Der Sau- oder Schweineberg, wie er aufgrund der vielen Wildschweine bis zum ausgehenden 17. Jahrhundert hieß, war im Gegensatz zum benachbarten Leopoldsberg (s. d.) die längste Zeit unbesiedelt. 1628 gestattete Ferdinand II. dem Orden der Kamaldulenser, sich auf dem waldigen Gipfel niederzulassen. Dieser strenge, asketische Reformzweig der Benediktiner begann nun, hier eine Eremitage zu errichten, in der jeder Mönch ein kleines Häuschen mit einem Garten bewohnte.

Als die osmanischen Truppen unter Kara Mustafa zum zweiten Mal Wien belagerten, wurden sowohl die Klosteranlage als auch die Dörfer am Fuße des Kahlenbergs völlig verwüstet. Die Situation für die eingeschlossene Stadt war bereits kritisch, als im September 1683 endlich das mächtige Entsatzheer unter dem Oberbefehl des polnischen Königs Jan Sobieski von Norden her anrückte. Es war ein bunt gemischter Haufen, dem damals die Rettung Wiens zu verdanken war: Die Truppen kamen aus Polen, Lothringen, Sachsen, Bayern, Spanien und Portugal und wurden von Einheiten der italienischen Staaten sowie des Papstes unterstützt. Zu spät hatte Kara Mustafa die nördliche Flanke durch Befestigungsanlagen schützen lassen (daran erinnert etwa heute noch der Türkenschanzpark in Döbling) und so gelang es am 12. September, von den Höhen des Kahlen- und des Leopoldsberges herab die Stellungen der Osmanen zu erstürmen. In einem türkischen Bericht hieß es: »(...) die Giauren (...) tauchten nun mit ihren Abteilungen auf den Hängen auf wie Gewitterwolken, starrend vor dunkelblauem Erz (...) Es war, als wälze sich eine Flut von schwarzem Pech herab, die alles, was sich ihr entgegenstellte, erdrückt und verbrennt.«

Nach stundenlangem Kampf mussten sich die Türken geschlagen geben und flohen. Der siegreiche König Jan Sobieski hielt triumphalen Einzug in die befreite Stadt (ohne allerdings auf die Ankunft Kaiser Leopolds zu warten, was einem Affront gleichkam!). In der Kirche

Höhenstraße und Kahlenberg

am Kahlenberg wird noch heute an seine entscheidende Rolle bei der Befreiung Wiens erinnert. Dass er sich der Allianz gegen die Osmanen überhaupt anschloss, ist übrigens vor allem den hohen Geldzahlungen Kaiser Leopolds sowie der päpstlichen Diplomatie zu verdanken. Bislang war Sobieski nämlich ein Parteigänger von Habsburgs Erzfeind Frankreich gewesen und hatte die ungarischen Aufständischen gegen den Kaiser unterstützt. Erst in letzter Minute, im Mai 1683, konnte der päpstliche Nuntius das Bündnis zwischen Leopold I. und dem polnischen König notifizieren.

Ob die Feldpredigt, die der Kapuzinerpater Marco d'Aviano vor der großen Schlacht hielt, tatsächlich bei der zerstörten Kirche am Kahlenberg stattfand, wie es auf der hier angebrachten Gedenktafel heißt, ist übrigens umstritten. Wahrscheinlicher ist es, dass d'Aviano am heutigen Leopoldsberg die Truppen zum Sieg anfeuerte.

Das Kamaldulenserkloster, das nach der Zerstörung wiederaufgebaut worden war, wurde unter Joseph II. aufgehoben, und die alten Mönchszellen wichen noblen Sommerhäusern: Das »Josefsdorf« entstand. Nur die Kirche blieb bestehen und wurde im Jahr 1906 an die polnische Kongregation der Resurrektionisten übergeben, die sie bis heute betreut.

Damals, im Zuge der Schaffung des Grüngürtels rund um Wien, wurde bereits der Bau einer Höhenstraße geplant, die Wien enger mit

Blick auf Grinzing, im Hintergrund Kahlenberg und Leopoldsberg

Der Heiligenkreuzerhof der Zisterzienser zur Biedermeierzeit

Das Schlafzimmer Kaiserin Elisabeths in der Hermesvilla

Hietzinger Platz mit Pfarrkirche »Maria Geburt«

Der Josefsplatz mit dem Denkmal Josephs II., im Hintergrund der Augustiner Trakt, rechts die alte Hofbibliothek

Der Prunksaal der alten Hofbibliothek (heute National-bibliothek)

Der Vermählungsbrunnen am Hohen Markt

Einige der historischen Figuren der Anker-Uhr am Hohen Markt

Das Josephinum, einst gegründet als k.k. medizinisch-chirurgische Militärakademie

Karlsplatz mit Karlskirche, rechts das alte Polytechnikum (heute Technische Universität)

Kahlenberg und Leopoldsberg, die letzten Ausläufer der Alpen

Maria am Gestade mit dem markanten gotischen Kuppelhelm

Der Michaelerplatz mit Hofburg, in der Mitte das alte Burgtheater

Die Michaelerkirche mit Blick in den Kohlmarkt

Die Kirche der Minoriten mit ihrem markanten achteckigen Turm

Das Gebäude des Musikvereins um 1900, im Hintergrund die Karlskirche

Ringstraße mit Parlament, ganz links das Palais Epstein

seinen alten Vororten und den Gipfeln des Kahlengebirges verbinden sollte. Der Spatenstich zum Bau dieser Straße wurde aber erst 1934 von Bundeskanzler Dollfuß gesetzt. Das große Projekt war zu jener Zeit vor allem als Maßnahme gegen die enorme Arbeitslosigkeit gedacht und sollte darüber hinaus den Autotourismus fördern. Der erste Abschnitt der serpentinenreichen Straße verband den Cobenzl mit dem Kahlen- und dem Leopoldsberg und konnte schon im Oktober 1935 eröffnet werden. In den kommenden Jahren wurde die Strecke nach Neustift am Walde verlängert.

Zugleich mit der Höhenstraße wurde am Kahlenberg ein großes Restaurant errichtet, das bis zu seiner Schließung 1991 ein beliebter Ausflugsort der Wiener war. Vor Kurzem entstand an seiner Stelle ein Luxushotel mit angeschlossener Tourismusuniversität. Die große neue Aussichtsterrasse bietet einen grandiosen Blick auf Wien.

Ein kurzer Spaziergang führt den Besucher von hier zu einem hübschen, kleinen Biedermeierfriedhof (1190, Jungherrnsteig), auf dem einige der ehemaligen Besitzer des Josefsdorfes begraben sind. Neben Mitgliedern der Fürstenfamilie Liechtenstein liegt hier auch der »rosarote Prinz«, Fürst Carl de Ligne. Zunächst Feldherr und Diplomat in den Diensten Kaiser Josephs II., widmete er sich im Alter vor allem dem Gesellschaftsleben und der Kunst. Er besaß ein Landhaus am Kahlenberg und ausgedehnte Güter am benachbarten Leopoldsberg, den er durch eine serpentinenreiche Straße (die spätere »Nase«) mit dem Kahlenbergerdörfel verbinden ließ. Ihm, dem eleganten Kavalier des Ancien Régime, ist auch der berühmte Ausspruch über den Wiener Kongress zu verdanken: »Der Kongress tanzt, aber er bewegt sich nicht.«

Auch die tragische »Braut vom Kahlenberg«, Karoline Traunwieser, wurde 1815 hier bestattet. Sie galt einst als das schönste Mädchen Wiens, von Künstlern und Gelehrten als »Engel« verehrt und umschwärmt. Knappe drei Jahre nachdem ihr Geliebter, ein französischer Offizier, auf Napoleons Russlandfeldzug gefallen war, starb sie im Alter von nur 21 Jahren an der Schwindsucht. Auch heute noch findet man an ihrem Grab manchmal Kerzen und Blumen, die romantische Gemüter hierherbringen.

Kapuzinergruft

1010, Neuer Markt

Dass sie sich einmal zu der berühmten Familiengrabstätte der österreichischen Habsburger entwickeln sollte, war keineswegs von Anfang an geplant: Eine kleine Privatgruft sollte sie vielmehr sein, angelegt für Kaiser Matthias und seine Gemahlin Anna. Die fromme Kaiserin hatte dem Orden der Kapuziner zu Anfang des 17. Jahrhunderts das Klostergebäude am Neuen Markt gestiftet, und hier, unter der Kirche, wurde das Kaiserpaar auch bestattet. Ohne es beabsichtigt zu haben, legte es damit den Grundstein zu einer Tradition, die rund drei Jahrhunderte fortdauern sollte.

Bald schon erwies sich die schmucklose Gründergruft als zu klein: Die Särge mehrerer schon im Kindesalter verstorbenen Erzherzoge und Erzherzoginnen wurden hier Jahre hindurch einfach übereinandergestapelt, doch erst als Kaiser Ferdinand III. 1657 starb, wurde mit dem Ausbau der Grablege begonnen. Ab nun entstanden in mehreren Bauphasen zehn Räume, in denen heute knapp 150 Särge untergebracht sind.

Den alten Bestattungsriten zufolge wurden die Leichname der Habsburger in der Regel geöffnet, die Eingeweide (»intestina«) in kupfernen Behältern unterhalb der Stephanskirche bestattet, die Herzen in silbernen Urnen in der Loretokapelle der Augustinerkirche. Die Körper balsamierte man mit Ölen und Kräutern ein, nicht etwa, um sie für die Ewigkeit zu konservieren, sondern um sie für die oft lange dauernden Trauerfeierlichkeiten halbwegs frisch zu halten. Anschließend wurden sie in hölzerne Särge gelegt, die durch kostbare Stoffe verkleidet wurden. Auch im Tod gab es hier freilich eine gewisse Unterscheidung: Regierenden Kaisern standen schwarze Stoffe mit Goldstickereien zu, allen übrigen rote Stoffe mit silberner Verzierung. Als Letztes stellte man diese Särge in mehr oder weniger prachtvoll gestaltete Zinnsarkophage. Zu jedem gibt es zwei Schlüssel, von denen sich einer in der Obhut der Kapuzinerpatres befindet, der andere in einem Schrank in der Schatzkammer der Hofburg aufbewahrt wird.

Die prächtigsten Sarkophage stammen natürlich aus der Zeit des Barock und des Rokoko: Schon jene von Kaiser Leopold I., seinen beiden Söhnen Joseph I. und Karl VI. sowie dessen Frau Elisabeth von Braunschweig-Wolfenbüttel sind aufwendig gearbeitet und reich verziert. Berühmte Künstler wie Lukas von

Die Kapuzinerkirche vor den Zerstörungen im Zweiten Weltkrieg

Die Beisetzung Kronprinz Rudolfs in der Kapuzinergruft

Hildebrandt, Johann Bernhard Fischer von Erlach und Michael Rottmayr waren an manchen der Entwürfe beteiligt. Sie alle werden jedoch übertroffen von dem monumentalen Doppelsarkophag Maria Theresias und ihres Gemahls Franz I. Stephan, einem bedeutenden Werk Balthasar Molls. Der Kontrast dieses viele Tonnen schweren Ungetüms zu dem schlichten und schmucklosen Kupfersarg Josephs II., der direkt davorsteht, könnte nicht größer sein. Letzterer entspricht so vollkommen der sparsamen, nüchternen und vernunftbetonten Persönlichkeit des großen Reformers. Nur zwei Meter entfernt ist übrigens die Gräfin Fuchs-Mollard bestattet, die einzige Person, die nicht der Familie Habsburg angehörte. Sie war die »Aja«, also die Erzieherin Maria Theresias, und wurde auf deren ausdrücklichen Wunsch hier in der kaiserlichen Gruft beigesetzt, was ein besonderes Privileg darstellte.

Im folgenden Raum steht – hoch auf einem steinernen Sockel – der Sarkophag des Kaisers Franz, umgeben von jenen seiner vier Ehefrauen. Er ist mit einer Nachbildung der alten Rudolfskrone versehen, die Franz im Jahr 1804 zum Herrschaftssymbol des neu gegründeten Kaisertums Österreich machte. Sieht man genau hin, erkennt man einen kleinen Unterschied zum Original in der Schatzkammer: Der legendäre große Saphir, dessen Bedeutung bis heute Rätsel aufgibt, ist im Kupfermodell auf dem Sarg durch ein dominierendes Kreuz ersetzt. In diesem Raum war einst auch sein Enkel bestattet, der Herzog von Reichstadt, Napoleons einziger Sohn. Nach dem Sturz seines Vaters lebte er in Wien und starb im Alter von 21 Jahren in Schönbrunn. 1940 ließ Hitler den Sarg ins besetzte Paris überführen, wo er heute noch im Invalidendom steht.

Durch die Ferdinandsgruft gelangt man in einen Raum, der erst in den 1960er-Jahren angelegt wurde. Neben den Särgen Maximilians von Mexiko und Marie Louises, der Ehefrau Napoleons, erinnert hier eine Gedenktafel an Thronfolger Franz Ferdinand, der gemeinsam mit seiner Gemahlin Sophie 1914 dem Attentat von Sarajewo zum Opfer fiel. Da Sophie nur eine einfache Gräfin war (der Titel »Herzogin von Hohenberg« wurde ihr erst für die Heirat verliehen), durften weder sie noch die gemeinsamen Kinder in der Kapuzinergruft beigesetzt werden. Franz Ferdinand verzichtete deshalb auch seinerseits darauf, hier bestattet zu werden, und ließ sich eine private Familiengruft auf seinem Schloss Artstetten in Niederösterreich anlegen.

Im folgenden Raum liegen Kaiser Franz Joseph, seine Gattin Elisabeth (»Sisi«) und der einzige Sohn, Kronprinz Rudolf. Nachdem sich dieser 1889 gemeinsam mit seiner Geliebten Mary Vetsera in Mayerling das Leben genommen hatte, stand man vor einem großen Problem, denn ein Selbstmörder durfte damals nicht in geweihter Erde bestattet werden. Die Ärzte mussten ihm deshalb »Geistesverwirrung« zum Zeitpunkt der Tat attestieren (unter der er zweifellos nicht litt, da der Suizid lange geplant war!).

Die letzte Beisetzung in der Kapuzinergruft fand im Jahr 1989 statt. Zita, die hochbetagte Gemahlin des letzten österreichischen Kaisers Karl, wurde damals mit großem Pomp hier bestattet. Ihr Mann war schon 1922 im Exil gestorben, er liegt in Funchal auf Madeira begraben.

Karl-Marx-Hof

1190, Heiligenstädter Straße 82–92

Der Otto-Wagner-Schüler Karl Ehn schuf zwischen 1927 und 1930 einen der bekanntesten Gemeindebauten Wiens. Auf einem Areal von nicht weniger als 150 000 Quadratmetern entstand dieser gewaltige Gebäudekomplex – mit einer Länge von 1,2 Kilometern der längste Wohnbau der Welt! Von Anfang an war er ein Prestigeobjekt der Wiener Sozialdemokratie und ein Aushängeschild des kommunalen Wohnbaus der Zwischenkriegszeit. Damals entstanden in ganz Wien solche riesigen Anlagen, die »Arbeiterburgen«, wie sie aufgrund ihrer markanten, an den Festungsbau vergangener Zeiten erinnernden Architektur auch genannt wurden. Sie waren nicht nur die notwendige Antwort auf die Wohnungsmisere der 1920er-Jahre, sondern auch Ausdruck eines kräftigen Selbstbewusstseins der Arbeiterklasse.

Um ihre Bedeutung zu verstehen, muss man sich die Wohnungssituation früherer Zeiten vor Augen führen. In der zweiten Hälfte des 19. Jahrhunderts war es in Wien zu einer enormen Zunahme der Industriebetriebe gekommen, insbesondere ab den 1880er-Jahren wurden Hunderte neuer Fabriken gegründet. Hand in Hand mit der Industrialisierung wuchs die Bevölkerungszahl stark an: Aus allen Teilen der Monarchie strömten Menschen auf der Suche nach Arbeit in die Hauptstadt. Die Einwohnerzahl betrug damals rund 726 000 und stieg durch den Zuzug und die Eingemeindung der Vororte auf 1 365 000 im Jahr 1890 an. Im Jahr 1910 erreichte Wien die Zwei-Millionen-Marke. Die Wohnverhältnisse waren damals katastrophal, denn oft reichte das Auskommen einer ganzen Arbeiterfamilie nicht aus, um sich eine anständige Unterkunft leisten zu können. Nicht selten hausten Dutzende von Menschen mit ihren Kindern in kleinen, stickigen Zimmern, völlig der Willkür des Hausherren ausgeliefert, denn einen Mieterschutz in späterem Sinne gab es noch nicht. Wer kein Geld für eine Wohnung oder ein Zimmer, ja noch nicht einmal für ein eigenes Bett aufbringen konnte, musste sich ein solches stundenweise mieten: Es wurde im Schichtbetrieb geschlafen.

Als im Mai 1919 die Sozialdemokraten die erste Gemeinderatswahl nach dem Zusammenbruch der Monarchie mit absoluter Mehrheit gewannen, setzten sie ihren Plan subventionierter, städtischer Wohnbauten in die Tat um. Bis zum Jahr 1934 entstanden rund 63 000 neue Wohnungen, und zwar nicht nur in den klassischen Arbeitervierteln, sondern – wie im Falle des Karl-Marx-Hofes – auch in so durch und durch bürgerlichen Bezirken wie Döbling. Sie waren zwar nicht groß, verfügten aber über eigene Toiletten und Küchen, und die Bewohner hatten darüber hinaus Zugang zu gemeinschaftlichen Einrichtungen wie Apotheken, Kindergärten, Bädern, Bibliotheken und Waschküchen. Die ursprünglich 1400 Wohnungen des Karl-Marx-Hofes wurden in den vergangenen Jahren zu zeitgemäßen größeren Einheiten zusammengelegt.

Vor dem Karl-Marx-Hof (bei der U-Bahn-Station Heiligenstadt) liegt der 12.-Februar-Platz. Er erinnert an die heftigen Kämpfe des Jahres 1934, als der lange schwelende Konflikt zwischen den regierenden Christlichsozialen und den Anhängern der Sozialdemokratie seinen blutigen Höhepunkt fand. Nach der Selbstauflösung des Parlaments 1933 führte Kanzler Dollfuß ein katholisch-autoritäres Regime und schränkte die Rechte der übrigen Parteien sukzessive ein. Der Widerstand brach im Februar 1934 aus, und insbesondere die Gemeindebauten, die Bollwerke der Arbeiterschaft, waren heftig umkämpft. Dem Beschuss der Kanonen des Bundesheeres hielten aber auch sie nicht lange stand. Der Aufstand wurde niedergeschlagen, mehrere Arbeiterführer wurden hingerichtet, viele mussten fliehen. Waren im Vorjahr bereits die Kommunistische Partei und der österreichische Ableger der NSDAP verboten worden, folgte nun auch das Verbot der Sozialdemokraten und der Gewerkschaften. Nach den Februarkämpfen hieß der Karl-Marx-Hof übrigens für kurze Zeit Biedermann-Hof: Karl Biedermann, Bataillonskommandant der austrofaschistischen Heimwehr, hatte die Beschießung des Gemeindebaus geleitet.

Karlsplatz

1040, Karlsplatz

Im Jahr 1713 wütete wieder einmal die Pest in Wien und forderte rund 8000 Opfer. Kaiser Karl VI. gelobte damals feierlich die Errichtung einer Kirche, sobald die grauenvolle Seuche erlöschen würde. In allen Ländern des habsburgischen Reiches wurden nun Spenden gesammelt, die sie finanzieren sollten, und 1716 konnte mit dem Bau schließlich begonnen werden. Hofbaumeister Johann Bernhard Fischer von Erlach schuf die Pläne zu dieser weitaus größten und prachtvollsten Barockkirche Wiens, die damals vor den Mauern der Stadt und jenseits des Wienflusses errichtet wurde. Nach seinem Tod übernahm sein Sohn Joseph Emanuel die Leitung.

Von Anfang an war sie weit mehr als nur ein eingelöstes Gelübde. Sie sollte Hauptkirche des kaiserlichen Wiens werden und Sinnbild für die Macht des Kaisers und seiner Dynastie! Nicht ohne Grund lassen sich an dem Bau mehrere Elemente erkennen, die eindeutig auf vergangene, große Reiche der Weltgeschichte hinweisen und somit Österreich sinnbildlich in deren Nachfolge treten lassen. Die hohen Säulen zu beiden Seiten erinnern etwa an die Trajanssäule in Rom, der mächtige Giebel über dem Hauptportal ist vom antiken Griechenland inspiriert und die beiden Glockentürmchen links und rechts haben etwas Orientalisches an sich, was wiederum an Byzanz denken lässt.

Die spiralförmig angelegten Reliefs auf den Säulen stellen übrigens Szenen aus dem Leben des heiligen Karl Borromäus dar. Dieser war nicht nur Namenspatron des kaiserlichen Bauherren, sondern auch Pestheiliger, weshalb die Gelöbniskirche ihm geweiht wurde. Ihr Innenraum ist mit kostbaren Gemälden großer Meister ausgestattet, wie etwa von Altomonte und Gran, und der Hochaltar ist insofern außergewöhnlich, da er nicht durch ein Altarbild, sondern durch eine Plastik geschmückt ist: die Himmelfahrt des heiligen Karl Borromäus.

Das Besondere in der Kirche ist der Aufzug, mit dem man auf jenes schwindelerregend hohe Gerüst fahren kann, das noch vor einigen Jahren den Restauratoren als Arbeitsplattform diente. Man hat nun also die einmalige Gelegenheit, die wundervollen Kuppelfresken Johann Michael Rottmayrs ganz aus der Nähe zu betrachten. Den Auftrag dazu erhielt der schon über 70-jährige Künstler erst von Joseph Emanuel Fischer von Erlach, denn dessen Vater sah ursprünglich keinen Deckenschmuck vor. Zentrales Thema ist natürlich abermals Karl Borromäus, der hier als Mittler zwischen Menschen und Gott um das Erlöschen der Pest bittet. Dass

Der Karlsplatz vor der Verbauung des Wienflusses

Stadtbahnstation Karlsplatz, dahinter Künstlerhaus und Musikverein

zur Zeit der Entstehung des Freskos de facto weiterhin die Gegenreformation herrschte, lässt sich übrigens an der Darstellung eines finster dreinschauenden Mannes erkennen, dessen Bücher soeben von einem strahlenden Engel in Brand gesteckt werden. Mit dieser Figur war niemand anderer gemeint als Martin Luther!

Im 19. Jahrhundert wurde der weitläufige Platz vor der Karlskirche grundlegend verändert. Unter Kaiser Franz errichtete man das große Gebäude des Polytechnikums (also die heutige Technische Universität) in unmittelbarer Nähe der Kirche. An einer Ecke ist eine Gedenktafel angebracht, die an Antonio Vivaldi erinnert. Er starb 1741 in Wien und wurde hier, auf dem Armesündergottesacker vor der Stadt, begraben. Zu jener Zeit war das ein Friedhof, auf dem wohl kaum eine der vornehmen Herrschaften Wiens bestattet sein wollte, wurden doch auch die Gehenkten auf ihm beigesetzt. Um diese kümmerten sich damals die Mitglieder der »Totenbruderschaft«, die – vermummt und in schwarze Kutten gekleidet – die Leichen von den Richtstätten hierherbrachten.

Der Wienfluss strömte bis in die Zeit um 1900 vor der Karlskirche vorbei und wurde nun erst nach Plänen Otto Wagners unter die Erde verlegt. Die Elisabethbrücke, die ab 1854 die Verbindung zwischen Kärntner Straße und der Wieden bildete, hatte nun ihren Zweck verloren und wurde abgerissen. Die Statuen, die ihre Brüstung zierten, versetzte man auf den Rathausplatz, wo sie heute noch stehen.

Wagner hatte große Pläne mit dem Karlsplatz, doch wieder einmal konnte er sie nicht verwirklichen. Wäre es nach ihm gegangen, stünden heute ein großes Stadtmuseum sowie ein Kaufhaus hier, beide in Jugendstilformen erbaut. Adolf Loos meinte einmal über Wagner, man könnte »vor Wut weinen, dass diese herrlichen Gedanken nicht zur Ausführung kamen und welche Entwürfe den seinen vorgezogen wurden. Überall triumphierte die Mittelmäßigkeit über den Künstler.« Nur zwei kleine, dafür umso dekorativere Gebäude sind von Wagner am Karlsplatz gestaltet worden: die beiden Prunkstationen der Stadtbahn, die heute allerdings nicht mehr in Verwendung stehen. In einem der beiden Jugendstilhäuschen ist eine kleine Wagner-Dokumentation eingerichtet.

Links von Kirche und Wasserbassin (in dem übrigens eine Henry-Moore-Plastik aufgestellt ist, die der berühmte Künstler der Stadt schenkte) steht jener nüchterne Nachkriegsbau, der das Wien Museum (früher: »Historisches Museum«) beherbergt. Großartige Sammlungen zur Stadtgeschichte sind hier untergebracht, darunter auch jenes große Modell, das Wien vor der Errichtung der Ringstraße zeigt.

Kärntner Straße

1010, Kärntner Straße

Seit dem Hochmittelalter führte die Kärntner Straße aus dem engen Wien in den Süden, über den Semmering und durch die Steiermark und Kärnten bis zu den Häfen Triests und Venedigs. Für die Kaufleute, Reisenden und Fuhrwerker, die ihrerseits durch das einstige, mächtige Kärntnertor die Stadt betraten, entstanden ab dem 12. Jahrhundert mehrere einfache Gasthöfe und Pilgerheime. Bis sich die Straße zur eleganten Flanier- und Einkaufsmeile entwickelte, sollte noch viel Zeit vergehen.

Es ist auffallend, dass kaum ein Gebäude entlang der heutigen Fußgängerzone älter als 130 Jahre ist. Das liegt daran, dass man ab 1870 die Straße systematisch verbreiterte. Ein Häuserblock nach dem anderen wurde damals abgerissen und mehrere Meter weiter neu wiederaufgebaut. Damals entstanden auch die noblen Geschäfte, Hotels und Restaurants, die die Kärntner Straße heute noch prägen.

Das einzige Gebäude, an dem man die mittelalterlichen Spuren noch deutlich ablesen kann, ist die Malteserkirche (Kärntner Straße 37). Die ersten Johanniter (so hießen die Malteser damals noch) kamen um 1200 nach Wien. So wie die Templer oder die Deutschen Herren waren auch sie Mitglieder eines während der Kreuzzüge in Jerusalem gegründeten Ritterordens, der sich den Schutz der Pilger zur Aufgabe machte. Nach dem Verlust des Heiligen Landes zogen sich die Johanniter zunächst nach Zypern, dann nach Rhodos und schließlich auf die Insel Malta zurück, nach der sie sich nun benannten (der heute bestehende Johanniterorden ist übrigens der evangelische Zweig der Malteser).

Hinter der für Wien ungewöhnlichen Empire-Fassade verbirgt sich die kleine gotische Kirche aus dem 15. Jahrhundert. Teil der klassizistischen Inneneinrichtung ist das Denkmal für Jean Parisot de la Valette, dem Verteidiger Maltas gegen die Türken (1568). Die Wände der Kirche sind geschmückt mit Dutzenden Wappenschilden der einstigen Komture des Ordens, darunter sind einige der berühmtesten Adelsnamen des alten Österreichs zu finden.

Wenige Meter von der Kirche entfernt (Kärntner Straße 33), an der Ecke zur Johannesgasse, stand einst ein Haus, in dem Beethoven im Jahr 1824 mit seinem Neffen Karl, dem Sohn seines gleichnamigen Bruders, wohnte. Nach dessen Tod (1815) hatte der Komponist

Blick in die Kärnter Straße, um 1910

die Vormundschaft über den Zehnjährigen übernommen und entzog ihn nun völlig dem Einfluss seiner Mutter. Beethoven war jedoch als Erzieher des Heranwachsenden gänzlich ungeeignet. Er stellte viel zu hohe Ansprüche an den Jungen und setzte sich wohl auch selbst mit seinem Versuch, alles perfekt zu machen, unter großen Druck. Karl wuchs zu einem unglücklichen jungen Mann heran und unternahm im Alter von 20 einen Selbstmordversuch, den er aber überlebte. Beethoven nannte die Tat damals eine »Schande, die er mir angetan«. Zwei Monate vor seinem Tod setzte er Karl noch als seinen Universalerben ein.

Beethoven machte sich in seinem Quartier in der Kärntner Straße übrigens sehr unbeliebt bei den übrigen Bewohnern, da er aufbrausend und laut war. Als sich die Beschwerden häuften, kündigte seine entnervte Vermieterin dem »Narren« schließlich auf.

Im Eckhaus zur Krugerstraße (Kärntner Straße 45) fand am 27. März 1896 eine besondere Sensation statt: die erste öffentliche Filmvorführung Wiens. Kurz nach der Weltpremiere in Paris wurden hier die »lebenden Photographien« der Gebrüder Lumière gezeigt. Das staunende Publikum sah damals sechs kurze Filmchen von ein bis zwei Minuten Länge, die so mitreißende Titel trugen wie »Schwimmende Kinder im Meer«, »Ankunft eines Zuges«, »Einstürzende Mauer« oder »Fabrikarbeiter gehen nach Hause«. Jeden Tag gab es mehrere Vorstellungen, die viele Schaulustige anzogen. Am 17. April 1896 besuchte auch Kaiser Franz Joseph das erste Kino Wiens. Die Zeitungen berichteten daraufhin, dass er »sein lebhaftes Interesse für den sinnreichen Apparat äußerte«. (Der erste Film, der kurze Zeit später in Österreich gedreht wurde, hieß übrigens sinnigerweise »Zuschauer, die das Kino verlassen«.)

Am Ende der Kärntner Straße, gegenüber der Staatsoper, steht das prachtvolle Palais Todesco (Kärntner Straße 51). Es wurde in den frühen 1860er-Jahren für den Bankier Moritz von Todesco errichtet. Seine Lebensgefährtin war die Sängerin Jetty Treffz, mit der er zwei Kinder hatte (es waren übrigens zwei von insgesamt sieben unehelichen Kindern, die Jetty auf die Welt brachte). Eine Heirat Todescos mit ihr kam nicht zustande, da der Bankier einst seiner sterbenden Mutter versprechen musste, nie seinen jüdischen Glauben aufzugeben, und Jetty Treffz ihrerseits katholisch bleiben wollte. Zu jener Zeit, als sich Todesco das neue Palais errichten ließ, lernte die Sängerin einen anderen Mann kennen, einen, der als Musiker bereits sehr bekannt war und bald sogar weltberühmt werden sollte: Johann Strauß. Jetty Treffz verließ ihren Lebensgefährten daraufhin und heiratete 1862 den Walzerkönig. Ihre Kinder blieben allerdings bei Todesco.

Wenn man die Kärntner Straße wieder stadteinwärts geht, gelangt man an ein Haus, in dem sich früher ein sehr elegantes Restaurant befand (»Meissl und Schadn«, Kärntner Straße 16). Hier – mitten im Speisesaal – wurden am 21. Oktober 1916 vier Pistolenschüsse auf den damaligen Ministerpräsidenten Graf Stürgkh abgegeben, der noch an Ort und Stelle starb. Der Attentäter, Friedrich Adler, wurde nach einem kurzen Handgemenge festgenommen. Er gehörte dem linken Flügel der österreichischen Sozialdemokratie an (die von seinem Vater Victor einst gegründet worden war, s. Vorwärts-Haus). Die blutige Tat verstand er als verzweifelten Protest gegen den damals herrschenden Krieg und gegen die kriegsfreundliche und hurrapatriotische Haltung seiner eigenen Partei, die er schon lange kritisierte. Zunächst zum Tode verurteilt, wurde Adler zu lebenslangem Kerker begnadigt, doch kurz vor Zusammenbruch der Monarchie im Herbst 1918 entlassen. Später spielte er eine wichtige Rolle in der Sozialistischen Internationalen.

Die Fassade des Hauses wurde 1896 übrigens mit einem interessanten Mosaik versehen, das in allegorischen Darstellungen die fünf Kontinente zeigt: ganz rechts Afrika, dann Asien, Australien, schließlich Europa und ganz links Amerika. Warum Letzteres ausgerechnet durch einen Reiter mit rot-weiß-roter Fahne symbolisiert wird, lässt sich leicht erklären. Der Künstler assoziierte den gesamten amerikanischen Doppelkontinent mit einer kurzen Episode aus der mexikanischen Geschichte: dem Kaiserreich Mexiko unter Maximilian (1864 bis 1867), dem jüngeren Bruder Kaiser Franz Josephs! Der Reiter trägt deshalb wohlgemerkt nicht die offiziellen Farben Habsburgs (Schwarz-Gelb), sondern Rot-Weiß-Rot: Das war zur Zeit der Monarchie die Fahne der österreichischen Flotte – und deren Oberbefehlshabers Maximilian.

In der Nähe befindet sich ein winziges Lokal, gerade einmal 27 Quadratmeter groß: die American Bar (Kärntner Durchgang, Kärntner Straße 8–10). Besser bekannt ist sie unter dem Namen »Loos-Bar« und verweist damit auf ihren berühmten Architekten. Zwischen 1908 und 1909 entwarf Adolf Loos die Pläne dafür, wobei er die Erfahrungen seines längeren USA-Aufenthaltes einbringen konnte. Der enge Raum wirkt durch die Spiegelflächen viel größer und ist durch Glas-, Holz-, Onyx- und Messingarbeiten kostbar ausgestaltet. Sie ist heute denkmalgeschützt und wird in einem Gault-Millau-Führer als »wunderbare, architektonisch nahezu überirdisch schöne Bar« bezeichnet. Im kleinen Keller der Bar, dem »Strohkoffer«, fanden um 1950 die legendär gewordenen Treffen des Art Clubs statt. Er wurde 1947 von jungen österreichischen Dichtern, Musikern und Malern gegründet, die damals erst begannen, sich in der Wiener Kulturszene einen Namen zu machen. Zu ihnen zählten etwa Friedensreich Hundertwasser, Friedrich Gulda, H. C. Artmann oder Josef Mikl.

Klimt-Villa

1130, Feldmühlgasse 11

Egon Schiele, Klimts Freund und Künstlerkollege, schrieb einmal: »(...) das Gefüge des Klimt-Hauses ist ein Ganzes, ist selbst ein Kunstwerk, welches nicht zerstört werden dürfe. Auch die unfertigen Bilder, Pinsel, Maltisch und Palette sollten unberührt bleiben und als Klimt-Museum für die wenigen, die Freude und Liebe für Kunst haben, zugänglich sein.« So sehr es sich Schiele auch wünschte: »Unberührt« blieb hier nach Klimts Tod nur wenig. In den 1920er-Jahren wurde das alte Gebäude aufgestockt und zu einer hübschen Sommervilla ausgebaut, und auch der ursprüngliche Park hat mittlerweile zwei Drittel seiner einstigen Fläche eingebüßt. Doch auch wenn zur Zeit intensive Diskussionen darüber geführt werden, inwieweit die originale Wiederherstellung des Gebäudes vonstatten gehen soll, so ist doch zum Glück zumindest gesichert, dass es überhaupt erhalten bleibt. Im Sommer 2007 übernahm das Belvedere (s. d.) die Schirmherrschaft über die bereits vom Abbruch bedrohte Villa in Hietzing, in der Gustav Klimts letztes Atelier untergebracht war. Sie soll nun grundlegend renoviert werden, um schließlich als dauerhafte Gedenkstätte für den weltberühmten Maler, sein Leben und seine Kunst zu dienen. Eine private Initiative hatte sich bereits zuvor jahrelang für die Erhaltung des kulturhistorisch so bedeutenden Ortes eingesetzt.

1911, also sieben Jahre vor seinem Tod, entschloss sich Klimt, sein Atelier in der Josefstädter Straße aufzulassen, und übersiedelte in das Haus in Unter-St.-Veit, am Rande der Stadt. Es war damals bereits jene Zeit, in der er sich zunehmend zurückzog und »in einer fast krankhaft gewordenen Sensibilität die Öffentlichkeit mied, nicht gern Gesichter und schon gar keine fremden um sich sehen mochte«. Die großen Widerstände, die er in den Jahren zuvor mit manchen seiner öffentlichen Werke ausgelöst hatte, waren für ihn unverständlich, ärgerlich und nervenaufreibend, so etwa der Skandal rund um seine »Fakultätsbilder« für die Universität (s. Universität) oder die gehässigen Kommentare zum »Beethoven-Fries« (s. Secession). Hier, in der Abgeschiedenheit des weitläufigen Gartens mit seinen alten Obstbäumen und den farbenprächtigen Blumenbeeten, hatte Klimt seine völlige Ruhe. Alles entsprach so ganz seinem Geschmack: Die Räume ließ er zum Teil mit Möbeln ausstatten, die von seinem Freund Josef Hoffmann entworfen worden waren, die Wände waren mit japanischen Holzschnitten und chinesischen Gemälden geschmückt. In seinem Hietzinger Atelier ließ sich Klimt zu mehreren seiner bedeutenden Spätwerke inspirieren und hier schuf er auch einige seiner berühmten Frauenbildnisse. Schon bald nach der Übersiedlung entstand etwa das Porträt »Adele Bloch-Bauer II«. Seit über zehn Jahren waren der Maler und die Bankierstochter Adele Bauer damals bereits befreundet. Ihr Ehemann, der Zuckerindustrielle Ferdinand Bloch, zählte zu Klimts wichtigsten finanziellen Unterstützern und kaufte ihm mehrere seiner Bilder ab. So wie seine Frau war auch Bloch ein typischer Vertreter des kunstsinnigen jüdischen Großbürgertums Wiens, und im gemeinsamen Salon in der Elisabethstraße trafen einander regelmäßig Politiker und Künstler zu zwanglosen Gesprächen (darunter übrigens auch Stefan Zweig). Adele stand immer wieder für Klimt Modell, allerdings nicht immer »offiziell« (der Umstand etwa, dass sie, ein Mitglied der vornehmen Wiener Gesellschaft, Vorbild der beiden sehr freizügigen Darstellungen der biblischen Judith war, wurde verständlicherweise nicht an die große Glocke gehängt). 1903, also acht Jahre bevor »Adele Bloch-Bauer II« entstand, hatte Ferdinand Bloch den Maler übrigens schon einmal mit einem großen Porträt seiner Frau beauftragt. Es gilt neben dem »Kuss« als das wichtigste Bild aus Klimts goldener Phase, ja als eines der bedeutendsten Werke des Wiener Jugendstils schlechthin: die »goldene Adele«. Bis Anfang 2006 hing es im Oberen Belvedere, bevor es nach einem langen Rechtsstreit gemeinsam mit fünf anderen Klimtgemälden an die rechtmäßige Erbin der Bloch-Bauers, die vor den Nationalsozialisten in die USA fliehen musste, restituiert wurde. Im Juni desselben Jahres wurde es als bis dato teuerstes Gemälde aller Zeiten versteigert und hängt heute in der »Neuen Galerie« in New York.

Konzerthaus

1030, Lothringerstraße 20

Freilich verfügte Wien im beginnenden 20. Jahrhundert bereits mit dem Musikvereinsgebäude über ein prächtiges, öffentliches Konzerthaus, doch waren seit seiner Eröffnung nun auch schon mehr als 40 Jahre vergangen! Die Bevölkerung der Stadt hatte sich mittlerweile mehr als verdoppelt und der Bedarf an großen Musik- und Veranstaltungssälen wuchs stetig. Darüber hinaus war auch abseits des klassischen Bildungsbürgertums der Wunsch nach zeitgemäßer, qualitativ hochstehender Unterhaltung gestiegen. Die »Arbeiter-Sinfonie-Konzerte« waren bereits gegründet worden, doch ein großes, modernes Gebäude für die Aufführungen fehlte weiterhin.

Architekt Ludwig Baumann entwickelte schon um 1890 die Idee eines »Olympions«, eines riesigen Mehrzweckhauses, das Konzertsäle, einen Eislaufverein, einen Fahrradclub und eine Freiluftarena für nicht weniger als 40 000 Personen beinhalten sollte! Diesen Plan konnte er zwar nie verwirklichen, doch fand er Jahre später in den berühmten Theaterarchitekten Ferdinand Fellner und Hermann Helmer zwei Partner, die mit ihm gemeinsam ein neues Konzerthaus zu bauen bereit waren (s. Volkstheater). »Eine Stätte für die Pflege edler Musik, ein Sammelpunkt künstlerischer Bestrebungen, ein Haus für die Musik und ein Haus für Wien« sollte es werden und so ist es auch heute noch hoch über dem Haupteingang zu lesen. Im Dezember 1911 wurde im Auftrag der »Wiener Konzerthausgesellschaft« mit dem Bau begonnen und schon zwei Jahre später war das prächtige und moderne Gebäude fertiggestellt. Alles war ganz auf die Besucherfreundlichkeit zugeschnitten, das zeigte sich am weitläufigen Foyer, an den großzügig gestalteten Stiegenaufgängen, einem Kaffeehaus und gleich drei Restaurantbetrieben.

Am 19. Oktober 1913 fand die feierliche Eröffnung des Hauses in Gegenwart Kaiser Franz Josephs statt. Kein Geringerer als Richard Strauss komponierte für diesen Anlass sein »Festliches Präludium«, zu dem also erstmals die Orgel des Großen Saales erklang. Sie ist übrigens bis heute die größte Orgel Österreichs. In den drei Konzertsälen (Großer Saal, Mozart-Saal und Schubert-Saal) wurde seither sowohl der klassischen als auch der zeitgenössischen Musik eine Bühne geboten. Eine Vielzahl an Erst- und Uraufführungen fanden im Konzerthaus statt, darunter Werke von Gottfried von Einem, Paul Hindemith, Erich Wolfgang Korngold, Egon Wellesz, Alexander Zemlinsky und vielen anderen.

Neben Jazzkonzerten, Lesungen, Tanzveranstaltungen, Vorträgen, Symposien und Kongressen wurden hier in der Zwischenkriegszeit sogar Fecht- und Boxweltmeisterschaften abgehalten. In den Jahren der nationalsozialistischen Herrschaft setzte naturgemäß kultureller Stillstand ein, war das Haus doch zu einem reinen Propaganda- und Unterhaltungsbetrieb heruntergekommen. Erst nach dem Krieg konnte es an frühere Glanzzeiten anknüpfen und erarbeitete sich wieder eine wichtige Rolle im österreichischen Musikleben. Vor wenigen Jahren von Grund auf saniert, verfügt es heute neben den drei alten über einen zusätzlichen, vierten Konzertsaal im Souterrain.

Kriminalmuseum

1020, Große Sperlgasse 24

Das Haus, in dem das Wiener Kriminalmuseum seit 1991 untergebracht ist, zählt zu den ältesten der Leopoldstadt. Es stammt noch aus dem 17. Jahrhundert, also aus jener Zeit, in der sich im heutigen zweiten Bezirk das jüdische Getto befand (s. Leopoldskirche). Hier wohnte einst der Kantor der Wiener »Judenschaft« und hier war auch das Gemeindehaus bis zur gewaltsamen Auflösung des Gettos unter Leopold I. (1670) untergebracht. Nach dem Zweiten Weltkrieg drohte es völlig zu verfallen, und es ist dem Ehepaar Harald und Regina Seyrl zu verdanken, dass es Ende der 1980er-Jahre originalgetreu (und aus eigener Tasche finanziert) restauriert wurde. Harald Seyrl brachte hier die Außenstelle des Kriminalmuseums auf Burg Scharnstein in Oberösterreich unter.

Die Entwicklung des Wiener Polizei- und Justizwesens wird hier ebenso dokumentiert wie viele schaurige Bluttaten aus vergangenen Zeiten. Man sollte nicht allzu schwache Nerven haben, um das Museum zu betreten. Insbesondere manche Räume des Untergeschoßes sind nichts für zart besaitete Gemüter. Alles in allem jedoch darf es keineswegs als reines Gruselkabinett verstanden werden, sondern als Ort, an dem das Verbrechen und der gesellschaftliche Umgang damit als Teil unserer Kulturgeschichte präsentiert werden.

Neben einem alten Eisenkäfig (»Narrenkotter«), in dem man im 16. und 17. Jahrhundert Unruhestifter und Trunkenbolde öffentlich am Hohen Markt (s. d.) dem Spott der Öffentlichkeit preisgab, sind diverse Halsgeigen, Schandmasken und Folterwerkzeuge ausgestellt. Politische Attentate werden ebenso dokumentiert

Kriminalmuseum

wie die Prozesse gegen den berüchtigten Räuberhauptmann Grasel oder die Mädchenmörderbande rund um Hugo Schenk. An den Wänden hängen die Tatwaffen grausiger Verbrechen des 19. und 20. Jahrhunderts und gleich neben dem mumifizierten Kopf eines Hingerichteten wird auch der Schädel Franz Hebenstreits von Streitenfeld ausgestellt.

Hebenstreit, selbst Offizier der kaiserlichen Armee, war Teilnehmer an der sogenannten Jakobinerverschwörung des ausgehenden 18. Jahrhunderts. Er war also ein Mitglied der streng verbotenen radikaldemokratischen Opposition gegen Kaiser Franz II. Er übersetzte damals revolutionäre Aufrufe aus Frankreich und diverse Schriften Robespierres ins Deutsche und schrieb in seinem Spottgedicht (»Das Eipeldauerlied«) gegen die aristokratischen »Großköpfe«, »Hundsleute« und »Lümmel« an. Der Plan, den er und seine wenigen Mitstreiter hatten, nach französischem Vorbild auch in Österreich die Monarchie abzusetzen, scheiterte allerdings kläglich, als er in einer durchzechten Nacht einem eingeschleusten Agenten sämtliche Umsturzpläne verriet. Große Aussicht auf Erfolg hatte die Verschwörung wohl ohnehin nie gehabt. Baron Riedel, einer von Hebenstreits Mitangeklagten, meinte während des Gerichtsprozesses resigniert, dass die Wiener viel zu »dumm und dumpfig« seien, um sie für eine Revolution gewinnen zu können. Hebenstreit wurde 1795 am Glacis vor dem Schottentor hingerichtet.

Künstlerhaus

1010, Karlsplatz 5

Als das Künstlerhaus im Jahr 1868 fertiggestellt war, stand es noch ganz frei in einer parkähnlichen Landschaft am Ufer des Wienflusses, der damals ja noch nicht verbaut war. Es diente der kurz zuvor gegründeten Künstlergenossenschaft der österreichischen Maler, Architekten und Bildhauer als Vereins- und Ausstellungsgebäude. Dass seine Eröffnung ausgerechnet durch die »3. Allgemeine Deutsche Kunstausstellung« erfolgte, verweist darauf, dass die Genossenschaft einst (1861) noch als Teil der für ganz Deutschland geplanten Dachorganisation gegründet worden war. Schließlich war Österreich damals noch Teil des Deutschen Bundes gewesen und wurde erst durch die verlorene Schlacht von Königgrätz 1866 aus diesem hinausgedrängt.

Die deutschen Künstler, die bei der Eröffnungsausstellung ihre Werke präsentierten, beneideten die Wiener Kollegen, die sich als erste im deutschsprachigen Raum ein eigenes Vereinsgebäude geschaffen hatten. Das war umso bemerkenswerter, als die Errichtung des Hauses allein durch Spenden finanziert worden war. Im Inneren sind heute noch die Marmortafeln zu sehen, auf denen die Namen der Gönner und Mäzene von damals stehen.

Das Künstlerhaus war Jahrzehnte hindurch das unbestrittene Zentrum der österreichischen Kunstszene: alle ihrer namhaften Vertreter (und natürlich auch weniger berühmte) waren in seiner Standesvertretung zusammengeschlossen: die Architekten Semper, Hasenauer, Ferstel, Hansen, van der Nüll und Sicardsburg, Bildhauer wie Fernkorn und Zumbusch, Maler wie Feuerbach, Griepenkerl, Schindler – und allen voran natürlich der Malerfürst Hans Makart. Auch der Präsident des Hauses kam aus der Malerzunft, es war der berühmte Rudolf von Alt.

Zu den jährlich wechselnden großen Ausstellungen kamen auch internationale hinzu. Einige der bedeutendsten Künstler Europas wurden eingeladen, hier ihre Werke vorzustellen, und diese folgten nur zu gerne. Im Jahr 1882 musste das ursprünglich um einiges kleinere Künstlerhaus durch den Bau der beiden Seitenflügel maßgeblich erweitert werden. Grund dafür war die erste große internationale Kunstausstellung, zu der nicht weniger als 1313 Werke angeliefert wurden. In den beiden so entstandenen zusätzlichen Schauräumen (damals »französischer« und »deutscher« Saal genannt) wurden viele Jahre später ein Kino und ein Theater untergebracht. Neben den Ausstellungen war das Haus auch privater Treffpunkt der Mitglieder. Sie kamen hier zum Kegeln, zum Billard- oder Bridgespiel zusammen und selbst eine eigene Schießstätte war hier untergebracht.

Von allen staatlichen Behörden wurde das Künstlerhaus als die alleinige Künstlervertretung der Monarchie angesehen und dementsprechend auch mit öffentlichen Aufträgen versehen. Diese Situation änderte sich jedoch, als sich im Jahr 1897 die Secessionisten (s. Secession) rund um den Maler Gustav Klimt nach heftigen Auseinandersetzungen vom Verein abspalteten. Der Anspruch des Künstlerhauses, alleiniges Sprachrohr für Österreichs Künstler zu sein, war nun natürlich infrage gestellt, hatten sich doch die aufmüpfigen Secessionisten – noch dazu in Sichtweite des alten Hauses – ihr eigenes Ausstellungsgebäude hingestellt. Es zeigte sich jedoch, dass für beide Gesellschaften Platz war. Wer das Moderne liebte, war bei der Secession gut aufgehoben, den eher konservativen Geschmack bediente das Künstlerhaus.

Mittlerweile um die Sektionen Film und angewandte Kunst erweitert, besteht es als GmbH auch heute noch.

Leopoldsberg

1190, Leopoldsberg

Der Leopoldsberg ist der letzte geologische Ausläufer der Alpen und schließt hier, am steilen Abfall zur Donau, den Wienerwald ab. Von jeher war der 425 Meter hohe Berg aufgrund seiner günstigen und leicht zu verteidigenden Lage Siedlungsort, Zufluchtsstätte und Beobachtungsposten. Schon vor viertausend Jahren besiedelten ihn die Illyrer, dann die Kelten und die Germanen. Es wird sogar vermutet,

Leopoldsberg um 1930

dass die römische Bezeichnung für Wien, »Vindobona«, einst Name der keltischen Siedlung auf dem Leopoldsberg war und von den Römern auf ihr neues Grenzkastell an der Donau übertragen wurde. Auch wenn diese Theorie nicht stimmen sollte, so ist der Name Vindobona doch unzweifelhaft keltischen Ursprungs und wird somit nicht wie im Lateinischen auf der dritten Silbe, sondern – keltisch korrekt – auf der zweiten betont.

Den Schulkindern wird heute noch gerne die Geschichte des Markgrafen Leopold III. und seiner Frau Agnes erzählt: Als die beiden eines Tages auf dem Söller ihrer Burg auf dem Gipfel des Berges standen, habe ein Windstoß den Schleier der Markgräfin erfasst und fortgetragen. Leopold soll daraufhin gelobt haben, an jener Stelle, wo der Schleier einst wiedergefunden würde, ein Kloster zu gründen. Tatsächlich stieß er, so heißt es, Jahre später im Wald auf den unversehrten Schleier und ließ dort daraufhin das Stift Klosterneuburg errichten. Diese »Schleierlegende« ist zwar schön, aber eben nicht mehr als eine Legende. Der Babenberger Leopold verlegte seine Residenz im beginnenden 12. Jahrhundert von Melk nach Klosterneuburg, wo er in unmittelbarer Nähe zu seinem »Fürstenhof« das Kloster stiftete, in dem er 1136 auch begraben wurde. Zu seinen Lebzeiten gab es auf dem Leopoldsberg noch längst keine Burg und somit auch keinen Söller, auf dem er und seine Gemahlin hätten stehen können. Erst in der zweiten Hälfte des 13. Jahrhunderts, also etwa 150 Jahre nach Leopolds Tod, entstand die mächtige Burg auf dem Plateau des Berges (und die Schleierlegende wird wiederum erst 100 Jahre später erstmals erwähnt). Von ihr ist heute allerdings nichts mehr übrig, wurde sie doch im Zuge der ersten Türkenbelagerung abgerissen.

Im Pestjahr 1679 gelobte Kaiser Leopold I. auf den letzten Resten der Burgkapelle eine neue Kirche zu Ehren seines Namenspatrons (und damals seit Kurzem auch Patron von Wien und Niederösterreich) zu errichten. Noch ehe sie fertiggestellt war, rückten abermals die türkischen Truppen gegen Wien vor. Die berühmte Feldpredigt, die der päpstliche Gesandte, der Kapuzinerpater Marco d'Aviano, am 12. September 1683 um vier Uhr früh hielt, fand vermutlich genau hier statt. Anschließend stürmte das christliche Entsatzheer unter der Führung des Polenkönigs Jan Sobieski und des Herzogs Karl von Lothringen die Hänge des Kahlengebirges hinab, um die belagerte Stadt zu befreien.

Nachdem nun die unmittelbare Gefahr endgültig gebannt war, konnte man sich wieder in Ruhe dem Bau der Leopoldskirche widmen. Ihr verdankt der Berg ab nun auch seinen Namen, denn in den Jahrhunderten zuvor war er als »Kahlenberg« bekannt – diese Bezeichnung wurde nun einfach auf den benachbarten Gipfel »verschoben« (s. Kahlenberg). Neben der Kirche baute man um 1700 auch ein kleines Schlösschen auf den Resten der mittelalterlichen Burg. Hier verbrachten zur Biedermeierzeit zunächst Fürst de Ligne (s. Kahlenberg) und dann Johann Fürst Liechtenstein ihre Sommer. Das Gebäude war damals – ganz der Mode entsprechend – prachtvoll mit gotischen, türkischen und ägyptischen Zimmern ausgestattet, dazu kamen ein eigenes »Vogelzimmer« und ein kleines Privattheater. Heute ist im Gebäude ein Restaurant untergebracht.

Der Leopoldsberg zählt heute zu den beliebten Naherholungsgebieten der Wiener, die von hier einen weiten Blick auf den Wienerwald, auf Klosterneuburg und auf die Donau werfen können. Man genießt weiterhin die grüne Natur, denn ein Plan, der um 1900 ernsthaft diskutiert wurde, kam nicht zur Verwirklichung: Auf eine – in Anlehnung an das Regensburger Walhall geschaffene – gigantische Ruhmeshalle für verdientsvolle Österreicher wurde letztlich doch verzichtet.

Leopoldskirche

1020, Alexander-Poch-Platz

Es ist leider bezeichnend, dass man einen wichtigen Abschnitt in der Geschichte der Wiener Juden ausgerechnet anhand einer katholischen Kirche erläutern muss. Bis zu ihrer Errichtung im Jahr 1670/71 befand sich nämlich genau an der gleichen Stelle die Synagoge des jüdischen Gettos von Wien. Eine in lateinischer Sprache verfasste Marmortafel wurde anlässlich der damaligen Kirchenweihe über dem Portal angebracht, sie erinnert an diese – wie sie hier genannt wird – »synagoga perversa« und an das Kaiserpaar, das die gewaltsame Auflösung des Gettos angeordnet hatte: Leopold I. und seine junge Gemahlin Margarita Teresa.

Unter Leopolds Großvater Ferdinand II. (mit dem Beinamen »der Katholische«) hatte die Geschichte des Gettos begonnen. Ferdinand, der kurz nach Ausbruch des Dreißigjährigen Krieges an die Regierung kam, hatte naturgemäß vor allem einen Feind: die Evangelischen. Doch der Krieg gegen sie kostete viel Geld, weshalb er im Jahr 1624 den Wiener Juden gegen Zahlung einer hohen Summe ein eigenes Wohnviertel außerhalb der Stadt zur Verfügung stellte. Dieses Viertel nannte sich damals »Unterer Werd« (Werd bedeutete »Insel«, was auf die noch heute entsprechende Lage zwischen Donau und Donaukanal verwies).

Freilich: Diese Gettoisierung bedeutete den Ausschluss aus der städtischen Gemeinschaft, denn die Juden durften tagsüber zwar ihre Geschäftslokale rund um die Ruprechtskirche weiterhin betreiben, mussten abends aber wieder in den »Werd« zurück. Dieser Ausschluss war allerdings nichts Neues für sie, hatten sie doch notgedrungen seit Jahrhunderten all die Ausweisungen, Verfolgungen, Diskriminierungen, Kleidervorschriften und Drohungen erdulden müssen. Für sie bedeutete die Gründung des Gettos vielmehr endlich die Möglichkeit, weitgehend ungestört und selbst verwaltet ihrem Leben und ihrem Glauben nachgehen zu können, denn ihr neues Wohngebiet unterstand dem persönlichen Schutz des Kaisers. Für diese Vorzüge nahmen sie es auch in Kauf, an jedem Sabbat eine katholische »Bekehrungspredigt« in der nahe gelegenen Kirche der Barmherzigen Brüder über sich ergehen lassen zu müssen (aufgrund des geringen Missionierungserfolgs wurden diese Predigten ohnehin bald wieder abgeschafft). Auf dem Gebiet zwischen heutiger Taborstraße, Oberer Augartenstraße, Malzgasse, Großer Schiffgasse und Krummbaumgasse lebten die Juden unter Ferdinand II. also in relativer Ruhe, was sich allerdings nach dessen Tod sehr schnell änderte.

Die Wiener Bürger, die in ihnen zumeist eine große wirtschaftliche Konkurrenz sahen, bedrängten den neuen Kaiser Ferdinand III., die Juden auszuweisen. Die Stimmung wurde während der kommenden Jahre immer aggressiver und wurde von Vertretern der Kirche zusätzlich angeheizt. Der berühmte Augustinerpater Abraham a Sancta Clara predigte etwa, dass die Christen »außer Satan keinen größeren Feind als die Juden« hätten und »dass man diese Bestien nicht soll anschauen, noch weniger mit ihnen handeln«. Die ohnehin schon sehr hohen jährlichen Abgaben, die von den Bewohnern des Gettos bezahlt werden mussten, erhöhten sich nun ständig, auch kam es immer wieder zu tätlichen Angriffen und Versuchen, das Getto zu erstürmen. Geschah ein Verbrechen, das nicht sofort aufgeklärt werden konnte, wurden die Schuldigen hier gesucht. Auch die altbekannten Vorwürfe der Hostienschändung, der schwarzen Magie, der Sodomie und Blutschande, des Ritualmordes an christlichen Kindern und der Brunnenvergiftung nahmen kein Ende.

1658 wurde Leopold I. neuer Kaiser des Reiches. Er heiratete später die 14-jährige Margarita Teresa aus dem spanischen Zweig der Habsburger (aufgrund der heute bizarr wirkenden Inzestverbindungen der Familie war sie übrigens zugleich Cousine und Nichte ihres neuen Gemahls). Die junge Kaiserin, die wiederum unter großem Einfluss ihres spanischen Beichtvaters stand, gilt heute noch als treibende Kraft hinter der Vertreibung der Juden. Man darf aber nicht übersehen, dass die Stimmung schon derart aufgeheizt war, dass es letztlich ein Leichtes war, den Kaiser zu entsprechenden Maßnahmen zu veranlassen. Auch Bischof Kollonitsch und der Wiener Stadtmagistrat drängten ihn dazu, die Juden auszuweisen.

Im Sommer 1669 befahl Leopold zunächst die Vertreibung all jener, die über kein Vermögen verfügten. Verzweifelt versuchten die, die noch bleiben durften, den Kaiser von ihrer Treue zu überzeugen. Nachdem aber Margarita Teresa kurz darauf bereits die zweite Fehlgeburt hintereinander hatte, wurde gemunkelt, sie könne keine gesunden Kinder bekommen, solange noch Juden in der Stadt wären. Im Juli 1670 wurde das Getto endgültig gewaltsam aufgelöst, Grund und Gebäude fielen an die Stadt Wien.

Die Leopoldskirche, errichtet auf den Grundmauern der zerstörten Synagoge

Am 18. August 1670 legte Kaiser Leopold an der Stelle der abgerissenen Synagoge den Grundstein zu einer neuen katholischen Kirche. Sie wurde seinem Namenspatron geweiht, der vor Kurzem auch zum Patron Österreichs ernannt worden war. Aus der »Judenstadt« wurde nun die »Leopoldstadt«, wie der zweite Bezirk heute noch heißt. Während der Zweiten Türkenbelagerung zerstört, wurde die Kirche vom berühmten Anton Ospel wieder aufgebaut.

Die Vertreibung der Juden erwies sich übrigens bald als ein Schnitt ins eigene Fleisch, denn die Türkenkriege kosteten viel Geld – Geld, das man nicht hatte! Bald gestattete man daher einzelnen reichen Juden, sich wieder in Wien anzusiedeln. Diese »Hofjuden«, allen voran Samuel Oppenheimer und Samson Wertheimer, waren mit ihrem Kapital maßgeblich an den Siegen über die osmanischen Truppen beteiligt.

Der zweite Bezirk wurde im 19. Jahrhundert abermals zum wichtigsten Wohnviertel der Wiener Juden. Vor allem aus den Ostgebieten der Monarchie wanderten viele strenggläubige Chassiden zu, die das Stadtbild – wie auf alten Fotografien ersichtlich – deutlich prägten. Nach dem Ersten Weltkrieg waren rund 40 Prozent der Leopoldstädter Bevölkerung mosaischen Glaubens und auch heute – nach der Reichspogromnacht von 1938 und dem Holocaust – ist die Leopoldstadt weiterhin das Viertel der orthodoxen Juden Wiens.

Maria am Gestade

1010, Passauer Platz

Zwar steht die Kirche ein wenig versteckt in der eng verbauten Altstadt und ist nur durch schmale Gassen zu erreichen, doch ihr markanter Turm lässt sich schon von Weitem erkennen. Vor allem vom Donaukanal aus hat man einen guten Blick auf das filigrane Maßwerk des gotischen Kuppelhelms, der Maria am Gestade ziert.

Der Name der Kirche gibt bereits einen deutlichen Hinweis auf ihre einstige Lage direkt am Ufer des südlichen Donauarms, wenngleich er früher etwas weniger vornehm klang: »Maria auf der Gstättn«. Der Fluss strömte während des Mittelalters noch dicht an der Inneren Stadt vorbei (s. Ruprechtskirche), und das Gebiet rund um die Kirche befand sich auf einem deutlich höheren Terrain, von dem man direkt auf das Wasser hinabsehen konnte. Dieser steile Geländeabfall ist auch heute noch bei der Marienstiege deutlich zu erkennen.

Was die Entstehungszeit der Kirche betrifft, so tappt man weiterhin im Dunklen, denn die Quellenlage ist spärlich. Freilich gibt es so wie bei der Peterskirche (s. d.) oder der Ruprechtskirche (s. d.) Legenden, die sich auf ihre Gründung beziehen, doch können diese nicht wissenschaftlich untermauert werden. Sicher ist jedenfalls, dass zur Mitte des 12. Jahrhunderts hier bereits ein Vorgängerbau stand, der durch ein verheerendes Feuer vernichtet wurde. In den 1330er-Jahren errichtete man auf seinen Grundmauern zunächst den weiten, hohen Chor und erst um 1400 das schmale Langhaus. Stellt man sich in dessen Mitte und blickt auf den Hochaltar, so fällt deutlich auf, dass das Langhaus ein wenig schief an den älteren Teil der Kirche angebaut wurde. Der Grund für diesen »Knick« im Grundriss ist die exponierte Lage des Gebäudes, denn die unmittelbare Nähe der Uferböschung machte es unmöglich, den Chor in gerader Linie zu verlängern.

Die Kirche ist nicht nur eine der ältesten Wiens, sondern auch eine mit besonders kostbarer künstlerischer Ausstattung. An den Pfeilern des Langhauses, jenseits der Gitterabsperrung, sind wunderschöne gotische Skulpturen aus der Mitte des 14. Jahrhunderts zu finden, so wie auch die Eingangsportale im Süden und Westen mit reichem Skulpturenschmuck aus jener Zeit versehen sind (nicht alles ist jedoch original, sondern wurde zum Teil im 19. Jahrhundert durch neugotische Figuren ergänzt). Von besonderer Bedeutung sind nicht zuletzt die bunten Glasfenster des Chors und einige gotische Tafelbilder.

Maria am Gestade

Unter Joseph II. verwahrloste die Kirche zunehmend und man plante bereits, in ihr das kaiserliche Versatzamt unterzubringen (s. Dorotheum). Wenig später, als Wien von den napoleonischen Truppen besetzt war, wurde das Gebäude als Magazin und Pferdestall verwendet. Kaiser Franz ließ es schließlich Anfang des 19. Jahrhunderts wiederherstellen und übergab es 1820 den Redemptoristen. Diese waren und sind in Wien immer noch eng mit dem Namen Klemens Maria Hofbauers verbunden (s. Ursulinenkloster), des überaus populären Priesters. Er war das erste Mitglied des Ordens, das nicht aus Italien stammte, und wirkte maßgeblich an der Verbreitung der Redemptoristen nördlich der Alpen mit. Er starb genau einen Monat bevor sein Orden Maria am Gestade erhielt. War er ursprünglich am »Romantikerfriedhof« in Maria Enzersdorf begraben worden, überführte man seine Überreste später hierher. Im Jahr 1914 wurde er zum Landespatron von Wien ernannt.

Maria-Theresien-Platz

1010, Maria-Theresien-Platz

Schon als Kaiser Franz Joseph den Befehl zur Schleifung der Stadtmauern gab, sah er den Bau zweier prächtiger Hofmuseen an prominenter Stelle der neuen Ringstraße vor. Sie sollten den kaiserlichen Kunst- und Naturaliensammlungen endlich eine würdige, zeitgemäße Heimstatt bieten. Carl von Hasenauer und Gottfried Semper schufen die Entwürfe dafür und im Jahr 1871 konnte mit dem Bau beider Museen begonnen werden. Sie sind Zwillingsgebäude, vollkommen gleich in Stil, Größe, Form und Ausführung. Ihre mächtigen Baukörper fassen jenen Platz ein, der nach Sempers Plänen Teil des monumentalen »Kaiserforums« hätte werden sollen (s. Hofburg/Heldenplatz), das jedoch nie verwirklicht wurde.

Theseusgruppe im Stiegenhaus des KHM

Stadtauswärts gesehen liegt links das Kunsthistorische Museum, das zwar schon 1880 im Großen und Ganzen fertiggestellt war, jedoch erst 1891 feierlich eröffnet werden konnte, dauerte doch die aufwendige Gestaltung der Schauräume, des Eingangsvestibüls, des Stiegenhauses und der Kuppelhalle ihre Zeit. Tatsächlich wird man auch heute noch überwältigt von all dem Prunk, den Hasenauer als Verantwortlicher für die Innendekoration aufbringen ließ. Hoch über dem marmorverkleideten Stiegenhaus, in dem auch die berühmte Theseusgruppe Canovas aufgestellt ist (s. Volksgarten), befindet sich das monumentale Deckengemälde von Michael Munkácsy. Es führt den Besucher sozusagen noch ein Stockwerk höher,

Maria Theresienplatz mit Naturhistorischem Museum

aus dem realen Leben in eine Kunstwelt empor: Leonardo, Raffael, Veronese, Michelangelo und Tizian sind hier gemeinsam dargestellt, als Apotheose der Renaissance. Berühmte Künstler wie Hans Makart entwarfen die Lünettenbilder des Stiegenhauses, die die größten Maler der Kunstgeschichte zeigen, und das junge Dreiergespann Gustav und Ernst Klimt sowie Franz Matsch schufen die Zwickelbilder.

In den Sälen und Kabinetten des ersten Stockwerks wurde die ehemalige kaiserliche Gemäldegalerie untergebracht. Sie geht zurück auf die Privatsammlungen mehrerer Mitglieder des Hauses Habsburg. Allein Erzherzog Leopold Wilhelm, der im 17. Jahrhundert Statthalter der Niederlande war, kaufte weit über 1000 Werke großer italienischer und flämischer Meister, die er nach Wien brachte (sie waren eine Zeit lang in der Stallburg der Hofburg untergebracht, s. d.). Maria Theresias Vater, Kaiser Karl VI., ließ Gemälde aus anderen habsburgischen Residenzen nach Wien bringen, wo sie nun vereinigt wurden, und durch Neuerwerbungen wuchs die Sammlung immer weiter an. Unter Maria Theresia wurden die Bilder im Schloss Belvedere aufbewahrt und der Öffentlichkeit zugänglich gemacht. Über 100 Jahre lang waren sie dort ausgestellt, bevor das neue Gebäude an der Ringstraße bezogen wurde.

Es sind zum Teil weltberühmte Gemälde, die man heute im Kunsthistorischen Museum bewundern kann. Neben Werken von Rubens, Tizian, Tintoretto, Veronese, Caravaggio, Velázquez, Rembrandt und Dürer gilt unter anderem die große Bruegel-Sammlung als besonderer Schatz des Hauses.

Ergänzt werden die Gemälde durch die überaus kostbaren Kunstkammerstücke, die vor allem im 16. und 17. Jahrhundert an den europäischen Fürstenhöfen sehr beliebt waren. Darunter finden sich wundervolle Arbeiten der

Goldschmiedekunst und des Steinschnitts sowie Bronze- und Elfenbeinplastiken höchster Qualität. Seit Kurzem ist auch die »Saliera« des Benvenuto Cellini wieder hier zu sehen, das wahrscheinlich berühmteste Salzfässchen der Welt. Bei einem spektakulären Einbruch war es 2003 gestohlen worden, doch der Täter stellte sich drei Jahre später und übergab das Meisterwerk unbeschadet der Polizei.

Auf der gegenüberliegenden Seite des Maria-Theresien-Platzes steht das Naturhistorische Museum. Kaiser Franz I. Stephan zeigte während des 18. Jahrhunderts besonderes Interesse für die Naturwissenschaften und rüstete Expeditionen aus, die in Übersee kostbare Sammlungen anlegten. Das große Gemälde am Absatz des prunkvollen Stiegenhauses zeigt ihn inmitten seiner wissenschaftlichen Berater.

Im Laufe des 19. Jahrhunderts wuchs die Zahl der Exponate immer weiter an, und es wurde höchste Zeit, ein neues, großes Museumsgebäude zu errichten. Bevor das Museum am Ring eröffnet werden konnte, war das Naturalienkabinett in einem Trakt der Hofburg (s. Hofburg/Josefsplatz) untergebracht.

Es beherbergt heute eine gigantische Anzahl naturkundlicher Objekte aller Art: Dinosaurierskelette und Mineralien, eine Unzahl von Tier- und Insektenpräparaten, die weltgrößte Meteoritensammlung sowie archäologische Funde aus Österreichs Urzeit. Berühmtestes Stück ist vermutlich die bis zu 30 000 Jahre alte »Venus von Willendorf«, eine kleine Frauenfigur aus Kalkstein, deren ursprünglicher Verwendungszweck bis heute nicht geklärt ist.

Erster Direktor des neuen Hauses war Ferdinand von Hochstetter, der einst an der berühmten Weltumsegelung der Fregatte »Novara« teilgenommen und sich insbesondere um die naturwissenschaftliche Erforschung Neuseelands verdient gemacht hatte. Er starb jedoch schon 1884 und konnte die feierliche Eröffnung »seines« Hauses nicht mehr miterleben.

Michaelerplatz

1010, Michaelerplatz

Lange hatte man geplant, der Hofburg einen repräsentativen Haupteingang zu verpassen, doch erst unter Kaiser Franz Joseph wurde er tatsächlich gebaut. Der Michaelertrakt mit seiner hohen Kuppel und der ausladenden, geschwungenen Fassade dominiert den Platz also erst seit gut 100 Jahren. Bis dahin zog ein Gebäude die Blicke auf sich, das direkt an die kaiserliche Burg angebaut war: das alte Burgtheater (s. Burgtheater). Heute erinnert nur noch eine Gedenktafel zwischen Winterreitschule und Michaelertor an jene Bühne, auf der einst Mozart seinen »Figaro« uraufführte und wo 1797 zum ersten Mal die Kaiserhymne erklang.

Viel älter noch als Burgtheater und Michaelertrakt ist die Kirche, die auf der anderen Seite des Platzes steht, denn die Grundmauern von St. Michael stammen noch aus romanischer Zeit. Etliche Male musste man sie seither umbauen, wurde sie doch immer wieder durch verheerende Brände und Erdbeben stark in Mitleidenschaft gezogen. Die Glocke, die neben dem Eingang aufgestellt ist, stürzte etwa beim Erdbeben von 1590 gemeinsam mit dem oberen Teil des Turmes zu Boden.

Unterhalb der Kirche liegen die Räume der Michaelergruft, in der bis in die josephinische Zeit etwa 4000 Menschen beigesetzt wurden.

Das 1888 abgerissene alte Burgtheater

Sie kann heute noch besichtigt werden und sorgt für schaurige Eindrücke. Die klimatischen Verhältnisse sorgen nämlich weiterhin dafür, dass die Leichname nicht vollständig verwesen, weshalb die mumifizierten Toten mit ihren Gewändern, Schuhen und Perücken zum Teil gut erhalten in ihren Särgen zu sehen sind.

Am Michaelerplatz 3, zwischen der Herrengasse und dem noblen Kohlmarkt, steht ein Haus, das vor 100 Jahren für große Empörung sorgte. Adolf Loos schuf es um 1910 im Auftrag der Modefirma Goldman und Salatsch und setzte damit neue Maßstäbe für die Architektur der Kaiserstadt. Loos war damals in Wien ein Außenseiter, denn er gehörte weder zu den Secessionisten noch zum Werkbund und schon gar nicht zu den Künstlern des immer noch vorherrschenden Historismus. Für sie alle war er zu radikal, trat er doch für den vollkommenen Verzicht auf Schmuckwerk und Verzierung ein. Die Funktionalität allein sollte im Vordergrund stehen, und so ließ er auch das Geschäftshaus am Michaelerplatz mit einer vollkommen glatten Fassade versehen und nicht einmal die Fenster besonders hervorheben. Das sorgte bei den Wienern regelrecht für Entsetzen, war für sie der Anblick eines »Hauses ohne Augenbrauen« doch völlig neu. Es ging so weit, dass die Behörden einen vorläufigen Baustopp verhängten, und erst als sich Loos dazu bereit erklärte, wenigstens Blumenkästen vor den Fenstern anbringen zu lassen, konnten die Arbeiten abgeschlossen werden.

Michaelerkirche

An der gegenüberliegenden Ecke (Michaelerplatz 2) befindet sich ein Gebäude, das etwa zur gleichen Zeit wie das Loos-Haus entstand, jedoch vollkommen dem Mehrheitsgeschmack der Wiener entsprach. Es ist ein wuchtiger, neubarocker Bau, in dem heute das »neue« Café Griensteidl untergebracht ist. Das alte befand sich im Vorgängerbau an gleicher Stelle und entwickelte sich in den 1890er-Jahren zu einem der legendären Literatenkaffeehäuser Wiens. Hermann Bahr, Hugo von Hofmannsthal, Arthur Schnitzler, Felix Salten und die übrigen Vertreter des »Jung-Wien«-Kreises machten es damals zu ihrem verlängerten Wohnzimmer. Karl Kraus, der für diese Schriftsteller wenig Sympathien hegte, sprach spöttisch von der »Kaffeehausdekadenzmoderne«.

Ab 1990 wurde der Michaelerplatz neu gestaltet. Bei Ausgrabungen stieß man auf gut erhaltene Reste der römischen Zivilstadt, die einst vor dem Kastell Vindobona lag, sowie auf mittelalterliches Mauerwerk. In der Mitte des Platzes kann man heute sozusagen einen Blick hinab in die älteste Geschichte Wiens werfen.

Minoritenplatz

1010, Minoritenplatz

Der Babenbergerherzog Leopold VI. kehrte im Jahr 1221 nach gescheitertem Kreuzzug aus dem Heiligen Land nach Österreich zurück. Sein Weg führte ihn durch Italien, wo er in Assisi die Bekanntschaft mit dem wohl berühmtesten Sohn der Stadt machte, Giovanni Battista Bernardone, schon bald besser bekannt als heiliger Franz von Assisi. Leopold ersuchte ihn, ein paar seiner Mitbrüder des neu gegründeten Ordens der Minoriten nach Wien zu senden, wo er ihnen ein Kloster stiften wollte. Franziskus willigte ein und so trafen drei Jahre später die ersten »fratres minores« (»mindere Brüder«) in der Hauptstadt des Herzogtums Österreich ein. Sie erhielten ein Grundstück direkt an der alten Stadtmauer, wo in den kommenden Jahrzehnten Kirche und Kloster entstanden. Genau genommen dauerte es sogar Jahrhunderte, bis der große verschachtelte Gebäudekomplex einigermaßen fertiggestellt war, denn immer wieder kam es zu Umbauten. Nach einem verheerenden Brand Anfang der 1270er-Jahre legte der damalige Landesherr, der böhmische König Ottokar Přemysl, den Grundstein zur neuen Kirche. Als er kurz darauf in der Schlacht gegen Rudolf von Habsburg fiel, wurde sein Leichnam einbalsamiert und 30 Wochen lang im Minoritenkloster aufgebahrt. Erst dann durften Vertreter des böhmischen Adels ihren toten König nach Znaim überführen, von wo er Jahre später nach Prag gebracht wurde. Herz und Eingeweide, die man ihm bei der Einbalsamierung entnommen hatte, bestattete man hier in der Kirche.

Die kommenden Jahrhunderte brachten weitere Zerstörungen mit sich. Sowohl 1529 als auch 1683 übten sich die türkischen Kanoniere im Zielschießen auf den Kirchturm, und in der Zwischenzeit waren auch große Teile der Inneneinrichtung der Kirche von den Protestanten demoliert worden, die bis 1620 hier ihre Gottesdienste abhielten. Zu wirklich grundlegenden Veränderungen kam es jedoch erst im ausgehenden 18. Jahrhundert. Kaiser Joseph II. versetzte damals nämlich die Minoriten vor die Stadtmauern Wiens, an die Alser Straße gegenüber dem von ihm neu gegründeten Allgemeinen Krankenhaus (s. d.); sie sollten sich dort um die seelsorgerische Betreuung der Patienten kümmern. Mit ihrer alten Kirche in der Innenstadt wurde nun wenig sanft umgegangen. Teile des Klosters wurden in Amtsräume umfunktioniert und der Ludwigschor aus dem frühen 14. Jahrhundert kurzerhand abgerissen (im Zuge des U-Bahn-Baus stieß man übrigens auf seine Überreste, die man nun durch eine niedrige Mauer an der Außenseite der Kirche gleichsam nachzeichnete). Wertvolle Einrichtungsgegenstände, wie etwa das einst berühmte Marmorgrab der Blanche von Valois (ebenfalls aus dem frühen 14. Jahrhundert), gingen damals ebenfalls verloren.

Joseph II. übergab nun die Kirche an die Gemeinschaft der in Wien lebenden Italiener, die sie bis heute für ihre Gottesdienste verwendet (als »italienische Nationalkirche«). Was vom alten Kloster noch übrig blieb, wurde um 1900

Minoritenkirche

endgültig demoliert. Aus jener Zeit stammt auch der Arkadengang an der Westseite der Kirche, in dem man besonders schöne Grabsteine des ehemaligen Friedhofs anbrachte. Unter ihnen befindet sich übrigens auch jener des Malteserritters Thomas Puccio, der 1595 bei der Eroberung Esztergoms aus den Händen der Türken sein Leben verlor. Puccio war afrikanischer Abstammung und sein Porträtrelief auf dem Grabstein ist somit eines der ältesten Bildnisse eines Afrikaners in Wien.

An der linken Seitenwand im Inneren der Kirche befindet sich eine Mosaikkopie des berühmten »Abendmahls« von Leonardo da Vinci. Napoleon hatte die Absicht, das Original aus dem Refektorium des Klosters Santa Maria delle Grazie in Mailand in den Louvre übertragen zu lassen. Als »Entschädigung« wollte er den Mailändern zumindest diese Kopie überlassen. In jahrelanger Arbeit wurde nun dieses 20 Tonnen schwere Bild aus Hunderttausenden winziger Mosaiksteine geschaffen, doch als es endlich fertig war, hatte Napoleon bereits die politische Bildfläche verlassen müssen. Kaiser Franz kaufte es schließlich um teures Geld, um es im Belvedere anbringen zu lassen, doch dafür erwies es sich als zu groß und zu sperrig. 1845 wurde es daher der italienischen Nationalkirche geschenkt und ist seither hier zu bewundern.

Ganz in der Nähe der Minoritenkirche befand sich einst das Hotel Klomser (Bankgasse 2, Herrengasse 19), in dem sich am 25. Mai 1913 der damalige Leiter des militärischen Nachrichtendienstes, der Oberst im Generalstab Alfred Redl, eine Kugel durch den Kopf jagte. Der russische Geheimdienst hatte zehn Jahre zuvor von seiner Homosexualität erfahren, die – wenn sie publik geworden wäre – zu seiner gesellschaftlichen Ächtung und Entlassung aus der Armee geführt hätte. Redl konnte nun dazu erpresst werden, als Spion für die Russen zu arbeiten, und tatsächlich lieferte er ihnen ab jetzt wichtige Unterlagen über Truppenstärke und Aufmarschpläne der Österreicher. Nach seiner Enttarnung wurde ihm von Generalstabschef Franz Conrad von Hötzendorf der Freitod nahegelegt, um eine nicht zuletzt für die Heeresleitung unangenehme genauere Untersuchung zu vermeiden. Trotz aller Vertuschungsversuche deckte der berühmte »rasende Reporter« Egon Erwin Kisch die Affäre auf. Wegen der strengen Zensurbestimmungen formulierte er seinen enthüllenden Zeitungsartikel übrigens in Form eines Dementis. Es begann mit den Worten: »Es wäre unrichtig, dass Redl wegen Spionage für Russland Selbstmord begangen habe (...)«.

Mozarthaus Vienna

1010, Domgasse 5

Ein Drittel seines Lebens verbrachte Wolfgang Amadeus Mozart in Wien. Als musikalisches Wunderkind kam er im Alter von sechs Jahren mit seiner Familie erstmals aus Salzburg in die Haupt- und Residenzstadt und feierte an der Seite seiner Schwester Nannerl die ersten triumphalen Erfolge in den Adelspalais und am Kaiserhof. Nach den vielen Jahren, die er anschließend musizierend und studierend in ganz Europa verbrachte, gelangte er im Gefolge des Salzburger Fürsterzbischofs Colloredo wieder nach Wien. Nach dem endgültigen Bruch mit seinem ungeliebten Dienstherren im Jahr 1781 (s. Deutschordenshaus) wagte der damals fünfundzwanzigjährige Mozart den Schritt in die Unabhängigkeit, und es schien tatsächlich so, als könnte er als hoch bezahlter Pianist, Komponist und Musiklehrer einer sorgenfreien Zukunft entgegensehen.

Mozart war damals der Star der Wiener Musikszene, verdiente viel Geld mit seinen Konzerten und hatte zahlreiche vermögende Gönner in der Aristokratie. Im Sommer 1782 heiratete er seine geliebte Konstanze im Stephansdom und zog mit ihr und dem gemeinsamen Sohn Karl Thomas im Herbst 1784 aus dem ohnehin schon sehr repräsentativen Trattnerhof (s. Graben) in die teure Wohnung in der Domgasse. Sie kostete 480 Gulden im Jahr (das war mehr, als sein Vater Leopold als Salzburger Kapellmeister jährlich verdiente!) und bestand aus vier Zimmern, zwei Kabinetten und diversen Nebenräumen, in denen das Personal untergebracht werden konnte.

Zweieinhalb Jahre lebte die Familie Mozart nun hier, so lange wie in keiner anderen Wohnung. Alles in allem war es eine glückliche Zeit: Mozart war ein geselliger Mensch, oft waren Freunde zu Besuch (unter ihnen auch der verehrte Joseph Haydn), es wurde musiziert und Billard gespielt, Schüler kamen zum Unterricht, Lieferanten, Kopisten und Notenhändler gingen ein und aus. In all dem Durcheinander fand Mozart stets Zeit zum Komponieren.

Sein alter Freund Emanuel Schikaneder machte ihn mit einem Lustspiel vertraut, das damals in Paris für Furore sorgte: Beaumarchais' »Le mariage de Figaro«. Dem Schauspieldirektor Schikaneder selbst wurde die Aufführung des wegen seiner sozialen Sprengkraft so brisanten Stückes in Wien verboten, aber Mozart ließ es von Lorenzo da Ponte zu einem politisch entschärften Opernlibretto umarbeiten. Am 1. Mai 1786 fand die Uraufführung von »Figaros Hochzeit« im alten Hofburgtheater am Michaelerplatz statt, doch die Oper war zunächst kein rauschender Erfolg – erst von Prag aus nahm sie später ihren Siegeszug. Nach dem Misserfolg begann Mozarts Stern in Wien langsam zu sinken. Zwar verdiente er immer noch gewaltige Summen, doch er gab gleichzeitig noch größere aus! Sein aufwendiger Lebensstil und seine Spielleidenschaft (es wird vermutet, dass er an illegalen Glücksspielen teilnahm) veranlasste ihn im April 1787, die Wohnung in der Blutgasse gegen ein billigeres Quartier in der Landstraßer Vorstadt einzutauschen.

Im Jahr 2006, anlässlich des großen Jubiläumsjahres zu seinem 250. Geburtstag, wurde dieses einzige noch erhaltene Wohnhaus Mozarts in Wien endlich von Grund auf saniert und als Museum neu gestaltet. Wo sich bislang die Musikergedenkstätte »Figarohaus« befand, ist nun auf drei Stockwerken ein hochinteressantes und modernes Mozart-Zentrum eingerichtet, das es sich zur Aufgabe macht, das Leben, das Werk und das künstlerische Umfeld des großen Komponisten in anschaulicher Art und Weise zu präsentieren.

Museum für angewandte Kunst MAK

1010, Stubenring 5

Das ehemalige »Museum für Kunst und Industrie« war das erste seiner Art auf dem europäischen Kontinent. Nach dem Vorbild des Londoner »South Kensington Museums« plante der Kunsthistoriker Rudolf von Eitelberger im Jahr 1863 eine umfangreiche Sammlung von Musterbeispielen des Kunsthandwerks und Kunstgewerbes von der Romanik bis zur Gegenwart. Dazu zählten Möbelstücke, Schmuck, Keramiken, Glasarbeiten, Teppiche und vieles mehr.

Zunächst im alten Ballhaus bei der Hofburg untergebracht, übersiedelte das 1864 gegründete Museum 1871 in den großen Neubau am Ring. Der damals bereits berühmte Heinrich von Ferstel hatte den markanten Rohziegelbau im Stil der italienischen Renaissance geplant, die Fassade wurde prachtvoll mit Sgraffito-Malereien und Majolikamedaillons verziert. Kurz darauf entstand auch das Nebengebäude, in dem nun die ebenfalls neu gegründete Kunstgewerbeschule (heute: Universität für angewandte Kunst) eingerichtet wurde. Für die hier Studierenden dienten die Sammlungen des Museums gleichzeitig als Lehrmaterial.

Das Museum galt neben der Secession (s. d.) bald als eine der fortschrittlichsten Einrichtungen des damaligen Kunstlebens. Insbesondere mit der weltberühmten »Wiener Werkstätte«, die im Jahr 1903 von Kolo Moser und Josef Hoffmann gegründet wurde, war es auf das Engste verbunden. Beide Künstler waren als Professoren an der Kunstgewerbeschule tätig und die von ihnen und ihren Kollegen und Schülern entworfenen Objekte zählen heute noch zu den besonderen Schmuckstücken des Hauses.

Die Wiener Werkstätte machte es sich zur Aufgabe, Kunst und Handwerk auf eine zeitgemäße Art zu einem Gesamtkunstwerk zu verbinden. Vom Essbesteck bis zum Schreibtisch, vom Bucheinband bis zur Villa – alles wurde nun ganz neu entworfen und in bester Qualität und besten Materialien ausgeführt. Dafür wurde eine klare, edle Linie entwickelt, die sich vom Secessionismus und dem internationalen Jugendstil dadurch unterschied, dass sie schlichte, geometrische Formen und oft einfache Schwarz-Weiß-Kontraste in den Vorder-

Das ehemalige Museum für Kunst und Industrie (heute: MAK)

grund rückte (über Kolo Moser wurde daher gescherzt, er sei der »Erfinder des Schachbretts«). Von Massenproduktion und der Nachahmung vergangener Stile wollte man nichts wissen. Im Programm der Wiener Werkstätte hieß es: »Solange nicht unsere Städte, unsere Häuser, unsere Räume, unsere Geräte und unser Schmuck, solange nicht unsere Sprache und unsere Gefühle in schlichter, einfacher und schöner Art den Geist unserer eigenen Zeit versinnbildlichen, sind wir unendlich weit gegen unsere Vorfahren zurück und keine Lüge kann uns über all diese Schwächen täuschen.«

Das Unternehmen, das mit der großzügigen finanziellen Unterstützung des Kunstmäzens Fritz Waerndorfer rechnen durfte, unterhielt sein eigenes Architekturplanungsbüro, dazu kamen eine Tischlerei, eine Buchbinderei und übrige Werkstätten. Zu seinen Glanzzeiten verfügte die Wiener Werkstätte über Verkaufslokale in Berlin, New York und Zürich. Auch freie Mitarbeiter waren für einzelne Projekte tätig, so arbeitete etwa Gustav Klimt für die Ausgestaltung der berühmten Villa Stoclet in Brüssel mit, die von Josef Hoffmann geplant wurde. Klimts Entwürfe für den Speisesaal der Villa sind im Museum zu sehen. Im Jahr 1932 ging das Unternehmen allerdings in Konkurs, denn seine luxuriös ausgeführten Gebrauchsgegenstände fanden während der Wirtschaftskrise nur noch wenige Käufer (s. auch Villa Primavesi).

Das Museum hatte es durch sein Engagement für zeitgenössische Kunst wahrlich nicht immer einfach. Eduard Leisching, von 1909 bis 1925 Direktor des Hauses, berichtet in seinen Erinnerungen über zahlreiche unliebsame Begegnungen mit Mitgliedern des Kaiserhauses, deren Geschmack meist sehr konservativ war. Vor allem mit Thronfolger Franz Ferdinand gab es immer wieder Auseinandersetzungen. Anlässlich eines Besuches im Jahr 1914 herrschte dieser einmal Direktor Leisching an: »Wie können Sie solche abscheuliche Ausstellungen machen? Das ist eine Schande, nicht ein gutes Stück ist zu sehen. Ich dulde das nicht länger!« Die moderne Kunst sei, so ereiferte sich der Erzherzog weiter, eine zerstörerische »Mache von Revolutionären, Freimaurern und Juden« und die entsprechenden Ausstellungen würden »den Ruf Österreichs untergraben«. »Wäre er zur Regierung gekommen,« schrieb Leisching weiter, »so hätten wir alle, Otto Wagner, (Alfred) Roller, (Josef) Hoffmann und viele andere, über die Klinge springen müssen.«

Auch heute ist das Museum ein Ort, der sich neben der Präsentation historischer Stücke auch der zeitgenössischen Kunst und Architektur widmet. Durch viele Veranstaltungen, Konzerte und Ausstellungen ist es während der letzten Jahre gelungen, ein immer zahlreicheres Publikum anzuziehen.

Museumsquartier

1070, Museumsplatz 1

Wenn man so will, profitierten auch die kaiserlichen Pferde von der barocken Prachtentfaltung des beginnenden 18. Jahrhunderts. Sie erhielten damals durch den Bau neuer Hofstallungen eine Unterkunft, die weitaus luxuriöser war als die Behausungen eines Großteils der Wiener Bevölkerung. Im Auftrag Karls VI. hatte Johann Bernhard Fischer von Erlach diesen Palast der Pferde entworfen, ein gutes

Stück vor der Stadtmauer am Rande des Glacis. 1725 – Fischer von Erlach war mittlerweile bereits gestorben – vollendete ihn sein Sohn Joseph Emanuel. 600 Pferde konnten auf dem weitläufigen Areal untergebracht werden, dazu kamen noch Werkstätten, Wagenremisen, Sattelkammern und ab dem 19. Jahrhundert auch die kaiserliche Jagd- und Gewehrkammer. Damals, in den 1850er-Jahren, wurde auch die zentral gelegene Winterreithalle im großen Hof erbaut.

Bis zum Ende der Monarchie waren die Hofstallungen hier untergebracht, also bis zu jener Zeit, da die neuen Automobile ohnehin ihr Bestehen in Frage stellten. Die hier eingerichtete Wagenburg, also die umfangreiche Sammlung an Kutschen und Schlitten, wurde kurz darauf nach Schönbrunn gebracht, wo sie noch heute zu sehen ist.

Jahrzehnte hindurch diente der prächtige Gebäudekomplex nun als Ausstellungsort der Wiener Messe (»Messepalast«) und ab den 1980er-Jahren als Hauptspielstätte der Wiener Festwochen. Damals setzte auch die Diskussion über eine architektonische Neugestaltung und eine weiterführende, zeitgemäße Nutzung des Areals ein. Nach umfangreichen Bauarbeiten (und den unvermeidlichen Unkenrufen mancher Politiker und Medien) konnte im Jahr 2001 endlich das Museumsquartier eröffnet werden, ein Kulturareal, das mit rund 60 000 Quadratmetern Fläche zu den zehn größten der Welt zählt. Museen, Ausstellungshallen, Theater, das Tanzquartier, das ZOOM-Kindermuseum, das Architekturzentrum, Künstlerateliers, darüber hinaus jede Menge Cafés, Bars und Buchhandlungen bilden diese einzigartige Stätte der Kulturvermittlung und der Erholung und ziehen täglich Tausende Besucher an.

Es ist bemerkenswert, wie harmonisch sich die zeitgenössische Architektur der beiden großen Museumsbauten in das barocke Gesamtbild des Komplexes einzufügen scheint. Betritt man den großen Hof durch das Hauptportal, befindet sich zur Linken zunächst das vom Architektenduo »Ortner und Ortner« geplante Leopold Museum. Dieser, mit weißem Muschelkalk verkleidete Kubus beherbergt auf vier Stockwerken die weltberühmte Sammlung Rudolf Leopolds. Der Arzt hatte bereits als Student kurz nach dem Zweiten Weltkrieg begonnen, sich mit Kunstgeschichte zu beschäftigen, und sammelte damals seine ersten Bilder und Zeichnungen moderner österreichischer Künstler, allen voran jene des noch wenig beachteten Egon Schiele. Sie zählen heute zu den besonderen Schätzen des Museums, stellen die 44 Ölgemälde und rund 180 grafischen Arbeiten doch die weltweit größte Sammlung des berühmtesten Vertreters des österreichischen Expressionismus dar. Auch sind hier zahlreiche bedeutende Werke Gustav Klimts, Oskar Kokoschkas und Richard Gerstls zu sehen, ergänzt durch Möbel und Designstücke der Wiener Werkstätte, unter anderem von Kolo Moser und Josef Hoffmann geschaffen.

Auf der gegenüberliegenden Seite des Hofes steht das Museum Moderner Kunst – Stiftung Ludwig Wien (MUMOK), ebenfalls von »Ortner und Ortner« geplant. Die Fassade aus dunkler Basaltlava und den schießschartenähnlichen Fensteröffnungen wirkt auf den ersten Blick etwas bedrohlich, festungsartig, doch dieser Eindruck verflüchtigt sich schnell nach Betreten des Gebäudes. Auf fünf Ebenen (von denen zwei unterirdisch liegen) sind in weitläufigen Sälen die Exponate aus der Privatsammlung des deutschen Ehepaares Irene und Peter Ludwig zu sehen. Neben Werken der klassischen Moderne (Picasso, Klee, Kokoschka u. a.) werden vor allem solche der Pop-Art (Andy Warhol, Claes Oldenburg), der

Fluxus-Bewegung der 1960er-Jahre (Joseph Beuys, Nam June Paik) und nicht zuletzt des Wiener Aktionismus (Günter Brus, Hermann Nitsch, Rudolf Schwarzkogler) ausgestellt. Bis Dezember 1999 war das Museum Moderner Kunst übrigens im barocken Palais Liechtenstein (s. d.) untergebracht, das heute die weltberühmte Kunstsammlung des Fürsten Hans Adam II. beherbergt.

Musikverein

1010, Dumbagasse 3

Bis weit ins 19. Jahrhundert spielten vor allem die Adelspalais und der Kaiserhof eine herausragende Rolle im Konzertwesen Wiens. Man lud sich die besten Komponisten und Virtuosen in die prachtvollen Festsäle seiner privaten Schlösser und ließ sie hier vor einem geladenen noblen Publikum auftreten. Der bürgerlichen Allgemeinheit waren diese exklusiven Konzerte natürlich zumeist versagt. Freilich mangelte es auch nicht an öffentlichen Aufführungsorten, und Besitzer von Gasthöfen und Kaffeehäusern verdienten mit der Vermietung von Räumlichkeiten gutes Geld: Die »Mehlgrube« am Neuen Markt etwa machte sich während des 18. Jahrhunderts einen Namen als beliebter Tanz-, Konzert- und Ballsaal, in dem auch Mozart mehrere gut besuchte Konzerte gab. Auch der »Jahn'sche Saal« (1010, Himmelpfortgasse 6) war Auftrittsort für Mozart, Beethoven, den Violinvirtuosen Ignaz Schuppanzigh und viele berühmte Sänger und Sängerinnen, ebenso das Saalgebäude im Augarten (s. d.). Auf einen fixen, bürgerlichen Konzertsaal musste Wien jedoch noch länger warten. Joseph Sonnleitner (der übrigens das Libretto zu Beethovens »Fidelio« verfasste) gründete 1812 die Gesellschaft der Musikfreunde, die sich ab nun der Veranstaltung von öffentlichen Konzerten widmete. Zunächst im kleinen Redoutensaal der Hofburg abgehalten, übersiedelten diese Vorstellungen im Jahr 1831 endlich in ein eigenes Haus in der Tuchlauben. 700 Personen fanden darin Platz, doch immer noch erwies es sich als zu klein für den zunehmenden Publikumsansturm.

Erst im Zuge des Ringstraßenbaus überließ Kaiser Franz Joseph der Gesellschaft der Musikfreunde ein Grundstück zur Errichtung eines repräsentativen Konzerthauses. Gegenüber der Karlskirche entstand nun nach Plänen Theophil Hansens das Gebäude des Musikvereins, »ein Kunstwerk an sich, eine Heimat der Musik, eine Zierde der Stadt und des Reiches«, wie es anlässlich der Schlusssteinlegung hieß. Am 6. Jänner 1870 konnte das Haus eröffnet werden.

Vor allem der große (oder »Goldene«) Saal, der über 2000 Personen fasste, wurde von Anfang an gerühmt: »So hoch auch die Erwartungen gehen mochten, so wurden sie doch von dem ersten Eindruck des Saales überboten, der an architektonischer Schönheit und stilvoller Pracht einzig in seiner Art dasteht.« Was ihn neben der überwältigenden künstlerischen Ausstattung auszeichnete, war die grandiose Akustik, von der heute noch Musiker, Dirigenten und Publikum schwärmen. Der Saal ist gleichsam wie ein Geigenkörper gebaut, der Hohlraum unter dem Holzboden wirkt als Resonanzkörper, und ähnlich verhält es sich mit der hölzernen Decke, die am Dachstuhl aufhängt ist. Der Musikverein verfügt noch über einen zweiten, kleineren Saal, der nach Johannes Brahms benannt ist. Der große

Die Peterskirche, ein Meisterwerk des Wiener Barocks

Die Rotunde im Prater, bis zum Brand im Jahr 1937 ein Wahrzeichen Wiens

Damenkapelle in einem der vielen typischen Praterwirtshäuser um 1900

Das Riesenrad im Prater, erbaut im Jahre 1897 von Walter B. Basset

Das neue Rathaus, seit 1883 Sitz der Wiener Landesregierung

Die Ringstraße, links die Hofmuseen, rechts die Neue Burg

Die romanische Ruprechtskirche, eine der ältesten Kirchen Wiens

Die Kirche des Salesianerinnenklosters, vom Rennweg aus gesehen

Die Gloriette auf der Anhöhe des Schönbrunner Schlossberges

Schloss Schönbrunn, Sommerresidenz der Habsburger, im Hintergrund der Schlosspark mit Gloriette

Die Gartenfront von Schloss Schönbrunn im 18. Jahrhundert

Schloss Schönbrunn um 1900, rechts der Kronprinzengarten

Die Freyung, im Hintergrund der Komplex des Schottenklosters

Das Musikvereinsgebäude

Komponist war ja als Konzertmeister für die Gesellschaft der Musikfreunde tätig und trat auch als Pianist oft hier auf. Er veranlasste auch das erste Wiener Konzert seiner guten Freundin und Kollegin Clara Schumann in diesem Saal. Viele von Brahms' Werken wurden im Musikverein erstmals aufgeführt und auch Symphonien, Klavier- oder Violinkonzerte von Bruckner, Tschaikowsky, Ravel, Mahler und Richard Strauss erlebten hier ihre Uraufführung. So groß die Begeisterung des Publikums meist war, sorgten manche Konzerte doch auch für handfeste Skandale. Als Arnold Schönberg, der Meister der Avantgarde, 1913 Werke seiner Schüler Anton von Webern, Alban Berg und Alexander Zemlinsky dirigierte, kam es zu Tumulten und Raufereien unter den Zuhörern. Der Saal musste damals schließlich geräumt werden.

Heute ist der Musikverein nicht zuletzt wegen des Neujahrskonzerts der Wiener Philharmoniker in aller Welt berühmt. Seit dem 1. Jänner 1941 wird es im Goldenen Saal aufgeführt und seit 1959 in rund 40 Länder der Welt übertragen. Man schätzt, dass Jahr für Jahr Hunderte Millionen Menschen dem Konzert via Fernsehen und Radio folgen.

Nestroyhof

1020, Praterstraße 34/Nestroyplatz 1

Das Gebäude mit der schmalen Jugendstilfassade zur Praterstraße hin ist um vieles größer, als ein erster Blick auf den Haupteingang vermuten ließe, und der unregelmäßige, fünfeckige Bauplatz stellte für den Architekten Oskar Marmorek eine Herausforderung dar. Als er 1898 mit dem Bau begann, war er 35 Jahre alt und bereits durch mehrere prestigeträchtige

Projekte bekannt, darunter der Neubau des Rathauses in Ödenburg (Sopron) und die Planung von »Venedig in Wien« (s. Prater). Der Nestroyhof war Marmoreks erstes Wohn- und Geschäftshaus. Den Auftrag zum Bau hatte er von seinem Schwiegervater, dem Bankier Julius Schwarz, bekommen. Neben dem wunderschönen Rüdigerhof an der Wienzeile (1050, Hamburgerstraße 20), den er wenige Jahre später errichtete, gilt er als sein wichtigstes Werk in Wien. Benannt wurde das Gebäude nach Johann Nestroy, der einst auch Direktor des Carltheaters war. Dieses stand bis zur Zerstörung im Zweiten Weltkrieg direkt gegenüber dem Nestroyhof in der Praterstraße 31.

Schon bald nach Fertigstellung tauchten ernste finanzielle Probleme auf, denn die Mieteinnahmen, auf die der Bauherr Julius Schwarz gehofft hatte, blieben aus – ein Vergnügungsetablissement etwa, das in den »Nestroy-Sälen« im Erdgeschoß untergebracht war, ging schon nach einem Jahr in Konkurs.

Ein guter Freund Marmoreks versuchte nun, eine Lösung zu finden: Er war damals als Journalist und Schriftsteller sehr bekannt und hatte 1896 ein Büchlein herausgegeben, das bald weltberühmt werden sollte. Dieses Buch trug den Titel »Der Judenstaat«, sein Autor: Theodor Herzl, der Begründer des Zionismus. Er arbeitete für die »Neue Freie Presse«, und als im Jahr 1901 ein österreichischer Großindustrieller die Zeitung aufkaufen und eine neue Tageszeitung gründen wollte, sah er Herzl als deren neuen Chefredakteur vor. Dieser machte sich nun auf die Suche nach einem passenden neuen Redaktionsgebäude und dachte dabei an den Nestroyhof. Gleichzeitig könnte er so seinem Freund Marmorek helfen, dem, wie Herzl schrieb »sein Geldschwiegervater das Leben sauer macht, weil er sich mit dem unvermietbaren Haus in der Praterstraße verspekuliert hat«. Er ließ sich vom Architekten das Gebäude zeigen und war höchst zufrieden. Unglücklicherweise wurde das geplante Zeitungsprojekt letztlich aber wieder fallen gelassen und die finanziellen Probleme des Architekten waren somit weiterhin nicht gelöst.

Marmorek war damals nicht nur Freund, sondern auch einer der engsten und engagiertesten Mitarbeiter Herzls. Von Anfang an zeigte er sich von den Ideen des Zionismus begeistert und organisierte gemeinsam mit Herzl 1897 den ersten Zionistenkongress in Basel. Wenige Jahre später nahm er sogar an einer Expedition auf die Halbinsel Sinai teil, um zu erkunden, inwieweit sich diese als etwaiges Siedlungsland für die Juden eignen würde. Nachdem die Ergebnisse ernüchternd waren, bot Großbritannien den Zionisten Land in Ostafrika an. Dieser Vorschlag wurde aber von einem großen Teil der Bewegung zurückgewiesen: Nur Palästina kam für sie als jüdischer Staat in Frage. Marmorek selbst zählte übrigens zu jener Gruppe, die über den britischen Vorschlag zumindest diskutieren wollte.

Die ständigen zermürbenden Konflikte innerhalb der Zionistenbewegung, der Tod Herzls, die weiterhin bestehenden finanziellen Probleme und zunehmende Depressionen machten Marmorek schwer zu schaffen. Nachdem er den Umbau der Synagoge in der Tempelgasse 3 (also direkt hinter dem Nestroyhof) fertiggestellt hatte, erschoss er sich 1909 am Grab seines Vaters am Zentralfriedhof.

In den Nestroy-Sälen logierten nacheinander mehrere kleine Theater und Varietés und bis 1938 die »Jüdischen Künstlerspiele«, die mit dem Anschluss Österreichs aufgelöst wurden. Nach umfassender Sanierung wurde im Jahr 2004 das internationale »Theater im Nestroyhof« gegründet, in dem Lesungen, Tanz- und Theateraufführungen stattfinden.

Palais Caprara-Geymüller

1010, Wallnerstraße 8

Nach dem Tod des kaiserlichen Generalfeldmarschalls Enea Silvio Graf Caprara, der sich im ausgehenden 17. Jahrhundert das wuchtig wirkende Innenstadtpalais in der Wallnerstraße errichten ließ, wechselte das Gebäude mehrmals die Besitzer. Im Jahr 1798 mietete es schließlich der neue Botschafter der französischen Republik, der Revolutionsgeneral Jean Baptiste Bernadotte.

Erst wenige Monate zuvor war nach dem ersten Koalitionskrieg Frieden zwischen Österreich und Frankreich geschlossen worden und die Stimmung in Wien war alles andere als franzosenfreundlich. Ausgerechnet in dieser angespannten Situation ließ Bernadotte im Zuge eines Festes am Abend des 13. Aprils 1798 am Balkon des Palais die französische Trikolore hissen. Von der Wiener Bevölkerung wurde dieser Akt als Affront gesehen (das Anbringen der Landesfahnen an den Botschaften war darüber hinaus noch nicht üblich). Die Passanten blieben verwundert stehen, Unruhe breitete sich aus und schließlich entwickelte sich ein lautstarker Tumult. Steine flogen gegen das Palais, Fensterscheiben gingen zu Bruch und die aufgebrachte Menge riss die Fahne vom Balkon, um sie zu verbrennen. Fünf Stunden dauerte die Belagerung des Palais, bevor endlich das Militär für Ruhe sorgte.

Bernadotte sah in dem Angriff eine gezielte und gelenkte Aktion und verlangte von der österreichischen Regierung eine klärende Stellungnahme. Um einen neuerlichen Krieg abzuwenden, wurden nun sowohl vom französischen Außenminister Talleyrand als auch vom Wiener Hof bedauernde Worte über den Vorfall abgegeben. Bernadotte verließ daraufhin Wien, sein Aufenthalt als Gesandter hatte gerade einmal drei Monate gedauert. Die Fahnengasse, die nur wenige Meter vom Palais entfernt die Wallnerstraße mit der Herrengasse verbindet, erinnert heute noch an den »Fahnentumult«.

Bernadotte wurde später vom kinderlosen schwedischen König Karl XIII. adoptiert. Als nunmehriger Kronprinz wandelte er sich zu einem entschiedenen Gegner Napoleons und führte die Nordarmee (also Preußen, Russen und Schweden) gegen die französischen Truppen an. 1818 wurde er als Karl XIV. Johann König von Schweden und Norwegen und somit Begründer der schwedischen Dynastie Bernadotte, die bis heute die schwedischen Könige stellt. Nach seinem Tod im Jahr 1844 entdeckte man übrigens an seiner Leiche eine Tätowierung: »Mort aux rois« – »Tod den Königen«, ein Relikt aus seiner revolutionären Jugend.

Wenige Monate nach Bernadottes Abreise bekam das Palais Caprara einen neuen Besitzer. Johann Heinrich Geymüller, in Basel geboren, arbeitete damals für das Bankhaus Ochs in Wien. 1804, also sechs Jahre nachdem er das Palais in der Wallnerstraße gekauft hatte, konnte er gemeinsam mit seinem Bruder Johann Jakob das Bankhaus Geymüller gründen, das sich neben der eingesessenen Konkurrenz der Häuser Fries, Arnstein und Sina gut behaupten konnte (über ihre Bank bezogen übrigens auch Ludwig van Beethoven und Gioacchino Rossini ihre Auslandshonorare). Die Geymüllers ließen das Palais innen im Empirestil neu ausgestalten und schufen einen gut besuchten Salon, in dem zahlreiche Künstler und Intellektuelle zu Gast waren, unter ihnen auch der junge Franz Grillparzer. Hier lernte er seine »ewige Braut« Kathi Fröhlich kennen, deren Schwester Anna im Hause Geymüller als Musiklehrerin der Kinder tätig war.

1808 ließ sich Johann Jakob Geymüller ein hübsches Empire-Schlösschen im Grünen errichten (Geymüllerschlössl, 1180, Khevenhüllerstraße 2), umgeben von einem weitläufigen Garten. Im Volksmund erhielt es später den Namen »Verschwendervilla«, was vermutlich mit Geymüllers Neffen Johann Heinrich d. J. zusammenhängt, der dort allerdings niemals lebte, sondern ein eigenes Palais auf der Wieden besaß. Er übernahm im Jahr 1824 das Bankhaus. Zwar wurde ihm viel kaufmännische Tüchtigkeit nachgesagt, dafür aber auch ein ausgeprägter Hang zum Luxus, ja zur Verschwendung. Er gab rauschende Feste, engagierte für seine privaten Theatervorstellungen die berühmtesten Schauspieler und beschenkte zu Weihnachten seine Freunde so reichlich, dass diese eigene Kutschen kommen lassen mussten, um alles nach Hause transportieren zu können. 1841 führte er das Bankhaus Geymüller in den Ruin, wenige Jahre später starb er in der Schweiz. Das Geymüllerschlössl beherbergt heute eine Außenstelle des Museums für angewandte Kunst (s. d.)

Palais Epstein

1010, Dr.-Karl-Renner-Ring 1

Gustav Epstein, 1828 als Sohn einer reichen jüdischen Unternehmerfamilie in Prag geboren, kam im Alter von 27 Jahren nach Wien, um hier als Prokurist in der Niederlassung des väterlichen Stoffgroßhandels zu arbeiten. Seiner Familie gehörte damals eine der größten Textilfabriken Böhmens, sein Vater Lazar (oder Leopold) war nebenbei auch als Bankier und Inhaber mehrerer Wechselstuben tätig. Als dieser starb, erbte Gustav ein gewaltiges Vermögen in Höhe von 10 Millionen Gulden (was heute rund 100 Millionen Euro entspricht).

In Wien war damals der Bauboom der Gründerzeit ausgebrochen und für die Errichtung der Ringstraße und seiner Gebäude wurde enormes Kapital benötigt. In jenen Jahren entstanden deshalb zahlreiche neue Bankhäuser, und auch Gustav Epstein beschloss 1864, die väterlichen Fabriken zu verkaufen, um mit dem Erlös eine Privatbank zu gründen, deren Alleininhaber er selbst wurde. Als zwei Jahre später der Krieg gegen Preußen ausbrach, unterstützte der kaisertreue Patriot Epstein den österreichischen Staat immer wieder mit gewaltigen Summen. Mit der Schlacht von Königgrätz ging der Krieg zwar verloren, Epstein aber wurde zum Dank für die Unterstützung mit dem Orden der Eisernen Krone 3. Klasse belohnt. Damit verbunden war der Adelstitel: Ab nun durfte er sich »Ritter von Epstein« nennen.

Auf einem der teuersten Grundstücke der Ringstraße ließ er sich zwischen 1868 und 1871 sein prachtvolles Palais errichten. Die Gesamtplanung oblag dem berühmten Architekten Theophil Hansen, der zur gleichen Zeit auch das benachbarte Reichsratsgebäude baute (s. Parlament), und als ausführenden Baumeister engagierte Epstein den jungen Otto Wagner, der ihm bereits einige Jahre zuvor eine Sommervilla in Baden bei Wien entworfen hatte.

Das in allen Details luxuriös ausgestattete Gebäude mit dem glasüberdachten Innenhof, dem prunkvollen Stiegenhaus und dem vornehmen Festsaal im ersten Stock diente Epstein und seiner Familie nicht nur als Wohnung, sondern beherbergte im Erdgeschoß auch die Büros seiner Bank. Er spielte im Wiener Wirtschaftsleben während der kommenden

Jahre eine bedeutende Rolle, sei es im Bankengeschäft, in der Industrie, an der Handelskammer oder als Börserat. Der hochgebildete und kunstsinnige Mann unterstützte darüber hinaus als Mäzen auch so bedeutende Einrichtungen wie das Museum für Kunst und Industrie (s. Museum für Angewandte Kunst) oder den Musikverein mit hohen Summen.

Der verheerende Börsenkrach von 1873 (s. Börse) bescherte der Erfolgsgeschichte Epsteins ein jähes Ende. Sein privates Vermögen war zwar solide in Immobilien und in eine großartige Kunstsammlung investiert, doch viele seiner Angestellten hatten an der Börse gigantische Vermögen verspekuliert. So auch einer seiner Kassiere, der sich damals – mit einem Schlag völlig ruiniert – vom Dach des Palais Epstein in den Tod stürzte. Er hatte seine Schulden ohne Wissen Epsteins aus dessen Kasse beglichen, und es wurde bald klar, dass er damit nur einer von vielen war! Als Ehrenmann stellte Epstein Garantien für die verschuldeten Freunde und Angestellten aus, deren Existenzen dadurch gerettet wurden. Er selbst verlor dadurch allerdings sein gesamtes Vermögen: Die Bank musste geschlossen werden, seine Grundstücke, Häuser und Gemälde wurden verkauft.

Bis zum Schluss tat er alles, um zumindest das Ringstraßenpalais noch eine Weile zu halten. Als sein schwer kranker, 17-jähriger Sohn hier starb, gab Epstein auch dieses auf und zog 1877 mit seiner Frau in eine Mietwohnung; zwei Jahre später starb er an Krebs. Einer der einst reichsten Männer Wiens hinterließ lediglich ein Paar Manschettenknöpfe und eine Taschenuhr.

Die Bewohner und Besitzer des Palais wechselten während der kommenden Jahrzehnte immer wieder. 1883 bezog die englische »Imperial Continental Gas Association« und mit ihr die Familie des Henry Drory das Haus (s. Gasometer), im frühen 20. Jahrhundert wurde hier der Wiener Verwaltungsgerichtshof und anschließend der Stadtschulrat untergebracht.

Nach dem »Reichsbauamt« zwischen 1938 und 1945 folgten 10 Jahre der sowjetischen Stadtkommandantur. Es war damals eine gefürchtete Adresse, denn wer hierher zum Verhör mit dem NKWD (dem Vorläufer des KGB) gebracht wurde, musste damit rechnen, sein Zuhause nicht mehr wiederzusehen. An den Fenstern im ersten Stock brachten die Sowjets Gitter an, um zu verhindern, dass sich Personen während des Verhörs in den Tod stürzten. Man schätzt heute, dass damals über 2000 Menschen aus Wien in die Sowjetunion verschleppt wurden. Im Zuge der umfassenden Sanierung des Palais in den Jahren 2003 bis 2005 fand man hinter den Fensterverkleidungen und in Mauerritzen neben Münzen, Fotografien und alten Zigarettenschachteln auch zahlreiche Briefchen und Kassiber, eilig und heimlich von den hier Inhaftierten an ihre Familien gerichtet, bevor sie nach Sibirien deportiert wurden. Diese eindrucksvollen historischen Quellen sind heute in Vitrinen im ersten Stock ausgestellt.

Von 1948 bis 2003 diente das Palais schließlich ein zweites Mal dem Stadtschulrat als Unterkunft, bevor das benachbarte Parlament – nach langen Diskussionen – mit seinen Büros einzog. Das gesamte Gebäude wurde nun von Grund auf renoviert, darüber hinaus installierte man im Erdgeschoß eine frei zugängliche Dauerausstellung, die die bewegte Geschichte des Palais Epstein dokumentiert.

Palais Ferstel

1010, Freyung 2, Herrengasse 14

Im Jahr 1855 wurde ein Ideenwettbewerb für den Neubau der k. k. Nationalbank veranstaltet, der darüber hinaus auch der Börse, einem Kaffeehaus und einem »Basar« (also Geschäftslokalen) Unterkunft bieten sollte. Er müsse, so lauteten die Vorgaben, »bei strenger Beachtung von Ökonomie und bei Vermeidung eines wertlosen Luxus mit Solidität und künstlerischer sowie technischer Vollendung« ausgeführt werden. Der erst 27-jährige Heinrich von Ferstel gewann diese Ausschreibung – für ihn sollte es der Beginn einer großen Karriere werden. Der spätere Architekt wichtiger Ringstraßenbauten und der Votivkirche schaffte es tatsächlich, auf dem unregelmäßigen Grundstück zwischen dem Zinshaus der Grafen Hardegg (Ecke Strauchgasse) und dem Palais Harrach alle Vorgaben zu erfüllen. Er schuf hier quasi ein Mustergebäude des frühen romantischen Historismus, in dem er diverse romanische und Renaissanceelemente miteinander vereinte. Mit der eleganten Einkaufspassage stellte er eine Verbindung zwischen der schmalen Fassade an der Freyung mit jener lang gestreckten in der Herrengasse dar. Obwohl Ferstel lediglich der Architekt des Hauses war und selbstverständlich niemals hier wohnte, wurde es im Volksmund bald nach ihm benannt und heißt noch heute »Palais Ferstel«.

Die Börse übersiedelte schon nach wenigen Jahren in ein anderes Gebäude und nach dem Ersten Weltkrieg zog auch die Nationalbank

Herrengassse mit Palais Ferstel

aus. Was sich hingegen heute noch (beziehungsweise seit 1982 wieder) hier befindet, ist das Café Central (Eingang: Herrengasse 14), eines der legendärsten Wiener Kaffeehäuser des Fin de Siècle.

Nach der Schließung des alten »Griensteidl« im Jahr 1897 (s. Michaelerplatz) übersiedelten die meisten der dortigen Stammgäste hierher, um zu schreiben, zu diskutieren, zu politisieren und zu polemisieren, um Karten oder Schach zu spielen, die Zeitungen aus aller Welt zu lesen – und um ab und zu einen Kaffee zu trinken. All die Dichter und Feuilletonisten, Dramatiker und Journalisten hatten nun wieder eine zweite »Heimat« gefunden, einen Ort, an dem man so wie im »Griensteidl« seine Freundschaften und Feindschaften pflegen konnte. Alfred Polgar äußerte sich einmal folgendermaßen über das »Central«: »Seine Bewohner sind größtenteils Leute, die allein sein wollen, aber dazu Gesellschaft brauchen.«

Bis zum Ende des Ersten Weltkriegs war das Café berühmtes Zentrum der – heute nur zu oft als touristisches Klischee geschilderten – »Kaffeehausliteratur« (die es nebenbei bemerkt nicht nur in Wien, sondern natürlich auch in Prag, Brünn, Budapest usw. gab, da ihre Vertreter selten an nur eine Stadt gebunden waren). Rund um den Dichter, Regisseur und Theaterkritiker Hermann Bahr scharten sich im »Central« wieder die Literaten des »Jung-Wien«-Kreises, also Arthur Schnitzler, Hugo von Hofmannsthal, Felix Salten, Richard Beer-Hofmann und andere. Auch der scharfzüngige Karl Kraus war hier regelmäßiger Gast, der an den vorhin Genannten allerdings kaum je ein gutes Haar ließ. Einem der Stammgäste des »Central« zollte aber auch er seinen Respekt: Peter Altenberg, dem »Narren von Wien«.

Altenberg (mit richtigem Namen Richard Engländer) gehörte damals, um 1900, gewissermaßen zum Inventar des Hauses, um nicht zu sagen: Das »Central« war sein Zuhause. Er war ein Wiener Original, eine skurrile Figur des öffentlichen Lebens, meist gekleidet in Sandalen und exzentrischen, bunt-karierten Anzügen. Doch vor allem war er ein feinfühliger Dichter, der seine zumeist kurzen, impressionistischen Erzählungen und Beobachtungen an verschiedene Zeitschriften verkaufte. Die längste Zeit des Tages verbrachte er hier im Kaffeehaus, die Nächte zumeist in den Amüsierlokalen und »Cabarets« der Innenstadt. Befand er sich nicht im Café, so sei er auf dem Weg dorthin, sagte man über ihn, und wenn auch das nicht zutraf, dann lag er vermutlich wieder einmal in einem Sanatorium oder einer Nervenheilanstalt, denn er trank Unmengen an Alkohol und litt immer stärker an Wahnvorstellungen. Lange Zeit verfügte er über gar keine eigene Wohnung, sondern schlief in Hotels oder bei Freunden, von denen er sich auch finanziell unterstützen ließ. Hermann Hesse, Josef Hoffmann, Max Reinhardt und viele andere riefen wiederholt in Zeitungsannoncen dazu auf, Altenberg Geld zu spenden; ihm zu helfen galt damals unter den Literaten, Schauspielern und anderen Künstlern Wiens beinahe zum guten Ton.

Erst ab 1913 bewohnte Altenberg ein Zimmer im Graben-Hotel, das »Nest«, wie er es nannte. Dessen Wände waren über und über mit Fotografien angebeteter Frauen und – zum Teil sehr junger und nur spärlich bekleideter – Mädchen austapeziert, die mit handschriftlichen Anmerkungen versehen waren. Als 1896 eine der damals so populären »Völkerschauen« im Prater stattfand, bei der eine Gruppe von – wie es damals hieß – »Aschanti-Negern« (also Angehörigen des westafrikanischen Volkes der Asante) in einem künstlich errichteten Dorf ausgestellt wurde, lernte er die junge Nabadu kennen, mit der er sich im »Central« traf. Altenberg, leidenschaftlich in das Mädchen verliebt, wurde durch diese Begegnung zu seinem Buch »Ashantee« inspiriert, das im Jahr darauf erschien. 1910 verliebte er sich abermals in eine Afrikanerin, diesmal war es Katidja aus Abessinien, mit der er viel Zeit verbrachte. Auch sie war mit einer »Völkerschau« nach Wien gekommen.

Kurz vor seinem 60. Geburtstag starb Altenberg im Jänner 1919 im Allgemeinen Krankenhaus. Viele berühmte Künstler wie Adolf Loos, Hermann Bahr oder Arnold Schönberg gaben ihm das letzte Geleit zum Ehrengrab auf dem Zentralfriedhof, Karl Kraus hielt die Grabrede. Nach seinem Tod stellten seine Freunde übrigens erstaunt fest, dass Altenberg über ein beträchtliches Vermögen verfügte, das er sich im Laufe der Jahre zusammengespart und zusammengeschnorrt hatte, doch nun, kurz nach dem Krieg, verlor es ohnehin in kürzester Zeit seinen Wert.

Als lebensgroße Pappmaschee-Figur neben dem Eingang sitzt der einst berühmteste Stammgast des Hauses heute noch an einem der Tische des Cafés.

Palais Liechtenstein

1090, Fürstengasse 1

Nach der zweiten Türkenbelagerung erlebten Wien und seine Vorstädte einen beispiellosen Bauboom. Jetzt, da die akute Gefahr durch das Osmanenheer endlich gebannt war und die Kaiserlichen auf ihrer Gegenoffensive einen Sieg nach dem anderen feierten, wagten sich die Wiener wieder auf das ungeschützte Terrain außerhalb der Stadtmauern hinaus. Die verwüsteten Häuser wurden binnen kurzer Zeit neu aufgebaut, die zerstörten Kirchen zumeist prächtiger als je zuvor wiedererrichtet. Nicht zuletzt nahm auch der Hochadel seine Chance wahr und kaufte sich nun große Grundstücke vor den Toren der Stadt, um sich darauf seine luxuriösen Sommerschlösser errichten zu lassen. Die Formenvielfalt barocker Baukunst konnte sich somit endgültig mit voller Pracht in und um Wien entfalten. Neben Schönbrunn (s. d.), der Neuen Favorita (s. Theresianum) und dem Belvedere des Prinzen Eugen (s. d.) entstanden die Palais der Trautsons, Auerspergs, Schwarzenbergs, Schönborns und vieler anderer Grafen und Fürsten, die sich damit gegenseitig zu übertreffen suchten. Auch Fürst Hans Adam I. von und zu Liechtenstein gab damals den Auftrag zum Bau eines grandiosen Gartenpalais in der Wiener Vorstadt Roßau.

Liechtenstein war einer der bedeutendsten Bauherren seiner Zeit, der sich in Böhmen, Mähren und Niederösterreich zahlreiche Schlösser errichten ließ – eines schöner und großartiger als das andere. Zu seinen Lieblingsarchitekten zählte Domenico Martinelli, der den Bau in der Roßau nach den Plänen des Domenico Egidio Rossi ab dem Jahr 1691 leitete. Es entstand eine der eindrucksvollsten Barockanlagen der Stadt, umgeben von einem weitläufigen französischen Park, an dessen Ende Johann Bernhard Fischer von Erlach ein Garten-Belvedere errichtete. Dieses wurde im 19. Jahrhundert allerdings abgerissen und durch einen Neubau von Heinrich von Ferstel ersetzt (1090, Alserbachstraße 14). Der barocke Park war damals bereits zu einem englischen Garten umgestaltet worden.

Von der Sala Terrena, der ursprünglich unverglasten, offenen Eingangshalle, gelangt man über zwei Prunktreppen in die repräsentativen Gemächer des Obergeschoßes. Die gesamte künstlerische Ausstattung, die Deckenfresken, die Gemälde, die Stuckaturen und Marmorarbeiten – alles wurde von großen Meistern ihres Faches geschaffen. Johann Michael Rottmayr etwa malte unter anderem die prachtvollen Fresken im Stiegenhaus (die übrigens erst 2002 wiederentdeckt und mustergültig restauriert wurden), der bereits betagte Andrea Pozzo schuf mit jenen im zentralen Herkulessaal ein beeindruckendes Alterswerk. Darüber hinaus wurden Garten und Treppenhaus mit Skulpturen des berühmten Giovanni Giuliani geschmückt.

Im beginnenden 19. Jahrhundert erfuhr das ohnehin schon grandiose Palais eine gewaltige Aufwertung, indem man die kostbare Kunstsammlung aus dem Liechtenstein'schen Stadtpalais (1010, Bankgasse 9) hierher überführte. Die Tausenden Gemälde und Skulpturen wurden ab nun für eine breitere Öffentlichkeit ausgestellt, sie zählten zu einer der größten privaten Sammlungen Europas, die der kaiserlichen durchaus ebenbürtig war. Kurz vor Ausbruch des Ersten Weltkriegs übertrug man schließlich auch die grandiose klassizistische Bibliothek des einstigen Majoratshauses (1010, Herrengasse 8, heute steht hier das »Hochhaus«, s. Herrengasse) ins Erdgeschoß des Roßauer Palais.

Bis ins Jahr 1938 war Wien Hauptsitz der fürstlichen Familie und das Palais blieb als Museum zugänglich. Erst als die Liechtensteins nun ganz nach Vaduz übersiedelten, wurden auch ihre Sammlungen in sichere Quartiere am Land ausgelagert, um während des Krieges keinen Schaden zu nehmen. Ab 1945 wurden sie zu ihren Eigentümern nach Liechtenstein gebracht.

Das Roßauer Palais diente ab 1979 längere Zeit als Museum Moderner Kunst (s. Museumsquartier), bevor sich der heute regierende Fürst Hans Adam II. dazu entschloss, einen Großteil seiner Kunstgüter abermals in Wien aufstellen zu lassen. Dies wurde zum Anlass für eine umfassende Sanierung und Restaurierung des Gebäudes genommen, das sich seit März 2004 in alter, neuer Pracht präsentiert. Von Werken der italienischen Malerei des 14. und 15. Jahrhunderts bis zum Biedermeier, von den alten niederländischen Meistern zu Skulpturen, Prunkmöbeln und Elfenbeinschnitzereien gewährt das wiedereröffnete Museum einen Blick in die weltberühmte Sammlung. Einen Schwerpunkt bilden freilich die Gemälde aus der Barockzeit, darunter viele aus der Werkstatt Peter Paul Rubens'. Dessen monumentaler, achtteiliger Decius-Mus-Zyklus gilt als Herzstück der Galerie.

Palais Rasumofsky

1030, Rasumofskygasse 23–25

Es bedarf einiger Fantasie, um sich das Palais in seiner ursprünglichen Umgebung vorzustellen, denn wo heute dicht verbaute Straßenzüge liegen, befand sich einst ein riesiger Park. Graf Andrej Kyrillowitsch Rasumofsky, der russische Gesandte in Wien, kaufte ab den 1790er-Jahren mehrere Grundstücke zwischen der heutigen Landstraßer Hauptstraße und dem Donaukanal auf, die er zu einem prächtigen englischen Garten gestalten ließ (die kleine Grünfläche, die heute an das Palais grenzt, ist lediglich der kümmerliche Rest davon). Eine

Allee (die heutige Rasumofskygasse) durchschnitt den weitläufigen Park, führte zu einer vom Grafen in Auftrag gegebenen Holzbrücke über den Kanal (heutige Rotundenbrücke) und schließlich bis in den Prater.

Inmitten seines Parks ließ sich Rasumofsky im beginnenden 19. Jahrhunderts von Louis de Montoyer ein vornehmes Schloss in klassizistischem Stil erbauen. Es wurde bald zu einem kulturellen Treffpunkt erster Güte, denn der Diplomat war nicht nur ein leidenschaftlicher Kunstsammler, sondern vor allem auch ein großer Musikliebhaber, und im prachtvollen Festsaal des Palais fanden regelmäßig Aufführungen der bedeutendsten zeitgenössischen Musiker statt. Der Graf unterhielt ein eigenes Streichquartett, das von keinem Geringeren als dem berühmten Ignaz Schuppanzigh geleitet wurde: Es galt damals als das beste Europas! Besonders eng ist Rasumofskys Name natürlich mit Ludwig van Beethoven verbunden, der des Öfteren hier auf der Landstraße zu Besuch war. Er widmete dem treuen – und finanzstarken – Verehrer seine fünfte und sechste Symphonie (Erstere wurde 1808 übrigens hier im Palais uraufgeführt).

Als im Herbst 1814 der Wiener Kongress eröffnet wurde, sahen die Augen ganz Europas auf die Haupt- und Residenzstadt. Abseits der politischen Bedeutung war dieses Gipfeltreffen auch ein gesellschaftliches Ereignis ersten Ranges. Für all die gekrönten Häupter mit ihren Entouragen, für die Fürsten, Minister und Diplomaten wurde ein Empfang nach dem anderen gegeben, dazu kamen Bälle, Paraden, Bankette, Schlittenfahrten, Jagden und Musikveranstaltungen. Beethoven dirigierte etwa anlässlich einer solchen Feier ein 1000-köpfiges Orchester in der Winterreitschule der Hofburg! Die Mitglieder des Hochadels überboten einander damals regelrecht mit ihren rauschenden Festen, und auch Rasumofsky ließ es sich nicht nehmen, zu Silvester 1814 seinem Zaren zu Ehren ein Fest zu veranstalten. Irgendwann in dieser Nacht überhitzten sich die Heizröhren, ein Feuer brach aus und setzte das Palais in Brand. Die Gäste konnten sich rechtzeitig retten, und Zar Alexander I. soll Rasumofsky noch an Ort und Stelle einen hohen Kredit gewährt haben, um den hohen Schaden schnell wieder zu beheben. In den folgenden Jahren wurde es neu wieder aufgebaut.

Rasumofsky, mittlerweile in den Fürstenstand erhoben, starb hochbetagt und kinderlos im Jahr 1838, seine Witwe verkaufte das Anwesen. Rund 150 Jahre war hier die k. k. Geologische Reichsanstalt (nach 1918: Geologische Bundesanstalt) untergebracht. 2005 wurde das Palais an Private verkauft. Die einstigen Stallungen (Rasumofskygasse 20–24) wurden zur Mitte des 19. Jahrhunderts zu einem großen Wohnhaus umgebaut, auf Nummer 20 erinnert eine Gedenktafel an den großen Schriftsteller Robert Musil, der hier bis zu seiner Emigration im Jahr 1938 mit seiner Frau wohnte.

Wo heute das Haus Rasumofskygasse 29 steht, hatte einst der berühmte Arzt Franz Anton Mesmer ein großzügiges Anwesen, das im 18. Jahrhundert ein beliebter Treffpunkt der Wiener Gesellschaft war. Mehrmals war Mozart mit seinem Vater hier zu Gast, er erhielt von Mesmer auch das Libretto zum Singspiel »Bastien und Bastienne«, das im Herbst 1768 – Mozart war damals 12 – im Gartenhaus der Villa uraufgeführt wurde. Aufgrund des großen Widerstandes gegen seine Heilmethoden musste Mesmer später Wien verlassen: Seine Kollegen hielten nicht viel von seinem »animalischen« und »mineralischen Magnetismus«, von »Magnetkuren« und »Störfeldortung«. Die Szene aus Mozarts »Così fan tutte«, in der die als

Arzt verkleidete Zofe Guglielmo und Ferrando, die sich – vorgeblich – selbst vergifteten, zur »Heilung« verhelfen will, ist übrigens als eine Parodie auf Mesmers umstrittene Methoden zu verstehen!

Parlament

1010, Dr-Karl-Renner-Ring

Ein Parlamentsgebäude war im ersten Entwurf zur Ringstraße gar nicht vorgesehen, da es zu jener Zeit noch kein Parlament gab. Erst das Staatsgrundgesetz von 1861 machte den Bau nötig, wurde doch nun zumindest einem kleinen, reichen Teil der Bevölkerung eine gewisse Mitsprache eingeräumt. Bis zur Eröffnung des Prachtbaus am Ring im Dezember 1883 waren die Abgeordneten in einem hölzernen Provisorium an der Währinger Straße untergebracht (dort, wo sich heute der Maria-Theresien-Hof befindet).

Architekt Theophil Hansen hatte viele Jahre in Griechenland verbracht und ließ sich bei der Planung des Parlaments (damals: Reichsratsgebäude) von der Formensprache der klassischen Antike inspirieren: Ein mächtiger Säulenportikus dominiert die Hauptfassade, links und rechts davon schließen lange Reihen korinthischer Säulen an und sowohl auf der breiten Rampe als auch auf der Attika sind Marmorstatuen antiker Denker und Gelehrter zu finden. Das Denkmal der Pallas Athene wurde ebenfalls nach Hansens Entwurf geschaffen, allerdings erst 20 Jahre später hier aufgestellt. Hansen bezeichnete das Parlament stets als sein Lebenswerk.

Ringstraße mit Parlament

Das ehemalige Reichsratsgebäude, das heutige Parlament, mit Pallas-Athene-Statue

Das neue Gebäude war nun bis zum Ende der Monarchie Sitz der beiden Kammern des Reichsrats, also einerseits des Herrenhauses (dem Mitglieder der kaiserlichen Familie, des hohen Adels und des Klerus sowie persönlich vom Kaiser ausgezeichnete Bürger angehörten) und andererseits des Abgeordnetenhauses. Die Abgeordneten stammten aus allen Ländern Cisleithaniens, also der österreichischen Hälfte der Doppelmonarchie (die ungarischen Länder hatten seit dem Ausgleich von 1867 ihr eigenes Parlament). Sie wurden von der Bevölkerung gewählt, oder besser gesagt: von einem verschwindend kleinen Teil der Bevölkerung, denn es durften nur jene Männer (und Frauen!) ihre Stimme abgeben, die auch hohe Steuern zahlten. Dieses »Kurienwahlrecht« beruhte also auf Besitz und Vermögen und schloss daher von vornherein die überwiegende Mehrzahl der Bevölkerung aus. Im ausgehenden 19. und beginnenden 20. Jahrhundert mehrten sich die Proteste gegen diese Ungleichbehandlung und es kam zu riesigen Demonstrationen für das allgemeine Wahlrecht. Tatsächlich wurde dieses im Jahr 1907 eingeführt und galt nun für alle Männer über 24 Jahren (die wenigen reichen Frauen hatten damit ihr Stimmrecht freilich verloren). Verständlicherweise profitierten nun vor allem die modernen Massenparteien wie die Christlichsozialen und die Sozialdemokraten von der Wahlrechtsreform, denn beide stellten ab nun die mit Abstand größten Fraktionen. Doch auch andere Parteien sahen nun ihre Chance.

Da der Konflikt zwischen den vielen Nationalitäten der Vielvölkermonarchie immer aggressiver wurde, gestaltete sich auch die parlamentarische Zusammenarbeit als zunehmend schwierig. Die Abgeordneten kamen schließlich aus allen Kronländern Cisleithaniens ins Wiener Parlament und im Jahr 1911 gab es nicht weniger als 36 Fraktionen. Da gab es etwa die »Tschechischen Agrarier«, die »Jungtschechen«, die »Alttschechen«, die »Tschechischen Nationalsozialisten«, die »Polnischen Nationaldemokraten«, die »Polnische Volkspartei«, die »Zionisten«, die italienischen und slowenischen Liberalen und Konservativen, »Ruthenische Nationaldemokraten«, Kroaten, Serben, Rumänen und schließlich einen »Selbstständigen Sozialisten« und einen »Radikalen Russen«. Die 233 deutschsprachigen Parlamentarier sahen sich einer Mehrheit von 283 nichtdeutschen Abgeordneten gegenüber, von denen alle das Recht hatten, ihre Reden in ihrer Muttersprache zu halten. Das trieb wiederum die »Deutschradikalen« und die »Alldeutschen« auf die Barrikaden und letztendlich war keine konstruktive Arbeit mehr möglich. Die Parteien lagen ständig in heftigem Streit, störten die Reden der politischen Gegner mit Trillerpfeifen und Trompeten und ab und zu kam es auch zu Handgreiflichkeiten. Die Hoffnung Kaiser Franz Josephs, durch das allgemeine Wahlrecht den Nationalitätenkonflikt entschärfen zu können, erfüllten sich nicht.

Mit dem Ende des Ersten Weltkrieges kam auch das Ende der Vielvölkermonarchie Österreich-Ungarns. Am 21. Oktober 1918 erklärten sich die im Reichsrat verbliebenen Parteien (Christlichsoziale, Sozialdemokraten und Deutschnationale) zur provisorischen Nationalversammlung und am 12. November wurde vor einer riesigen Menschenmenge vor dem Parlament die Republik ausgerufen.

Heute ist das Gebäude Sitz des österreichischen Nationalrates. Im großen Sitzungssaal, der einst dem Abgeordnetenhaus diente, tritt die Bundesversammlung (also Nationalrat plus Bundesrat) zu besonderen Anlässen zusammen, etwa zur Angelobung des Bundespräsidenten. Im Jahr 2001 begann die grundlegende Renovierung des Gebäudes, im Zuge derer auch das neue Besucherzentrum eingerichtet wurde.

Peterskirche

1010, Petersplatz

Wer sich durch die Goldschmiedgasse der Peterskirche nähert, stößt auf ein monumentales Relief an deren Ostfassade. Der Bildhauer Rudolf Weyr schuf es im Jahr 1906, noch ganz verhaftet in der verklärenden Tradition der Historienmalerei. Es zeigt Karl den Großen mit seinem Gefolge vor den Mauern des ehemaligen römischen Vindobona. Vor ihm knien die Bischöfe von Passau und Salzburg, die der feierlichen Gründung der Wiener Peterskirche beiwohnen. Der Legende nach soll sich diese Szene im Jahr 792 abgespielt haben, als Karl auf seinem Feldzug gegen die Awaren die Donau abwärts zog (deshalb ist in der linken vorderen Ecke des Reliefs auch ein gefesselter heidnischer Krieger zu erkennen).

Die Geschichte dieser sagenhaften Kirchengründung stammt allerdings erst aus dem 16. Jahrhundert und ist historisch nicht belegbar, so wie manches andere auch, das über die Entstehungszeit der Kirche erzählt und geschrieben wurde. Dass sich an ihrer Stelle bereits im 4. Jahrhundert ein spätantikes, christliches Gotteshaus befunden haben soll, ist nämlich ebenfalls nicht zu beweisen. Wahrscheinlicher ist vielmehr, dass es Salzburger Missionare waren, die die Kirche zur Mitte des 11. Jahrhunderts gründeten. Sie ist somit immer noch – neben St. Ruprecht – die älteste Kirche Wiens!

Dieser ursprünglich romanische Bau wurde jedoch durch ein verheerendes Feuer zerstört und auch die in gotischen Formen wiederaufgebaute Kirche fiel 1661 einem Brand zum Opfer. Der damalige Kaiser Leopold I. gelobte daraufhin einen Neubau, der allerdings erst mit einiger Verspätung, ab 1702, begonnen wurde. Was nun in den kommenden Jahren und Jahrzehnten hier geschaffen wurde, sucht in Wien seinesgleichen! Die hervorragendsten Baumeister, Freskanten, Maler und Stuckateure arbeiteten Hand in Hand und ließen schließlich ein Gesamtkunstwerk entstehen, das zum Schönsten gehört, was der österreichische Barock zu bieten hat. Über dem ovalen Hauptraum erhebt sich die mächtige, hohe Kuppel, die den Einfluss des römischen Petersdoms schon von außen deutlich werden lässt. Ihr Inneres ist mit Fresken des berühmten Johann Michael Rottmayr ausgestaltet (»Krönung Mariens«), dessen Werke auch im Palais Liechtenstein (s. d.) und der Karlskirche (s. d.) zu bewundern sind. Gegenüber der üppig geschmückten Kanzel liegt der Nepomukaltar, eine Arbeit Lorenzo Mattiellis. Johannes Nepomuk zählte ja zu den bedeutendsten Heiligen der Barock- und Gegenreformationszeit, dessen Statuen in so gut wie jedem kleinen Dorf in Böhmen, Österreich und Süddeutschland zu finden sind. Als Wahrer des Beichtgeheimnisses der böhmischen Königin wurde er 1393 von deren wütendem Gemahl, König Wenzel IV., zu Tode gefoltert und mit einem Mühlstein um den Hals in die Moldau geworfen. So will es zumindest die fromme Legende. Vermutlich spielte aber die Tatsache, dass Nepomuk Parteigänger von Wenzels Erzfeind, des Prager Erzbischofs Jenstein, war, eine viel größere Rolle. Auch ließ er es sich nicht nehmen, den König in mehreren seiner Entscheidungen zu kritisieren, was verständlicherweise gefährlich enden konnte. Neben Maria ist Johann Nepomuk der Einzige, auf dessen Heiligkeit mit Sternen hingewiesen wird. Fünf an der Zahl, stehen sie auch für die Buchstaben des »tacui« (= »ich schwieg«), also für die Bewahrung des Beichtgeheimnisses. Diese goldenen Sterne sind auch in Mattiellis Werk im silbernen Wasser der Moldau zu sehen.

Piaristenkirche Maria Treu

1080, Jodok-Fink-Platz

Das Gemälde des linken Seitenaltars der Piaristenkirche zeigt den heiligen Josef von Calasanza. Im Jahr 1597 gründete er in Rom eine unentgeltliche Volksschule für vernachlässigte Knaben, die ihre Eltern durch Seuchen und Krieg verloren hatten. Es war die erste von vielen, die im Laufe der Zeit folgen sollten, denn der von Josef ins Leben gerufene »Orden der Väter von den frommen Schulen« (kurz »Piaristen« genannt) breitete sich während der folgenden Jahrzehnte auch nördlich der Alpen aus. Nachdem im niederösterreichischen Horn das erste Kollegium in Österreich gegründet worden war, kamen die Piaristen auch nach Wien. Kaiser Leopold I. legte 1698 persönlich den Grundstein zu ihrer ersten Kapelle. Hier, in jener Vorstadt, die kurze Zeit später den Namen Josefstadt erhalten sollte, wurden auch ihr Kloster und die Schule errichtet, die schon binnen weniger Jahre über 450 Knaben unterrichtete.

Piaristenkirche

Bis anstelle der alten Kapelle endlich die prachtvolle barocke Kirche entstand, verging allerdings noch einige Zeit. Erst 1716 wurde der Bau nach Plänen Lukas von Hildebrandts begonnen, und es sollte bis in die 1750er-Jahre dauern, bis er vollendet war. Damals schuf Franz Anton Maulpertsch schließlich die grandiosen Fresken der Hauptkuppel (»Himmelfahrt Mariens«) und der Seitengewölbe. Es war der erste prestigeträchtige Auftrag für den erst 28-Jährigen, der damit gleich eines seiner Meisterwerke lieferte. Für ihn begann nun eine große Karriere. Auch das Hochaltarbild stammte übrigens von ihm, ist allerdings schon seit geraumer Zeit verschollen.

Das Äußere der Kirche wurde zur Mitte des 19. Jahrhunderts noch einmal verändert, als man etwa die beiden Türme erhöhte und mit neuen Dächern versah. In jener Zeit wurde auch die Orgel aufgestellt, von der Franz Liszt in höchsten Tönen schwärmte und Anton Bruckner im November 1861 die praktische Kompositionsprüfung ablegte. Er war ja zuvor bereits als Organist und Dirigent in seiner oberösterreichischen Heimat tätig gewesen und verlegte seine Arbeit nun immer mehr nach Wien. Nach der glänzend bestandenen Prüfung soll Chorleiter Johann Herbeck die berühmten Worte gesprochen haben: »Er hätte uns prüfen sollen!«

Die Schule der Piaristen hatte schon kurz nach ihrer Gründung einen exzellenten Ruf, und es waren auch bald nicht mehr nur Bedürftige, die man hier aufnahm. Der kinderlose Graf Johann Jakob Löwenburg hatte dem Orden 1731 nämlich ein großes Vermögen hinterlassen, mit der Auflage, ein Internat für adelige Knaben aufzubauen. Direkt gegenüber der bestehenden Volksschule entstand nun – rechts neben der Kirche – das Konviktsgebäude, also jener Trakt, der heute das Gymnasium beherbergt. Hier wurden die vornehmen Zöglinge (ganz standesgemäß mitsamt ihrem Personal) einquartiert und bald konnten auch bürgerliche Familien – gegen Bezahlung – ihre Söhne hier unterbringen. Auch Mozarts ältester Sohn Karl Thomas ging für kurze Zeit hier zur Schule. Die Jesuiten, die ja bislang eine dominierende Stellung im Wiener Unterrichtswesen innehatten, sahen übrigens anfangs die Konkurrenz nicht sehr gerne, mussten sich letztlich jedoch mit der Situation abfinden.

Bis ins Jahr 1870 wurde die Schule vom Piaristenorden geleitet, um dann vom Staat übernommen zu werden. Weiterhin war sie zwar ausschließlich Buben zugänglich, doch seit 1850 nicht mehr an die katholische Konfession gekoppelt. Auch evangelische oder jüdische Knaben konnten sie also nun besuchen. Als im Zuge des Ersten Weltkrieges viele, vor allem jüdische, Flüchtlinge aus den Ostgebieten der Monarchie nach Wien strömten, hielt man hier täglich am Nachmittag einen behelfsmäßigen Unterricht für deren Kinder ab. Es war somit das erste Mal, dass auch Mädchen hier zur Schule gehen durften. Nach diesem kurzen Zwischenspiel kehrte man jedoch bald wieder zur alten Tradition zurück und erst seit 1948 steht der Besuch des Piaristengymnasiums auch Mädchen endgültig offen.

Postsparkasse

1010, Georg-Coch-Platz 2

Im Jänner 1883 wurde mit der Postsparkasse eine »Bank der kleinen Leute« ins Leben gerufen, eine Bank der Dienstboten, der Arbeiter und der Tagelöhner, deren kleine Ersparnisse in Summe auch ein bedeutendes Kapital bildeten. Der deutsche Ökonom Georg Coch hatte diese für Österreich neuartige Institution im Auftrag des österreichischen Handelsministeriums gegründet und der Erfolg stellte sich binnen weniger Monate ein. Die Klein- und Kleinstsparer fassten Vertrauen zu der Bank mit Amtscharakter, es war ihnen angenehmer, ihre bescheidenen Geldgeschäfte in den altbekannten Postämtern erledigen zu können als in den Privatbanken, in denen man ohnehin lieber kapitalstarke Großkunden sah. Noch im ersten Jahr wurden nicht weniger als 350 000 Sparkonten eröffnet, und mit der Einführung des bargeldlosen Geldverkehrs mittels Postschecks (einer Novität in Österreich!) entwickelte sich die Postsparkasse endgültig zu einem blühenden staatlichen Unternehmen.

Um die Jahrhundertwende beschäftigte sie bereits 2000 Beamte, darunter übrigens zwölf Prozent Beamtinnen, was die PSK damals zu einem der größten staatlichen Arbeitgeber von Frauen machte. Der Platzmangel im alten Gebäude (1010, Postgasse 9, heute Archiv der Universität) war dementsprechend unerträglich geworden – ein Neubau musste her. Nach einer öffentlichen Ausschreibung des Projekts und anschließenden, heftigen Diskussionen entschied man sich 1904 schließlich für den Entwurf Otto Wagners. Er setzte sich damit gegen die Konkurrenz der historistischen Baumeister durch, unter anderem vertreten durch Max von Ferstel, den Sohn des berühmten Ringstraßenarchitekten.

In seiner wachsenden Ablehnung gegen den Historismus hatte Wagner bereits 1894 geschrieben: »Kunst und Künstler sollen und müssen ihre Zeit repräsentieren. Im Durchpeitschen aller Stilrichtungen, wie es die letzten Jahrzehnte mit sich brachten, kann das Heil für die Zukunft nicht liegen.« Wie weit er sich mittlerweile vom damals immer noch vorherrschenden Geschmack entfernt hatte, zeigt sich am deutlichsten im Vergleich zum auf der anderen Seite der Ringstraße gelegenen ehemaligen Kriegsministerium (1010, Stubenring 1). Beide Gebäude entstanden fast exakt zur gleichen Zeit, und während Architekt Baumann mit dem wuchtigen, neubarocken Monumentalbau des Kriegsministeriums das letzte historistische Bauwerk der Ringstraße errichtete, schuf Wagner mit seiner Postsparkasse deren erstes modernes! Es gilt mittlerweile längst als eines von Wagners Hauptwerken und als eines der bedeutendsten Jugendstilgebäude Wiens.

In zwei Etappen (1904 bis 1906 sowie 1910

bis 1912) wurde es errichtet, gemessen an seiner Größe also in ziemlich kurzer Zeit. Diese rasche Durchführung der Arbeiten erklärt sich vor allem aus der von Wagner gewählten damals unüblichen Bauweise aus Ziegelmauern mit eingezogenen Stahlbetondecken. Das war einfach, solide und billig, und dennoch vermittelte das Gebäude nach Fertigstellung etwas Exklusives und Besonderes. Das lag hauptsächlich an der neuartigen Gestaltung der Fassade, die mit dünnen Granit- und Marmorplatten verkleidet wurde. Mit nicht weniger als 17 000 aluminiumverkleideten Eisenbolzen wurden sie an den Mauern befestigt, um ihre Position auf dem noch feuchten Außenputz zu halten. Wagner argumentierte zwar stets mit der reinen Funktionalität, doch zeigte sich hier besonders deutlich, dass er natürlich auch das originelle dekorative Element hervorstrich – denn nach dem Trocknen des Verputzes wurden die Bolzen nicht etwa entfernt, sondern sogar durch noch größere, noch auffälligere ersetzt. Einen praktischen Zweck hatten diese nun längst nicht mehr!

Das Dekorative und Ästhetische spielte stets auch eine wichtige Rolle bei den von Wagner entworfenen Einrichtungsgegenständen des neuen Gebäudes, also den Lampen, Heizkörpern, Schreibtischen, Tresoren, Türschnallen und Stühlen. Er betonte zwar immer wieder, dass die Funktion allein im Vordergrund stünde, doch man nahm ihm das nicht so recht ab. Ein Journalist der »Neuen Freien Presse« schrieb nach einer Führung durch die Postsparkasse, dass Otto Wagner »von nichts anderem redete als von der sinnreichen Art, in der durch Konstruktion und Wahl des Materials den rein praktischen Bedürfnissen entgegengekommen worden sei«, und verglich daraufhin den Architekten mit jenen Kunstkennern, die »mit dem Zeigefingerknöchel die Rückseite eines Bildes beklopfen und dabei sehr ernsthaft versichern: ‚Auf Holz gemalt!', was in ihren Augen offenbar den eigentlichen Wert ausmacht«.

In der Postsparkasse befindet sich seit einigen Jahren ein hochinteressantes Museum, das die Geschichte des Hauses und Otto Wagners Architektur dokumentiert. Im grandiosen, von einem Milchglasdach bedeckten ehemaligen Kassensaal sind regelmäßig Sonderausstellungen zu sehen.

Prater

1020, Prater

So wie der Augarten (s. d.) oder der Lainzer Tiergarten (s. Hermesvilla) war auch der Prater lange Zeit Jagdgebiet des Hofes. Seit der Mitte des 16. Jahrhunderts und vor allem während des Barock wurden hier von den Mitgliedern der kaiserlichen Familie Wildschweine, Hirsche, Wölfe oder Füchse erlegt, die ihnen die Jagdknechte vor die Flinten trieben. Die adelige Hofgesellschaft durfte beim blutigen Sport zusehen, der einfachen Wiener Bevölkerung hingegen war das Betreten des Praters verwehrt. Feste Zäune grenzten ihn vom Umland ab und die Forstknechte wachten streng darüber, dass niemand sich unbefugt Zutritt verschaffte, um hier etwa zu wildern oder Brennholz zu schlagen.

Schon in den 1530er-Jahren war eine mehrere Kilometer lange, breite Schneise durch den Auwald geschlagen worden (die spätere Prater Hauptallee), kurze Zeit später entstand das »grüne Lusthaus«, das Joseph II. 1781 durch einen Neubau von Isidor Canevale ersetzen ließ. Unter Kaiser Joseph endete auch die Zeit der exklusiven Hofjagden. Im Jahr 1766 ließ er den Prater allen Wienern, gleich welchen Standes, zugänglich machen.

Binnen kurzer Zeit entwickelte sich der Prater zu einem enorm beliebten Ausflugsort der Wiener und immer mehr Gaststätten und Erfrischungsstände nahmen sich der kulinarischen Bedürfnisse der Besucher an, denn, so schrieb Graf Fekete de Galantha 1787: »Joseph weiß, dass man den Wienern Gelegenheit bieten muss, ihrer Esslust zu frönen.« Malerisch standen die hölzernen Buden der Kaffeesieder, Lebzelter, Krapfenbäcker, Fleischselcher, Schokoladeverkäufer und Obsthändler zwischen den Bäumen verteilt, nicht weniger als 66 Weinwirte und 46 Bierwirte hatten das Recht, hier auszuschenken! Hinzu kam bald auch eine Vielzahl an Kegelbahnen, Ringelspielen, Puppentheatern und Musikkapellen, denn der Kaiser hatte angeordnet, dass es »niemandem verwehrt sein soll, sich daselbst mit Ballenschlagen, Kegelscheiben und anderen erlaubten Unterhaltungen eigenen Gefallens zu divertieren«. Der berühmte Johann Georg Stuwer und sein großer Konkurrent Girandolini veranstalteten bombastische Feuerwerke auf den Praterwiesen, zu denen Tausende Besucher strömten. Kurz: Der berühmte »Wurstelprater« war geboren.

Als im Jahr 1873 die Weltausstellung in Wien stattfand, ging der bislang dörfliche Charakter des Wurstelpraters verloren. Ein riesiges Ausstellungsgelände wurde nun errichtet und die bisher frei stehenden Buden siedelten sich entlang der neu geschaffenen, geraden Wege an. Als Mittelpunkt des Areals wurde neben den zahlreichen Ausstellungspavillons die »Rotunde« errichtet, ein gigantischer Kuppelbau mit hundert Metern Spannweite und 84 Metern Höhe. Nachdem die Wiener Weltausstellung durch den Börsenkrach und die gleichzeitig ausbrechende Cholera zum großen Misserfolg geworden war (nur ein Drittel der erwarteten zwanzig Millionen Besucher kam tatsächlich und nur ein Viertel der getätigten Investitionen wurde wieder eingenommen!), wurden die Ausstellungsgebäude abgerissen. Nur die Rotunde blieb als ein neues Wahrzeichen Wiens bestehen, bis sie im Jahr 1937 einem Brand zum Opfer fiel.

Unzählige Spektakel und Veranstaltungen fanden im Prater statt, manches ist längst in Vergessenheit geraten, manches jedoch wird heute noch gepflegt. So sind etwa die Teilnehmer des Wien-Marathons nicht die Ersten, die sich jedes Jahr keuchend die Hauptallee entlangplagen, denn ab dem frühen 18. Jahrhundert waren hier schon die »Laufer« unterwegs, herrschaftliche Dienstboten, die (in voller Livree!), von Reitern begleitet, um die Wette laufen mussten, oft, bis sie vor Erschöpfung zusammenbrachen. 1847 wurden diese unfreiwilligen Wettläufe wegen Unmenschlichkeit verboten.

Ab 1886 fanden die »Blumenkorsos« statt, bei denen sich die vornehme Gesellschaft in ihren blumengeschmückten Kutschen bestaunen ließ, und vier Jahre später, am 1. Mai 1890, zogen erstmals die Wiener Arbeiter und Arbeiterinnen durch den Prater, um den neuen freien Tag mit ihren Familien im Grünen zu verbringen – eine Tradition, die heute noch fortlebt.

Im »Kaisergarten«, also am Eingang zum Prater, mietete im Jahr 1895 der spätere Direktor des Ronachers (s. d.) Gabor Steiner ein Areal, auf dem er eine ganz besondere Attraktion erschuf: »Venedig in Wien«. Gemeinsam mit dem Architekten Oskar Marmorek (s. Nestroyhof) ließ Steiner den romantisierten Nachbau

Venedigs entstehen, mit farbenfrohen Palazzi, mehreren Restaurants und künstlichen Kanälen, auf denen die Besucher Gondelfahrten unternehmen konnten. Doch Steiner war stets auf der Suche nach neuen Attraktionen. Nachdem er im Londoner Earl's Court ein »Gigantic Wheel« gesehen hatte, war er, wie er selbst schrieb, »platt vor Bewunderung«. Solche riesigen Eisenräder waren damals sehr in Mode und so etwas sollte es seiner Meinung nach auch im Prater geben! Als er seine Pläne allerdings dem Wiener Bauamt vorlegte, reagierte der zuständige Beamte folgendermaßen: »(...) er sah auf den Plan, sah mich an, dann wieder den Plan, schüttelte den Kopf: ›Ja, sagen Sie, ist heute der erste April?‹«

Dennoch: Das heute so berühmte Riesenrad konnte schließlich gebaut werden. Das Grundstück gehörte damals einer englischen Firma, auch der Ingenieur (und somit Eigentümer) dieses Wiener Wahrzeichens war ein Brite, Walter B. Basset. Von der Frau des britischen Botschafters wurde das 430 Tonnen schwere und 65 Meter hohe Gebilde 1897 der Öffentlichkeit präsentiert. Gabor Steiner, nunmehr Pächter des Riesenrades, geriet in den kommenden Jahren in finanzielle Schwierigkeiten. Sein »Venedig in Wien« verlor zusehends an Attraktivität und so musste er 1912 vor seinen Gläubigern aus Wien fliehen. Erst zehn Jahre später kehrte er zurück, hatte aber wiederum keinen Erfolg. Sein Sohn Max, der mittlerweile als Komponist in Hollywood Karriere machte (von ihm stammt etwa die Musik zu Filmklassikern wie »King Kong«, »Casablanca« und »Vom Winde verweht«), musste ihn finanziell unterstützen.

Während des Ersten Weltkriegs wurde Ingenieur Basset enteignet, das Riesenrad 1919 vom Unternehmer Eduard Steiner (nicht verwandt mit Gabor) gekauft und weiterverpachtet. 1938 wurde es von den Nationalsozialisten

Das Lusthaus im Prater

»arisiert«. Während des Krieges, als das Riesenrad von Bombentreffern schwer beschädigt wurde, starb Gabor Steiner im amerikanischen Exil. Der letzte rechtmäßige Besitzer, Eduard Steiner, wurde 1945 in Auschwitz ermordet.

Rathaus

1010, Rathausplatz

Je stärker Wien im 19. Jahrhundert anwuchs, desto dringender wurde das Bedürfnis nach einem neuen, großen Rathausgebäude, denn das alte in der Wipplingerstraße (s. Altes Rathaus) erwies sich schon längst als viel zu klein. Natürlich war die Ringstraße der ideale Standort dafür, doch wo genau der neue Prunkbau entstehen sollte, war lange Zeit nicht geklärt. Mehrere Bauplätze standen zur Diskussion, doch erst als Kaiser Franz Joseph im Jahr 1870 den großen Militärparadeplatz zwischen der Innenstadt und dem achten Bezirk zur Bebauung freigab, fiel die Entscheidung. Friedrich Schmidt, früher Dombaumeister in Köln, wurde von einer Jury auserwählt, das prestigeträchtige Gebäude zu errichten. Er schuf es in den Formen flämischer Gotik, mit spitzen Arkaden, Maßwerkfenstern und markanten Türmchen. Der Hauptturm wurde mit einer über drei Meter hohen Ritterfigur bestückt, dem »Rathausmann«, der seither zu den Wahrzeichen Wiens zählt (eine Kopie steht übrigens im Rathauspark). Der monumentale Komplex besteht aus mehreren Trakten, Stiegen und Höfen und verfügt mit seinen knapp 1600 Räumen über weit mehr als das Schloss Schönbrunn.

Mit der großen Stadterweiterung von 1890, also der Eingemeindung der alten Vororte, wuchs die Fläche Wiens auf mehr als das Dreifache an. Die Bevölkerungszahl stieg mit einem Schlag von 817 000 auf über 1,3 Millionen und sollte durch die zunehmende Zuwanderung aus allen Teilen der Monarchie im Jahr 1910 sogar die Zweimillionenmarke erreichen – Wien war damals somit die sechstgrößte Stadt der Welt! Die Stadtverwaltung hatte nun mit der Errichtung kommunaler Gaswerke und der neuen Hochquellwasserleitung, mit dem Bau von Schulen und Krankenhäusern, der Elektrifizierung und dem Ausbau des öffentlichen Verkehrs gewaltige Aufgaben zu erfüllen, und über all diesen großen Projekten prangte ein Name: Karl Lueger. Als er im Jahr 1897 neuer Bürgermeister wurde, begann eine neue Epoche in der Wiener Kommunalgeschichte.

Ursprünglich als Liberaler in den Gemeinderat gewählt, wechselte Lueger später zum kleinen, katholischen »Christlichsozialen Verein« (der damals offiziell noch »Die Antisemiten« hieß). Lueger baute ihn rasch zu einer modernen Massenpartei aus und fand in den Handwerkern und den kleinen Gewerbetreibenden eine fast fanatisch treue Anhängerschaft. Damals herrschte noch das Kurienwahlrecht, wählen durfte demnach nur, wer eine gewisse Summe an Steuern zahlte (die sogenannten Fünfguldenmänner), was dazu führte, dass im Jahr 1900 von 1,6 Millionen Einwohnern lediglich 134 000 wahlberechtigt waren! Leidtragende dieser Regelung waren natürlich die Sozialdemokraten, deren große Anhängerschar, die Arbeiter, fast völlig von der politischen Mitbestimmung ausgeschlossen waren.

Schon nach dem fulminanten Wahlsieg von 1895 verfügten die Christlichsozialen über eine Zweidrittelmehrheit im Rathaus. Kaiser

Rathaus

Franz Joseph, abgestoßen von Luegers antisemitischen Ausfällen und seiner regierungsfeindlichen Haltung, weigerte sich jedoch, diesen als Bürgermeister seiner Haupt- und Residenzstadt zu akzeptieren. Erst nach zwei Jahren, während derer Lueger drei weitere Male vom Gemeinderat zum Bürgermeister gewählt worden war, musste der Kaiser schließlich einlenken und trotz aller Bedenken seine Zustimmung geben. Für seine Anhänger war Lueger damals längst ein Märtyrer. Er war ein charismatischer Mann und ein blendender Redner, der seinen Zuhörern das sagte, was sie hören wollten. Wenn er in wüsten Tönen gegen die Juden, die Großindustriellen, die Sozialisten, die Intellektuellen und nicht zuletzt gegen die vielen Zuwanderer wetterte, konnte er sich des Applauses sicher sein. Er war ein »Volkstribun«, der geschickt die Massen beherrschte und lenkte, was ihn übrigens auch zu einem bewunderten Vorbild von Adolf Hitler machte. Am Tag seines Begräbnisses im März 1910 stand Wien still, Hunderttausende säumten damals die Straßen zum Zentralfriedhof. Selbst die »Arbeiter-Zeitung« schrieb: »Man wird sich diese große Stadt ohne ihn nicht leicht vorstellen können.«

Erst 1919 fanden in Wien freie, gleiche und allgemeine Wahlen für Männer und Frauen statt. Die Sozialdemokraten feierten damals ihren ersten triumphalen Sieg und stellten – bis auf den heutigen Tag – sämtliche Bürgermeister der Stadt (natürlich mit Ausnahme der austrofaschistischen und nationalsozialistischen Zeit, in der die Partei verboten war). Drei Jahre später, am 1. Jänner 1922, wurde Wien verwaltungstechnisch von Niederösterreich getrennt und zum eigenen Bundesland ernannt.

Ringstraße

1010, Ringstraße

In der zweiten Hälfte des 19. Jahrhunderts war Wien eine riesige Baustelle, denn Kaiser Franz Joseph hatte am 20. Dezember 1857 den Befehl zur Schleifung der alten Befestigungsanlagen gegeben. In seinem berühmt gewordenen Schreiben an Innenminister Bach hieß es: »Es ist mein Wille, dass die Erweiterung der inneren Stadt Wien mit Rücksicht auf eine entsprechende Verbindung derselben mit den Vorstädten ehemöglichst in Angriff genommen und hiebei auch auf die Regulierung und Verschönerung meiner Residenz und Reichshauptstadt Bedacht genommen werde.«

Schon seit langem hatten sich viele Stimmen für eine Stadterweiterung ausgesprochen, denn je stärker Wien damals anwuchs, desto größer wurde auch die Wohnungsnot. Die alten Stadtmauern, Basteien, der Stadtgraben und das umliegende, weitläufige Glacis nahmen viel Raum ein, der nun als Baugrund sinnvoll verwendet werden sollte. Schon wenige Tage nach Franz Josephs Anordnung wurde mit den entsprechenden Planungsarbeiten begonnen. Das Abreißen der Befestigungen nahm noch ein paar Jahre in Anspruch, doch ab 1860 entstanden schon die ersten Gebäude entlang des nun neu angelegten, knapp 60 Meter breiten Prachtboulevards der Ringstraße. Aus einer mittelalterlichen Festungsstadt wuchs nach und nach eine moderne Metropole heran, deren Glanz nach den Vorstellungen des Hofes alle übrigen Städte der Monarchie überstrahlen sollte.

Die neu gewonnenen Grundstücke wurden vom Staat zu immens überteuerten Preisen an Privatleute verkauft, die entlang des Rings nun ihre prächtigen Palais und vornehmen Zinshäuser errichten ließen. Es waren die Reichsten der Reichen – Bankiers, Großhändler, Industrielle –, die sich hier ihre repräsentativen Wohnungen schufen. Knapp ein Viertel dieser privaten Käufer waren übrigens Juden, die nach der endgültigen gesetzlichen Gleichstellung im Jahr 1867 aus den Kronländern der Monarchie nach Wien zogen. Ein möglichst prachtvolles Palais an der Ringstraße zu besitzen, würde ih-

Die Ringstraße. Ganz links die Kuppel des Kunsthistorischen Museums, in der Mitte die Staatsoper und Blick in die Kärntner Straße

nen, so hofften sie, auch die Anerkennung in der »ersten« Wiener Gesellschaft sichern. Durch ihre Bankhäuser stellten sie einen großen Teil des erforderlichen Kapitals der sogenannten Gründerzeit (s. Palais Epstein).

Das durch den Verkauf der Grundstücke eingenommene Geld wurde vom Staat wiederum in den Bau öffentlicher Gebäude gesteckt, wie etwa in Museen, Theater, Regierungsgebäude und Hochschulen. Darüber hinaus wurden drei Kasernen errichtet: neben dem Arsenal (s. d.), das ein Stück außerhalb der Stadt lag, zwei in unmittelbarer Nähe zur Ringstraße – die Roßauer Kaserne (s. d.) und die Franz-Josephs-Kaserne beim Stubentor. Alles in allem entstanden bis in die 1880er-Jahre rund 800 neue Gebäude!

Die vielen berühmten Baumeister der Ringstraße entwarfen ihre Bauten im Stil des Historismus, das heißt, sie ließen sich von längst vergangenen Architekturformen inspirieren. Die Gebäude, die nun in »Neu-Gotik«, »Neo-Renaissance«, »Neu-Barock«, »Neo-Romanik« oder in einem an der Antike orientierten Stil entstanden, machten die Ringstraße zu einem der weltweit bedeutendsten historistischen Ensembles. Moderne Architekten wie Adolf Loos konnten über diese Mode nur den Kopf schütteln. Loos schrieb: »In Wien verschandeln die architekten die stadt, ohne von der polizei dazu veranlasst zu werden. (...) Wenn ich mich bei der oper aufstelle und zum schwarzenbergplatz hinunterblicke, so habe ich das intensive gefühl: Wien! Wien, die millionenstadt, Wien, die metropole eines großen reiches. Wenn ich aber die zinshäuser am stubenring betrachte, so habe ich nur ein gefühl: fünfstöckiges Mährisch-Ostrau.«

Am 1. Mai 1865 fand die feierliche Eröffnung der Ringstraße statt, obwohl mit dem Bau der meisten der geplanten Prachtbauten noch nicht einmal begonnen worden war. Für viele galt daher der pompöse Festzug zu Ehren der Silberhochzeit des Kaiserpaares im Jahr 1879 als das eigentliche Eröffnungsfest.

Der legendäre »Malerfürst« Hans Makart wurde damals mit der Planung und künstlerischen Gestaltung des Umzugs betraut. Zwischen dem äußeren Burgtor und den noch in Bau befindlichen Hofmuseen wurde ein rie-

siger Festplatz mit fähnchengeschmückten Tribünen und Pavillons errichtet. Hier zogen nun die von Makart entworfenen, üppig gestalteten Festwägen vorbei, auf denen Vertreter der Wiener Gewerbe und des Handwerks in bunten, historischen Kostümen dem kaiserlichen Paar ihre Reverenz erwiesen. Tausende von Menschen nahmen an diesem Festzug teil: die Tischler und Schmiede, die Zuckerbäcker und Fleischhauer, die Kaufleute und Drucker und viele andere mehr, alle in kostbare Gewänder aus Samt, Seide und Brokat gehüllt. Die Delegation der Künstler wurde – hoch zu Ross – von Makart persönlich angeführt (was ihm, der kaum reiten konnte, übrigens große Schwierigkeiten bereitet haben dürfte. Spöttische Beobachter behaupteten daher, er sei sogar verkehrt im Sattel gesessen). Kaiserin Elisabeth machte zu all dem, wie ihre Nichte Marie Larisch vermerkte, »meist eine Miene wie eine indische Witwe, die verbrannt werden soll; und als ich ihr dies in einem unbelauschten Augenblick sagte, lachte sie zwar, meinte aber, es sei schon genug, 25 Jahre verheiratet zu sein, aber deshalb Feste zu feiern, wäre unnötig«.

Dieser Festzug hatte natürlich etwas zutiefst Anachronistisches an sich, denn schon längst war an die Stelle der hier gefeierten bürgerlichen Zünfte die industrielle Massenproduktion getreten, darüber hinaus hatte der verheerende Börsenkrach von 1873 viele der hier am Kaiserpaar vorbeidefilierenden Gewerbetreibenden und Handwerker mit in den Ruin gezogen. Eine Bevölkerungsgruppe war damals auf den Festwägen überhaupt nicht vertreten: das stetig wachsende Proletariat, doch auch für die Arbeiterschaft sollte die Ringstraße sehr bald Ort politischer Demonstrationen werden.

Ronacher

1010, Seilerstätte 9

Das einst weltberühmte Etablissement Ronacher entstand genau an jener Stelle, wo sich zuvor das Wiener Stadttheater befunden hatte. Dieses wurde 1870 von Heinrich Laube und Max Friedländer gegründet und nach Plänen Ferdinand Fellners d. Ä. errichtet. Laube war kurz zuvor noch Direktor des Hofburgtheaters (s. Burgtheater) gewesen und hatte dieses zu einer der führenden Bühnen im deutschsprachigen Raum gemacht. Mit dem neuen, bürgerlichen und von aller Zensur befreiten Stadttheater wollte er nun eine Konkurrenzbühne entstehen lassen. Zwölf Jahre lang fanden hier also die mehr oder weniger gut besuchten Aufführungen statt, bevor im Mai 1884 ein verheerendes Feuer das Gebäude fast vollständig zerstörte.

Der Kärntner Unternehmer Anton Ronacher kaufte drei Jahre später das Grundstück mitsamt Brandruine und beauftragte das Architektenduo Ferdinand Fellner d. J. und Hermann Helmer mit dem Bau eines neuen »Konzert- und Ballhauses« mit Theatersaal, Restaurant, Kaffeehaus und einem Hotel. Ronacher hatte bereits zuvor einige Vergnügungs-Etablissements in und außerhalb Wiens gegründet, darunter ein Operetten- und Varietétheater im Prater. Auch hier in der Seilerstätte wurden nun hauptsächlich Varietévorstellungen gegeben, denn ein reines Sprechtheater mit fix montierten Sitzreihen durfte damals aufgrund der strengen Brandschutzbestimmungen nur in frei stehenden Gebäuden eingerichtet werden. Der Brand des Ringtheaters im Jahr 1881, der Hunderte Menschen das Leben kostete, hatte zu dieser Sicherheitsmaßnahme geführt (s. Volkstheater). Die Atmosphäre im

Das Ronacher um 1900

Ronacher war deshalb freier und lockerer als in anderen Häusern: Die Besucher nahmen an aufgestellten Tischen Platz und konnten während der Vorstellung essen, trinken und rauchen. Die Tatsache, dass das Haus zur Gänze elektrisch beleuchtet wurde, sorgte zusätzlich für großes Aufsehen.

Bald schon war das neue Varietétheater zu einer Wiener Institution geworden und machte sich auch international einen guten Namen. Die Artisten, Zauberer, Tänzerinnen, Schauspieler, Sänger und Akrobaten kamen – für die sehr hohen Gagen – aus ganz Europa und auch aus Amerika hierher und boten dem begeisterten Publikum erstklassige Unterhaltung. Das Ronacher wurde in Wien zum Inbegriff der »großen, weiten Welt«. Sein Besitzer geriet trotzdem schon bald in finanzielle Schwierigkeiten und musste sein Theater verlassen. Anton Ronacher ging nach Deutschland, wo er das »Theater unter den Linden« (heute: Komische Oper) in Berlin gründete, das übrigens ebenfalls von Ferdinand Fellner und Hermann Helmer erbaut wurde.

Bis weit ins 20. Jahrhundert blieb das Ronacher eine der attraktivsten Bühnen Wiens. Höchst erfolgreich wurden in den 1920er-Jahren Kabarettprogramme und farbenprächtige Revuen aufgeführt und 1932 trat die damals wohl berühmteste Tänzerin der Welt, Josephine Baker, hier auf.

Nach der weitgehenden Zerstörung des

Burgtheaters im Zweiten Weltkrieg diente das Ronacher zehn Jahre lang als Ausweichquartier des Burg-Ensembles, bevor in den 1960er- und 1970er-Jahren der Österreichische Rundfunk hier eine Studiobühne betrieb. Zwar machte es sich anschließend als Musicalbühne unter der Intendanz Peter Wecks einige Jahre hindurch einen Namen, doch wurde seither eher erfolglos versucht, an die vergangene, glorreiche Zeit anzuknüpfen. Zur Zeit ist das Haus im Umbau begriffen, die Pläne dafür stammen vom Stararchitekten Günther Domenig: Über der üppig verzierten Fassade mit dem Rundturm aus dem 19. Jahrhundert wird ein markanter Glasaufbau ein architektonisches Zeichen setzen. 2008 soll das Ronacher als modernes Musicaltheater wiedereröffnet werden.

Roßauer Kaserne

1090, Schlickplatz 6, Roßauer Lände 1

Spätestens nachdem Napoleons Truppen im Jahr 1809 in nur fünfeinhalb Stunden Wien sturmreif geschossen hatten, konnte niemand mehr ernsthaft daran zweifeln, dass die alten Basteien keinen wirksamen Schutz mehr boten. Freilich: Manche Militärs hatten trotzdem ihre Bedenken, als die Stadtmauern fielen, doch mussten auch sie einsehen, dass die gefährlichsten Feinde des Staates nicht mehr von außen kamen, sondern von innen.

Die Revolution von 1848 war für die Obrigkeiten ein großer Schock gewesen: Bürger, Studenten, Arbeiter, Handwerker und Bauern, die bewaffnet und entschlossen ihre Forderungen stellten, eine Haupt- und Residenzstadt, die erst mühevoll von den kaiserlichen Truppen wiedererobert werden musste – das durfte sich nicht mehr wiederholen! Im Falle zukünftiger Aufstände wollte man gewappnet sein, um diese schon im Keim zu ersticken. Schon kurz nach Niederschlagung der Revolution begann der Bau des Arsenals (s. d.) und der Franz-Joseph-Kaserne beim Stubentor (die um 1900 wieder abgerissen wurde). 1869 schließlich war auch die Roßauer Kaserne vollendet (die damals noch nach Kronprinz Rudolf benannt war). Diese Militärstützpunkte bildeten gleichsam ein Verteidigungsdreieck rund um die Innenstadt und die neu geschaffene Ringstraße ermöglichte den Truppen im Fall des Falles ein schnelles Aufmarschieren.

Die riesige Roßauer Kaserne wirkt mit ihren hohen, zinnenbewehrten Türmen fast wie eine mittelalterliche Burg, nur die Ausführung in markanter Rohziegelbauweise weist auf den frühen Historismus hin. Sie wurde für bis zu 4000 Mann Besatzung konzipiert und verfügte über Stallungen für 400 Pferde. Ein Gerücht, das bis heute nicht auszurotten zu sein scheint, besagt, dass bei der Planung des Gebäudes völlig auf die Toilettenanlagen vergessen worden sei und dass sich deshalb der zuständige Architekt das Leben genommen habe. Wahr ist vielmehr, dass die Kaserne sehr wohl über Aborte verfügte: Es waren Plumpsklos, die rund um ein zentrales Fallrohr in vierstöckigen, hölzernen Türmen in den Innenhöfen standen. Als diese Holztürme morsch wurden, riss man sie ab und baute – spät, aber doch – moderne Sanitäranlagen ein.

In den chaotischen Jahren nach dem Ersten Weltkrieg strömten Zehntausende Flüchtlinge aus den östlichen Gebieten der nun zerfallenen Monarchie nach Wien. Sie standen hier buchstäblich auf der Straße, denn die Armenquartiere waren überfüllt und auch die privaten Ini-

Elisabethpromenade mit Rossauer Kaserne

tiativen reichten bald nicht mehr aus, ihnen Hilfe und ein Dach über dem Kopf zu geben. Die Gemeinde Wien stellte daher notdürftig adaptierte Schulhäuser, Baracken und Kasernen zur Verfügung, in denen Notwohnungen eingerichtet wurden. Auch leer stehende Räume der Roßauer Kaserne dienten in den 1920er-Jahren diesem Zweck.

In den 1970ern bereits baufällig, wurde das Gebäude aus Gründen des Denkmalschutzes doch nicht abgerissen. Nachdem hier die Polizei lange Zeit untergebracht war, dient die Roßauer Kaserne heute einigen Abteilungen des Verteidigungsministeriums als Unterkunft.

In unmittelbarer Nähe – zwischen der Kaserne und dem Schottenring – befindet sich das Deutschmeister-Denkmal (1010, Deutschmeisterplatz), das 1886 zu Ehren des Wiener Hausregiments »Hoch- und Deutschmeister Nr. 4« in Auftrag gegeben wurde, damals feierte man das 200-jährige Bestehen dieser traditionsreichen Infanterieeinheit. Neben dem überaus populären »Deutschmeistermarsch« aus dem ausgehenden 19. Jahrhundert gibt es einen zweiten, der lange zuvor komponiert wurde. Dieser, später »Yorck'sche Marsch« genannte, stammt von Ludwig van Beethoven.

Rudolfinerhaus

1190, Billrothstraße 78

Theodor Billroth wurde 1867 im Alter von 38 Jahren an das Wiener Allgemeine Krankenhaus (s. d.) berufen. Ihm, dem wie er selbst sagte »Preußen und Ketzer« aus dem hohen Norden Deutschlands, war es eine große Ehre, an der damals berühmtesten medizinischen Fakultät der Welt arbeiten zu können. In Deutschland und in der Schweiz hatte er sich zuvor bereits einen hervorragenden Namen als Arzt und Spitalsreformer gemacht und seine sensationellen Erfolge in Wien sollten ihm endgültig den Ruf des genialsten Chirurgen Europas einbringen.

Das »zweckmäßige Ineinandergreifen von Theorie und Praxis, von Wissenschaft und Technik« war Billroth stets ein Anliegen, was er bereits in Zürich durch seine Reformen in der Patientenbetreuung bewiesen hatte. Mit manchen seiner Pläne war er seiner Zeit weit voraus: äußerste Hygiene, diätische Küche, gute Beleuchtung, frische Luft, ein großzügiger Garten, in dem die Kranken sich erholen konnten – alles sollte zum Wohle der Patienten dienen. Mit großem Eifer widmete er sich dem Problem des Wundfiebers und entwickelte (so wie Ignaz Semmelweis) eine Methode, um die Infektion der frisch Operierten durch reines Verbandszeug und das Händewaschen der Ärzte zu vermeiden.

Durch seinen Freund und Kollegen Jaromir Mundy geriet Billroth in Kontakt mit dem Rudolfinerverein, der sich angesichts der großen Mängel in der Kranken- und Verwundetenbetreuung für eine Reform der Schwesternausbildung engagierte (der deutsch-österreichische Krieg von 1866 hatte die diesbezüglichen Defizite deutlich zutage treten lassen!). Der fortschrittliche Kronprinz Rudolf, nach dem der Verein benannt wurde, setzte sich als Protektor leidenschaftlich für dieses Projekt ein, und auch der bekannte Philanthrop Hans Graf Wilczek wurde als finanzstarker Unterstützer gewonnen. Billroth wurde bald zur treibenden Kraft im Verein und plante ein Krankenhaus, das vorrangig einer modernen Ausbildung von Krankenschwestern dienen sollte: das Rudolfinerhaus. Im Jahr 1882 konnte es eröffnet werden, Billroth wurde sein erster Direktor.

Das Besondere an dieser neuen Anstalt war, dass man nicht mehr, wie damals üblich, auf geistliche Schwestern zurückgriff, sondern Laienschwestern ohne Rücksicht auf ihre Religion aufnahm. Ob katholisch, evangelisch oder jüdisch: Die Leistung sollte im Vordergrund stehen. Der katholischen Kirche war somit die Kontrolle völlig entzogen, was zu großem Widerstand der mächtigen konservativ-klerikalen Kreise jener Zeit führte. Kronprinz Rudolf, wegen seiner liberalen und antiklerikalen Haltung ohnehin schon deren Feindbild, schrieb einmal an seinen Freund Billroth: »Der Verein hat sehr viele Feinde, das weiß ich wohl und bekam es genug oft zu hören; und leider in sehr maßgebenden Kreisen wird Propaganda dagegen gemacht; man kämpft, mit sehr einfachen, aber höchst unlauteren Mitteln. Die Schlagworte Freimaurerverein und antireligiöse Tendenz sind sehr leicht auszusprechen, und Beweise, um die kümmern sich eben gewisse Leute nicht.«

Trotz all dieser Intrigen und Widerstände folgte Theodeor Billroth nicht den zahlreichen, vielversprechenden Angeboten aus dem Ausland, sondern blieb bis zu seinem Tod im Jahr 1894 Direktor des Rudolfinerhauses, sein Schüler und Assistent Robert Gersuny folgte ihm in dieser Funktion nach. An Billroth und seine Mitstreiter erinnern heute noch der Rudolfs- und der Wilczek-Pavillon sowie zwei Porträtbüsten: die des Kronprinzen im Garten des Spitals und die Billroths links neben dem Haupteingang.

Der Gebäudekomplex wurde in mehreren Bauphasen erweitert, heute ist eine hervorragende Privatklinik hier untergebracht.

Nur wenige Hundert Meter vom Rudolfinerhaus entfernt, am »Hirschenbergl« (1190, Obersteinergasse 18–24, heute: Döblinger Bezirksgericht), befand sich im 19. Jahrhundert übrigens ein weiteres wichtiges Krankenhaus, die vom Nervenarzt Bruno Görgen gegründete, luxuriöse »Döblinger Privatirrenanstalt«. Im August 1850 starb hier der Dichter Nikolaus Lenau. Die letzten drei Jahre seines Lebens dämmerte er nach einem Schlaganfall, unfähig, sich zu artikulieren, vor sich hin. Auf einer Reise nach Amerika hatte er sich mit der Syphilis angesteckt und litt nun an der gefürchteten Folgekrankheit, der Progressiven Paralyse, die unaufhaltsam zur – wie es damals genannt wurde – »völligen Verblödung« führte und in weiterer Folge zum Tod. Erst 70 Jahre später konnte diese Krankheit durch die bahnbrechende Malariatherapie des Wiener Arztes Julius Wagner-Jauregg wirksam bekämpft werden. Wagner-Jauregg erhielt dafür im Jahr 1927 den Nobelpreis für Medizin.

Ruprechtskirche

1010, Ruprechtsplatz

Die Ruprechtskirche wirkt in dem an Barock und Historismus so überreichen Wien geradezu wie ein Fremdkörper. Während fast alle übrigen mittelalterlichen Kirchen der Inneren Stadt im 17. oder 18. Jahrhundert umgestaltet wurden, konnte sie sich ihren schlichten, romanischen Charakter weitgehend bewahren. Sie ist vermutlich die älteste Kirche Wiens und wurde der Legende nach von zwei Gefährten des heiligen Ruprecht, Cunald und Gisalrich, zur Mitte des 8. Jahrhunderts gegründet. Tatsächlich dürfte sie aber erst um das Jahr 800 entstanden sein, wobei man zum Bau auch Steine des alten römischen Lagers Vindobona verwendete. Dafür, dass die Kirche an der Stelle eines römischen Tempels erbaut worden sei, wie es immer wieder heißt, gibt es allerdings keinen eindeutigen Beleg. Der heutige Bau stammt größtenteils aus dem 11. und 12. Jahrhundert, was deutlich an den klaren, romanischen Formen am Langhaus und dem Glockenturm zu erkennen ist. Nur das oberste Turmgeschoß mit den gotischen Fenstern wurde erst im 15. Jahrhundert aufgesetzt, zu jener Zeit entstanden auch Chor und Orgelempore.

Ein besonderer Schatz der Kirche sind die 700 Jahre alten Glasfenster in der Mitte der Apsis (Kreuzigung Christi und thronende Madonna), sie sind die ältesten Wiens! Die übrigen Fenster wurden in den 1980er-Jahren von Lydia Roppolt geschaffen.

Die Ruprechtskirche war lange Zeit die Kirche der Salzschiffer, die mit ihren Kähnen vom Salzkammergut donauabwärts nach Wien ka-

Ruprechtskirche

men. Der heilige Ruprecht war ihr Schutzpatron, hatte er doch der Legende zufolge die Solequellen von Reichenhall einst selbst erschlossen. In der Kirche, am vorderen Pfeiler, befindet sich eine hölzerne Statue des Heiligen aus dem 14. Jahrhundert: In seiner linken Hand (die übrigens ganz ohne Arme direkt aus seinem Körper herauszuwachsen scheint) hielt er vermutlich einst sein wichtigstes Attribut: das Salzfass.

Der südliche Seitenarm der Donau, also der heutige Donaukanal (s. d.), floss früher noch viel näher an der Stadt vorbei, woran heute noch einige Straßennamen erinnern, etwa die »Fischerstiege«, »Maria am Gestade« oder eben der »Salzgries«. Letzterer befindet sich ganz in der Nähe von St. Ruprecht und war jene Anlegestelle, an der die Salzschiffer ihre kostbare Fracht an Land brachten (Gries bedeutet so viel wie grobsandiges Ufer). Von hier schaffte man es in ein Gebäude, das bis zu seiner Demolierung im Jahr 1832 direkt an die Ruprechtskirche grenzte: das kaiserliche Salzamt. Hier wurde das Salz gelagert und an die Einzelhändler der Stadt weiterverkauft.

Rund um die Kirche befand sich lange Zeit der Kienmarkt, auf dem neben Gewürzen und Singvögeln vor allem Kienspäne verkauft wurden. Sie waren weitaus billiger als Öl- oder Wachslichter und dienten daher besonders den ärmeren Menschen zur notdürftigen Beleuchtung ihrer Räume. Ab der Mitte des 17. Jahrhunderts stand hier ein weitläufiger Gebäudekomplex, das »Siebenbüchnerinnenkloster«. Kaiser Joseph II. löste es 1782 auf und ließ in dem düster wirkenden Bau ein Polizeihaus unterbringen, in dem sich ab nun lange Zeit das Schuldnergefängnis und das Untersuchungsgericht für politisch Verdächtige befanden. Erst 1885 wurde das Gebäude abgerissen, was die Verlängerung der Marc-Aurel-Straße bis hinunter zum Kai ermöglichte.

Sacher

1010, Philharmonikerstraße 4

»Dass er mir aber keine Schand' macht, heut' Abend!«, soll Fürst Metternich im Jahr 1832 dem 16-jährigen Kochlehrling gesagt haben, der als Aushilfe für den plötzlich erkrankten Küchenchef das Dessert für die geladene Abendgesellschaft zubereitete. Was der Lehrling – Franz Sacher hieß er – daraufhin schuf, war alles andere als eine »Schand'«: Er kreierte damals die wohl berühmteste Torte der Welt, die ab nun seinen Namen tragen sollte. Für Franz Sacher war das der Beginn einer schönen Karriere: Nach seinen Diensten bei Metternich war er für die Esterházys tätig, dann arbeitete er als Koch im »Adeligen Casino« in Pressburg und in Budapest, bevor er sich schließlich selbstständig machte und in der Wiener Weihburggasse ein gut gehendes Delikatessengeschäft und eine Weinhandlung eröffnete. Er war nun ein erfolgreicher Geschäftsmann und konnte seinem Sohn Eduard eine gute Ausbildung in London und Paris finanzieren.

Eduard Sacher kaufte 1874 das durch den Abbruch des alten Kärntnertortheaters (s. Staatsoper) wenige Jahre zuvor frei gewordene Grundstück nahe der Ringstraße und ließ ein »Hotel de l'Opera« errichten, das kurz darauf in »Hotel Sacher« umbenannt wurde. Schon bald erwarb es sich einen exzellenten Ruf: Die Ausstattung war luxuriös, das Service erstklassig und die nach Pariser Vorbild eingerichteten Chambres séparées ermöglichten den noblen Besuchern aus Adel und Politik die Möglichkeit zu diskreten Rendezvous und geheimen Besprechungen. Auch die Küche war ausgezeichnet, wozu das Tortenrezept, das Franz Sacher an seinen Sohn weitergegeben hatte, wohl kräftig beigetragen haben dürfte. Nicht zuletzt Eduard Sachers resolute Ehefrau Anna Maria trug zur steigenden Berühmtheit des Hauses bei. Nach dem Tod ihres Mannes im Jahr 1882 war sie die unumstrittene Chefin des Hauses. Die selbstbewusste Frau mit Vorliebe für Zigarren und Schoßhunde (von denen sie Hunderte besessen haben soll!) führte das Haus mit Energie, Charme und Durchsetzungsvermögen und galt schon bald als ein Wiener Original. Nach ihrem Tod im Jahre 1930 war der Schock allerdings groß, als die hohe Verschuldung des Sachers bekannt wurde: Vier Jahre später musste man Konkurs anmelden. Es wurde von den Ehepaaren Gürtler und Siller gekauft, die nun umfangreiche Sanierungsarbeiten durchführen ließen. Das Haus wurde auf den neuesten Stand der Technik gebracht und entsprach bald allen Anforderungen einer zeitgemäßen Gastronomie. 1962, nach dem Tod Frau Sillers, ging es ganz in den Besitz der Familie Gürtler über, die es bis heute höchst erfolgreich leitet. Elisabeth Gürtler, die derzeitige Chefin des Hauses, ließ es erst vor Kurzem um zwei Geschoße aufstocken und um zusätzliche Gästezimmer erweitern.

Das Sacher, mittlerweile ein Fünf-Sterne-Hotel, ist längst zu einer Wiener Institution geworden. Unzählige Geschichten und Anekdoten ranken sich um das Haus und unzählige Berühmtheiten stiegen hier ab. Nicht nur die Dirigenten, Sängerinnen und Sänger von der benachbarten Staatsoper schreiben sich seit Jahrzehnten ins Gästebuch, sondern auch Schauspieler, Politiker und gekrönte Häupter aus aller Welt. Hunderte Fotografien an den Wänden erinnern noch heute an all die Prominenten, darunter auch an John Lennon und Yoko Ono, die auf ihren Flitterwochen im Jahr

1969 hier eines ihrer legendären »Bed-ins« veranstalteten.

In die Filmgeschichte fand das Sacher durch den (mehrmals für den Literaturnobelpreis vorgeschlagenen) englischen Schriftsteller Graham Greene Eingang. Nach der Befreiung Wiens 1945 war das Haus zunächst kurze Zeit von den Sowjets besetzt, bevor es von den Briten bis ins Jahr 1951 als Quartier genutzt wurde. Während dieser Zeit stieg auch Greene hier ab, um im Auftrag des Filmproduzenten Alexander Korda im schwer zerstörten Nachkriegs-Wien nach einem spannenden Filmthema zu suchen. Greene ließ sich im Sacher von einem britischen Geheimdienstoffizier über den Schwarzmarkt, den illegalen Penicillinhandel und über das weitverzweigte Kanalsystem Wiens berichten. Daraufhin schrieb er das Drehbuch zu einem der berühmtesten Filme des 20. Jahrhunderts: »Der dritte Mann« mit Orson Welles und Joseph Cotten (der als »Holly Martins« im Film übrigens ebenfalls im Sacher logiert).

Was von Franz Sacher vor über 170 Jahren kreiert wurde, erweist sich heute übrigens als wichtiger wirtschaftlicher Faktor. Nachdem 1955 das Wiener Handelsgericht den jahrzehntelangen Rechtsstreit mit der »Hofzuckerbäckerei« Demel zugunsten des Sachers entschied, darf nur noch hier die »originale« Sachertorte verkauft werden. Nach streng gehütetem Rezept werden täglich rund 1000 Torten hergestellt, die in aller Welt Abnehmer finden. Sie machen etwa ein Viertel des Jahresumsatzes des Hauses aus.

Salesianerinnenkloster Mariae Heimsuchung

1030, Rennweg 8–10

Joseph I. zählt zu den eher unbekannten Habsburgerkaisern des Heiligen Römischen Reiches. Das mag daran liegen, dass er nur recht kurz (nämlich von 1705 bis 1711) regierte und in der Herrschaftsfolge zwischen zwei sehr wichtigen Kaisern lag: seinem Vater Leopold I. und seinem Bruder Karl VI.

Joseph wird in den Quellen als lebenslustiger, musikbegeisterter und vergleichsweise wenig frommer Mann beschrieben, der gerne auf die Jagd ging und auch diversen Affären mit Hofdamen nicht unbedingt auswich. Er steckte sich und in weiterer Folge auch seine Ehefrau Amalie Wilhelmine, eine norddeutsche Prinzessin, mit einer Geschlechtskrankheit an, nach der sie nach Geburt zweier Töchter keine Kinder mehr bekommen konnte.

Joseph starb 1711 im Alter von nur 33 Jahren an den Blattern, seine fromme Gemahlin zog sich daraufhin weitgehend vom öffentlichen Leben zurück. Amalie stiftete am angrenzenden Grundstück des etwa zeitgleich entstehenden Schlosses Belvedere (s. d.) ein Kloster für den Orden der Salesianerinnen, in dem auch ein Pensionat für (wohlhabende) bürgerliche Mädchen und Aristokratentöchter eingerichtet wurde. Im Mai 1719 fand die Einweihung des neu errichteten Gebäudes und der Kirche statt und die Kaiserinwitwe bezog hier später bis zu ihrem Lebensende Quartier.

Der Gebäudekomplex wurde von Baumeister Donato d'Allio den Aufgaben entsprechend großzügig gestaltet: als Kloster der kontemplativ lebenden Nonnen, als Schule der jungen Mädchen und als Witwensitz der einstigen

Kaiserin mitsamt ihrem Hofstaat. Amalies Gemächer verfügten über einen direkten Zugang zum Klausurbereich der Ordensschwestern und waren somit sowohl mit deren Welt als auch mit der »irdischen« verbunden. Viele Jahre lebte die Witwe in ihrem geliebten Kloster am Rennweg, bevor sie im April 1742 starb. Ihrem letzten Willen zufolge bestattete man sie hier – im Ordenskleid der Salesianerinnen – unter dem Hochaltar der Kirche. Nur ihr Herz wurde dem Leichnam entnommen und zu Füßen ihres Gatten Joseph in der Kaisergruft bei den Kapuzinern (s. Kapuzinergruft) beigesetzt. Die Kaiserkrone, die neben ihren Initialen am Haupttor des Salesianerinnenklosters (Rennweg 8) angebracht ist, erinnert heute noch an die Stifterin der Anlage.

Die wunderschöne Barockkirche, nach Wunsch der Salesianerinnen relativ schlicht gehalten, wird vom längsovalen Hauptbau dominiert, über dem die fast 50 Meter hohe Kuppel thront (sie ist am besten von der Terrasse des Oberen Belvedere aus zu sehen). Giovanni Antonio Pellegrini schuf während der 1720er-Jahre das Kuppelgemälde »Himmelfahrt Mariens«. Es handelt sich dabei übrigens um kein echtes Fresko, da der Putz des Mauerwerks bei Pellegrinis Ankunft aus Venedig längst getrocknet war. In einem knappen halben Jahr schuf der Künstler – vorrangig in milchigem Weiß – das monumentale Kuppelbild daher in Ölfarbe.

Einer der Seitenaltäre erinnert durch eine Reliquie an den 2003 seliggesprochenen Ladislaus Fürst Batthyány-Strattmann. Er entstammte einer der angesehensten ungarischen Adelsfamilien, entschloss sich aber, einen bürgerlichen Beruf zu erlernen. Er wurde Arzt und

Das Salesianerkloster

kümmerte sich als solcher aufopfernd um seine zumeist mittellosen Patienten. Sie mussten für die Behandlung nichts bezahlen und bekamen oft auch die Medikamente von ihm geschenkt. Im Jahr 1898 ließ er aus eigenen Mitteln nahe seinem Schloss im nordburgenländischen Kittsee ein modernes Krankenhaus errichten, in das er einen Großteil seines Vermögens steckte. Es existiert auch heute noch und trägt seinen Namen.

Das Salesianerinnenkloster wurde aufgrund seiner angeschlossenen Schule nicht von Joseph II. aufgehoben und besteht noch heute. Wegen der in Klausur lebenden Ordensschwestern ist es aber größtenteils nicht öffentlich zugänglich. Hinter den hohen Mauern verbringen die Nonnen die meiste Zeit schweigend und betend. In einem Teil des Gebäudekomplexes sind seit 20 Jahren auch Räumlichkeiten der Universität für Musik und darstellende Kunst untergebracht.

Schloss Schönbrunn

1130, Schönbrunner Schlossstraße)

Wären die ursprünglichen Baupläne Johann Bernhard Fischers von Erlach tatsächlich umgesetzt worden, verfügte Wien heute über ein Schloss, das wahrscheinlich selbst Versailles in den Schatten stellen würde. Der berühmte Barockarchitekt sah in seinem ersten Entwurf vor, die kaiserliche Sommerresidenz hoch oben auf der Höhe des Schönbrunner Schlossbergs zu errichten, dort, wo nun die Gloriette steht. Diese Anlage wäre, so ist den erhaltenen Entwürfen zu entnehmen, wahrlich gigantisch gewesen, versehen mit ausladenden Nebengebäuden, mit Wasserspielen, Kolonnaden und breiten Auffahrtsrampen. Freilich: Kaiser Leopold I. wollte nach der siegreichen Verteidigung Wiens gegen die Türken zwar ein prachtvolles Schloss haben, das auch den Ruhm seiner Dynastie widerspiegeln sollte, aber es durfte dennoch nicht vollends den finanziellen Rahmen sprengen! An der Stelle eines alten, im Zuge der Türkenbelagerung zerstörten Jagd- und Lustschlösschens wurde also ab dem Jahr 1695 mit dem Bau einer vergleichsweise schlichten Anlage begonnen, einer, die letztlich »nur« über 1400 Zimmer verfügte.

Bis weit ins 18. Jahrhundert spielte Schönbrunn allerdings keine überragende Rolle als Sommersitz der Habsburger. Die »neue Favorita« auf der Wieden (s. Theresianum) war, wie der Name schon sagt, bevorzugtes Refugium Kaiser Karls VI., und erst unter seiner Tochter Maria Theresia blühte das Sommerschloss im Vorort Hietzing erstmals auf. Architekt Nikolaus Pacassi baute für die Kaiserin ab den 1740er-Jahren die Anlage großzügig um, und jetzt erst wurde sie zur eigentlichen, prachtvollen Residenz des Hofes, die sie bis zum Ende der Monarchie bleiben sollte.

Von der stets stark befahrenen Schönbrunner Schlossstraße betritt der Besucher den Ehrenhof, dessen Eingang von zwei Adler-bewehrten Obelisken flankiert ist (diese Säulen stammen übrigens nicht – wie oft zu lesen – aus jener Zeit, da Napoleon in Schönbrunn abstieg, sondern waren von Anfang an durch Fischer von Erlach geplant). Hier, auf beiden Seiten des kiesbestreuten Platzes, waren früher die Stallungen und Wagenremisen eingerichtet, auf dem Hof selbst wurden Paraden oder Truppenrevuen abgehalten. Rechts, in der nordwestlichen Ecke des Hofs, befindet sich der Eingang

Eingang zum Ehrenhof

zum Schlosstheater. Es diente seit der Mitte des 18. Jahrhunderts der kaiserlichen Familie als private Bühne für intime Theater- und Opernaufführungen. Christoph Willibald Gluck, Antonio Salieri und andere bedeutende Komponisten der Zeit schufen damals mehrere kleine Opern, in denen die Kinder Maria Theresias selbst auf der Bühne mitwirkten. Seit den 1920er-Jahren finden hier übrigens die Aufnahmeprüfungen des Max-Reinhardt-Seminars, der berühmten Schauspielschule, statt.

Hinter dem Theater befindet sich die Wagenburg mit ihrer bedeutenden Sammlung historischer Kutschen, Schlitten, Sänften und Nutzfahrzeuge, die einst unter den Habsburgern in Gebrauch standen. Bis in die 1920er-Jahre waren sie in den ehemaligen Hofstallungen (s. Museumsquartier) untergebracht, bevor sie hier, in der alten Winterreitschule Schönbrunns, aufgestellt wurden. Die große schwarze Prunkkarosse links vom Eingang war übrigens im Jahr 1989 zum letzten Mal im Einsatz, nämlich beim Begräbnis Kaiserin Zitas. Ihr Sarg wurde darauf vom Stephansdom zur Kapuzinergruft (s. d.) gebracht.

Durch einen Durchgang auf der gegenüberliegenden Seite des Ehrenhofs kommt man zum lang gestreckten Gebäude der Orangerie, das der Aufzucht der immens kostbaren exotischen Pflanzen diente. Obwohl das Schloss damals während der Winterzeit noch nicht bewohnbar war, nutzte man doch das geheizte Gewächshaus gerne für prächtige Veranstaltungen, und so kam es am 7. Februar 1786 zu einem berühmten musikalischen Wettstreit. Kaiser Joseph II. lud anlässlich eines Besuchs seiner Schwester Marie Christine und ihres Gatten Albert von Sachsen die beiden berühmtesten Musiker Wiens ein: Antonio Salieri und Wolfgang Amadeus Mozart. Im Zuge eines »Frühlingsfestes an einem Wintertag« sollten sich die beiden in einem Opernwettbewerb miteinander messen. Mozart war damals mitten in der Arbeit zu »Le nozze di Figaro« und wurde durch den kaiserlichen Auftrag bloß gestört. Sein Beitrag, den er ohne rechte Lust und

Leidenschaft für die Veranstaltung in der Schönbrunner Orangerie komponierte, war das deutsche Singspiel »Der Schauspieldirektor«. Salieri war mit seiner kleinen Oper »Prima la musica, dopo le parole« eindeutig der Sieger des Wettstreits.

Das Schloss selbst ist heute eine der weitaus größten Tourismusattraktionen Österreichs. Täglich werden Tausende Besucher durch die prachtvoll gestalteten Appartements geschleust, die vielen Mitgliedern der Familie Habsburg als Wohn- und Arbeitsräume dienten. Die Zimmer sind allesamt reich ausgestattet mit Fresken, Intarsienböden, Holztäfelungen oder wertvollen Tapisserien, dazu kommen noch die chinesischen Kabinette mit ihren – damals beinahe unerschwinglich teuren – Lacktafeln und Porzellanarbeiten. Unzählige Gemälde zieren die Wände, viele davon sind Porträts der Kinder Maria Theresias, Werke des kaiserlichen Hofmalers Martin van Meytens. Im Mittelteil des ersten Stocks befinden sich die Große und die Kleine Galerie, also die mit Stuckarbeiten und prächtigen Fresken Gregorio Guglielmis versehenen Audienz- und Festsäle.

Auch die Gemächer Franz Josephs und seiner Gemahlin Elisabeth sind zu besichtigen. Während seine Frau sich ja bekanntlich immer mehr vom ungeliebten Wiener Hof zurückzog, schätzte der Kaiser Schönbrunn sehr. Mitten im Ersten Weltkrieg, am 21. November 1916, starb er hier im Alter von 86 Jahren. Zwei Jahre später musste sein Nachfolger Kaiser Karl den völligen Zusammenbruch der österreichisch-ungarischen Monarchie miterleben. In einem der Räume des Schlosses Schönbrunn unterzeichnete er das berühmte Dokument, mit dem er auf die Teilnahme an den Regierungsgeschäften verzichtete (was wohlgemerkt kein ausdrücklicher Thronverzicht war, weshalb er auch wenige Monate später mit seiner Familie ins Schweizer Exil gehen musste).

Wer das Schloss besucht, sollte sich unbedingt mindestens ebenso viel Zeit für den weit-

Das Palmenhaus

Gloriette

läufigen Park nehmen, bildeten doch die steinerne und die »grüne« Architektur von Anfang an eine nicht zu trennende Einheit. Besonders ab der Mitte des 18. Jahrhunderts wurde viel Energie in den Ausbau der französischen Gartenanlage gesteckt, mit ihren sternförmig angelegten Alleen und bunten Blumenrabatten, den Brunnen, Marmorstatuen, Irrgärten und der kaiserlichen Menagerie.

Auf der Höhe des Schönbrunner Schlossbergs steht die Gloriette, zu der sich Maria Theresia – im Alter schon ziemlich beleibt – mittels eines Aufzugs hochziehen lassen konnte. Der damals noch unverglaste Bau diente der kaiserlichen Familie oft als Frühstückspavillon. Ein kleines, hölzernes Küchenhaus befand sich deshalb in unmittelbarer Nähe zwischen den Bäumen. Das Wasserbassin vor der Gloriette speist den Neptunbrunnen am Fuße der Anhöhe. Dieser Brunnen ist der beste Ausgangspunkt für einen Spaziergang durch den Park.

Wendet man sich vom Schloss aus gesehen nach links, gelangt man zur künstlich angelegten Römischen Ruine (die vermutlich eher das untergegangene Karthago darstellen soll, immerhin waren die Habsburger Kaiser des Heiligen Römischen Reiches und konnten sich so an den bezwungenen Rivalen Roms erinnern lassen!). Wenige Schritte entfernt steht der Schöne Brunnen, dem das Schloss seinen Namen verdankt. Das Wasser galt früher als besonders bekömmlich, weshalb es sich die kaiserliche Familie mit eigenen Eseltransporten auch in die Hofburg liefern ließ. Schon im frühen 17. Jahrhundert ließ Kaiser Matthias diese Quelle im damaligen Jagdgebiet einfassen, das heutige Brunnenhäuschen stammt, so wie alle übrigen steinernen Denkmäler und Figuren des Parks, aus den 1770er-Jahren.

Zu dieser Zeit entstand auch die Sibyllengrotte mit dem hoch aufragenden Obelisken: Die skurrile Hieroglyphenschrift, mit der er geschmückt ist, soll die glorreiche Geschichte der Dynastie Habsburg erzählen! (Natürlich sind diese Schriftzeichen reine Fantasie, denn erst über 50 Jahre später konnten die echten ägyptischen Hieroglyphen entschlüsselt werden.)

Rechts vom Neptunbrunnen kommt man zum berühmten Schönbrunner Tiergarten, dem ältesten noch bestehenden Zoo der Welt. Maria Theresias Gemahl Franz I. Stephan gründete ihn im Jahr 1752. Der Kaiser war ja kaum in die hohe Politik eingebunden, denn seine Gattin führte höchst energisch die Regierungsgeschäfte. Er kümmerte sich somit einerseits um die Ordnung der österreichischen Finanzen (was ihm übrigens ausgezeichnet gelang: Aus seinem Erbe konnte Joseph II. später nicht nur das Budget der Monarchie sanieren, sondern auch den »Familienversorgungsfonds« der Habsburger anlegen, der bis 1918 bestand), andererseits ging er seinen naturkundlichen Interessen nach. Seine Menagerie beherbergte schon bald viele wertvolle exotische Tier, und wuchs im Laufe der Jahrzehnte immer weiter an. Franz Stephan schickte auch eigene For-

Die »Römische Ruine« im Schönbrunner Schlosspark

schungsexpeditionen in die Karibik und nach Südamerika, die reiche zoologische und botanische Sammlungen nach Wien brachten.

Manche Tiere der Menagerie bewirkten später enormes Aufsehen in Wien: Als etwa 1828 die erste Giraffe, ein Geschenk des ägyptischen Vizekönigs, in Schönbrunn eintraf, sorgte sie für helle Begeisterung. Auf den Vorstadtbühnen wurden eigens komponierte Singspiele über sie aufgeführt und selbst eine »Giraffentorte« wurde damals kreiert.

Während der 1990er-Jahre wurde der Tiergarten vorbildlich saniert und die bis dahin längst nicht mehr artgerechte Tierhaltung entscheidend verbessert. Heute zählt er zu den modernsten und bekanntesten Zoos der Welt.

Schottenkloster

1010, Freyung

Vielen Wienern ist Heinrich II. vermutlich nur wegen seines eigenartigen Beinamens »Jasomirgott« ein Begriff, dabei war der Babenberger einer der wichtigsten mittelalterlichen Herrscher des Landes. Zu seinen Lebzeiten wurde die Markgrafschaft Österreich zum Herzogtum erhoben (1156) und Heinrich verlegte die Residenz von Klosterneuburg in die bislang ziemlich unbedeutende Stadt Wien, deren Aufstieg zum politischen, wirtschaftlichen und kulturellen Zentrum nun begann.

Auf der Freyung erinnert heute noch die Schottenkirche an den Babenbergerherzog. Im Jahr 1155 holte er Benediktinermönche aus Regensburg nach Wien und stiftete ihnen hier ein Kloster. Da diese Mönche aus Irland stammten und man damals zwischen Irland und Schottland keinen großen Unterschied machte (das eine nannte man »scotia maior«, das andere »scotia minor«), bürgerte sich der Begriff »Schotten« ein, der sich bis auf den heutigen Tag erhalten hat. Das Kloster lag zunächst noch vor den Toren Wiens, denn die Stadtmauer verlief damals entlang der heutigen Strauchgasse und Renngasse und wurde erst um 1200 bis zur heutigen Ringstraße erweitert.

Binnen kurzer Zeit wurden rund um Kirche und Kloster zahlreiche neue Häuser, Wirtschaftshöfe und eine Pilgerherberge gebaut: Das »Schottenviertel« entstand und bildete bald einen der vier mittelalterlichen Bezirke Wiens (neben Stuben-, Widmer- und Kärntnerviertel). Während des 13. und 14. Jahrhunderts war das Stift einer der wichtigsten Grundbesitzer der Stadt: Es zog den Zins für zweihundert Häuser ein (was etwa einem Fünftel von Wien entsprach!). Doch trotz dieser guten Voraussetzungen geriet es schließlich in eine ernste Krise. Was schon seit Langem immer wieder für Konflikte gesorgt hatte, trat um 1400 besonders deutlich hervor: Die Mönche, die ja weiterhin aus Irland nach Wien kamen, beharrten auf ihrer keltischen Sprache und ihren Sitten und waren trotz Ermahnung durch den Landesfürsten nicht bereit, auch deutschsprachige Benediktiner aufzunehmen. Der damalige Abt meinte kurz und knapp: »Entweder erwürgen sie uns oder wir sie« (»erwürgen« heißt hier allerdings nichts anderes als »unterdrücken«). In ihrer Selbstisolierung vernachlässigten die Schotten zunehmend ihre Pflichten. Das Vermögen des Klosters schwand, die Kirche verfiel, Messornate und Glocken mussten verpfändet werden. Als der Papst 1418 ein Ultimatum stellte, endlich deutschsprachige Mönche zuzulassen, zogen es die Schotten vor,

Blick über die Freyung auf das Schottenstift

Wien ganz zu verlassen und nach Regensburg zurückzukehren. Ihr Kloster wurde Benediktinern aus Melk übergeben.

Es ist leider nicht mehr viel vom mittelalterlichen Klosterkomplex übrig geblieben. Die ursprünglich romanische Kirche, die noch viel größer war als die heutige, wurde mehrmals umgebaut, ihr jetziges Aussehen geht im Wesentlichen auf die erste Hälfte des 17. Jahrhunderts zurück. Die Deckengemälde und Teile der Inneneinrichtung stammen gar erst aus dem späten 19. Jahrhundert, so ist etwa der große neoklassizistische Marmoraltar das letzte Werk Heinrich von Ferstels, er entstand im Jahre seines Todes 1883. Nur noch in der kleinen Kapelle, zu der man durch eine Eisentür (Freyung 6a) gelangt, erkennt man Reste des romanischen Baus. In dieser Kapelle ist übrigens die älteste Marienstatue Wiens aufgestellt.

Das Klostergebäude rund um den begrünten Schottenhof wurde um das Jahr 1830 von Josef Kornhäusel teilweise in eine große biedermeierliche Wohnhausanlage umgestaltet. Hier wohnte kurze Zeit Franz Grillparzer und Franz Liszt verbrachte viele Jahre seines Lebens hier (ein original eingerichtetes Zimmer aus seiner Wohnung ist heute übrigens im burgenländischen Landesmuseum in Eisenstadt zu sehen). In der Mitte des Schottenhofes befindet sich der Garten des traditionsreichen Gasthauses Schottenkeller. Den Benediktinermönchen war ja bereits im 12. Jahrhundert »auf ewige

Zeiten« das Schankrecht verliehen worden, das sie bis heute innehaben. Seit 1976 ist der Schottenkeller an die »Wienerwald«-Kette verpachtet.

An der nördlichen Seite des Hofes ist seit dem beginnenden 19. Jahrhundert eine der traditionsreichsten Schulen Wiens untergebracht: das Schottengymnasium. Hier gingen unter anderem Johann Strauß, Johann Nestroy und Victor Adler zur Schule.

Schubert-Gedenkstätten

1090, Nußdorfer Straße 54
1040, Kettenbrückengasse 6

Es ist auffallend, dass unter jenen Komponisten, die am meisten zum Ruf der »Musikstadt« Wien beitrugen, nur wenige geborene Wiener zu finden sind. Schubert stellt in diesem Sinn (neben der Strauß-Familie) also beinahe ein Unikum dar.

In einem typischen Vorstadthaus am Himmelpfortgrund (1090, Nußdorferstraße 54) kam Franz Schubert am 31. Jänner 1797 zur Welt. Sein Vater war – so wie viele der männlichen Familienangehörigen – Lehrer. In einer der kleinen Wohnungen im Erdgeschoß des Hauses richtete er seine Schule ein, die eigentlich nur aus einem einzigen engen Raum bestand. Hier brachte er im Schichtbetrieb täglich bis zu 170 Kindern das Schreiben und Lesen bei. Seine Privatwohnung befand sich im ersten Stock. Auch sie bestand aus nur einem Zimmer und einer Küche, musste jedoch einer mehrköpfigen Familie Platz bieten, denn Elisabeth Schubert schenkte 14 Kindern das Leben, von denen allerdings nur fünf ein reifes Alter erreichten.

Franz wuchs in einem stark von der Musik geprägten Umfeld auf: Der Vater brachte ihm schon früh das Violinspielen bei, vom älteren Bruder Ignaz wurde er am Klavier unterwiesen. Oft sang und musizierte die Familie gemeinsam, darüber hinaus erhielt der junge Franz in der nahe gelegenen Lichtenthaler Kirche, wo er einst getauft worden war, Orgelunterricht.

Ab dem Alter von neun Jahren ging er im Akademischen Gymnasium in der Bäckerstraße zur Schule und war als Sängerknabe der kaiserlichen Hofkapelle tätig. Als solcher wohnte er als Stipendiat im nahe gelegenen Stadtkonvikt (also im Gebäude der Alten Universität (s. d.), heute: 1010, Dr.-Ignaz-Seipel-Platz 1). Kein Geringerer als der berühmte Hofkapellmeister Antonio Salieri wurde bald auf das überragende musikalische Talent des Knaben aufmerksam. Der damals gefeierte Komponist erteilte ihm kostenlosen Privatunterricht.

Nachdem Schubert einige Jahre als Schulgehilfe für seinen Vater gearbeitet hatte, wagte er den Schritt in eine ungewisse Zukunft und machte sich im Alter von 19 selbstständig. Lange zuvor schon hatte er mit dem Komponieren von Liedern begonnen: Im Laufe seines kurzen Lebens sollten neben acht Symphonien, sieben Messen, Streichquartetten, Sonaten und Tänzen nicht weniger als 600 entstehen! Vor allem der »Erlkönig« machte Schuberts Namen bald einem größeren Publikum bekannt. Doch sehr viel Geld verdiente der junge Mann als freischaffender Musiker nicht. Anders als Beethoven, der damals ja über viele vermögende Gönner aus der Hocharistokratie verfügte, schaffte Schubert nie den Sprung in die »höhere Gesellschaft«. Seine Welt blieb stets

Schuberts Geburtshaus

die bürgerliche und seine Freunde waren die Sänger, Dichter, Schauspieler und Maler des biedermeierlichen Wien. Ihre geselligen Runden, ihre Ausflüge, Liederabende, kurz: die »Schubertiaden«, wurden legendär.

Neben seinem Geburtshaus ist heute auch die Sterbewohnung Schuberts als kleines Museum gestaltet (1040, Kettenbrückengasse 6). Sie befindet sich in einem unscheinbaren Haus, das kurze Zeit bevor der Komponist hier einzog, erbaut worden war. Sein älterer Bruder Ferdinand wohnte damals als »Trockenmieter« zu verringertem Zins in den noch feuchten Mauern des neuen Hauses. Er nahm Franz als Untermieter auf.

Auf Anraten seines Arztes hatte Schubert zuvor die Wohnung in der Innenstadt verlassen, wo er gemeinsam mit seinem Freund Franz von Schober über ein Jahr gelebt hatte. Die bessere Luft vor den Toren der stickigen Stadt würde ihm gut tun – so meinte man jedenfalls. Er war schon lange schwer krank und sein Zustand verschlechterte sich immer mehr. Nach der Übersiedelung blieben ihm nur noch zwei Monate. In einem Brief an Schober schrieb er: »Ich habe schon 11 Tage nichts gegessen u. nichts getrunken, u. wandle matt u. schwankend von Sessel zu Bett u. zurück.« Bis zuletzt arbeitete er noch an seinem berühmten Liederzyklus »Die Winterreise«. In dem kleinen Kabinett der Wohnung starb Schubert am Nachmittag des 19. November 1828 im Alter von 31 Jahren. Die Todesursache war Bauchtyphus und nicht Syphilis, wie manchmal behauptet wird. Die gefährliche Geschlechts-

Schuberts Sterbehaus

krankheit, an der er früher tatsächlich litt, war damals bereits ausgeheilt.

Kurz vor seinem Tod fantasierte er im Fieberwahn vom verehrten Beethoven, den er aber nie persönlich kennengelernt hatte. Nun wurde er zumindest neben dessen Grab auf dem Währinger Ortsfriedhof (s. Jüdischer Friedhof Währing) beerdigt. Die Inschrift des Steines stammte von seinem Freund Franz Grillparzer: »Die Tonkunst begrub hier einen reichen Besitz; aber noch viel schönere Hoffnungen«. Als der Friedhof später aufgelassen wurde, exhumierte man die Überreste Beethovens und Schuberts und bestattete sie in benachbarten Ehrengräbern auf dem Zentralfriedhof (s. d.).

Secession

1010, Friedrichstraße 12

Der Gründung der Secession ging ein Streit im Künstlerhaus (s. d.) voran, also der Genossenschaft der bildenden Künstler Österreichs. Das eingereichte Gemälde »Kirschenpflückerin« von Josef Engelhart wurde von manchen Mitgliedern aufgrund seiner Freizügigkeit zurückgewiesen, was wiederum zu großem Protest anderer, zumeist jüngerer Mitglieder führte. Unter der Leitung Gustav Klimts traten 19 Künstler geschlossen aus dem Künstlerhaus aus und gründeten am 3. April 1897 nach Münchner und Berliner Vorbild eine eigene »Vereinigung der bildenden Künstler – Secession«. Der Bruch war perfekt. Obwohl es ganz nach einem Generationenkonflikt aussah, darf nicht vergessen werden, dass auch durchaus reifere Künstler wie etwa Carl Moll und Otto Wagner sich der neuen Bewegung anschlossen, ja selbst der 85-jährige Rudolf von Alt, einst selbst Präsident des Künstlerhauses. Vom Kaiser einmal darauf angesprochen, soll er gesagt haben: »Ich bin zwar wirklich schon alt, Majestät, aber ich fühle mich noch jung genug, um wieder von vorne anzufangen.«

Die Secessionisten stellten sich in den kommenden Jahren vehement gegen die Formensprache des Historismus und traten für Innovation und künstlerische Auffrischung ein. Ihr stolzes Motto lautete: »Der Zeit ihre Kunst – der Kunst ihre Freiheit«. Die internationalen, modernen Strömungen wurden interessiert aufgenommen, während die im Künstlerhaus verbliebenen Architekten, Maler und Bildhauer zumeist weiterhin den Geschmack der Ringstraßenära bedienten.

Von Anfang an war klar, dass es die Secessionisten nicht leicht haben würden, sich im konservativen Umfeld Wiens zu behaupten. Das prächtige neue Vereins- und Ausstellungsgebäude, entworfen von Otto Wagners Mitarbeiter Josef Maria Olbrich, sollte ursprünglich an der Ringstraße stehen, doch der Gemeinderat protestierte heftig dagegen. Etwas abseits, an der Friedrichstraße beim Naschmarkt, musste es gebaut werden, und selbst diese Bewilligung galt eigentlich nur für ein Provisorium, das

Secession um 1900, davor die Fuhrwerke des nahen Naschmarkts

nach spätestens zehn Jahren wieder abgerissen werden sollte. Ein großer Teil der Presse höhnte über das neue Gebäude. Der Fantasie waren keine Grenzen gesetzt, wenn es darum ging, spöttische Namen dafür zu erfinden: Es wurde als »Tempel für Laubfrösche«, »Ägyptisches Königsgrab« oder »Krematorium« bezeichnet, ja sogar als »Tempel der anarchischen Kunstbewegung«! Wegen der aus vergoldeten bronzenen Lorbeerblättern gestalteten Kuppel hielt sich bis heute der Ausdruck »goldenes Krauthappel«.

Kaiser Franz Joseph besuchte zwar 1898 die erste Ausstellung der Secession (damals noch in den Räumen der Gartenbau-Gesellschaft), zeigte ansonsten aber kein großes Interesse an der »neumodischen« Vereinigung. Er hielt sich vielmehr an die Vertreter des altbewährten Künstlerhauses. Der Direktor des Museums für Kunst und Industrie (s. Museum für angewandte Kunst) Eduard Leisching schrieb in diesem Zusammenhang einmal über den Kaiser: »Viel mehr zuwider als die moderne Kunst, die er gewiss nicht leiden konnte, war dem Monarchen der laute Streit, der darüber entbrannt war. Streit hatte er im Reiche ja übergenug, in der Kunst wenigstens wollte er Ruhe haben.«

Während heute die Ausstellungsräume des Gebäudes weiterhin der zeitgenössischen Kunst vorbehalten sind, befindet sich im Kellergeschoß eine kleine Dokumentation zur Geschichte der Secession und ihrer Künstler. Im Nebenraum hängt jenes Kunstwerk, das wohl die meisten Besucher anlockt: der weltberühmte Beethoven-Fries von Gustav Klimt. Bei der 14. Ausstellung der Secession im Jahr 1902 wurde im Hauptsaal des Gebäudes die Beethoven-Skulptur von Max Klinger aufgestellt. Die übrigen künstlerischen Beiträge bezogen sich ganz auf sie, so auch der mehrteilige Fries, in dem Klimt Beethovens neunte Symphonie gleichsam als sichtbares Kunstwerk neu schuf. Die Kritiker waren wenig begeistert: »Solche Orgien hat das Nackte noch in keiner Wiener Ausstellung gefeiert«, hieß es da etwa.

Es war als vergängliches Werk geschaffen und sollte nach Ende der Ausstellung einfach von den Wänden abgeschlagen werden. 1903 wurde es jedoch von privater Seite gekauft und kam später in den Besitz der Republik Österreich. 1986 wurde der Beethoven-Fries wieder in der Secession aufgehängt und ist seither in restaurierter und rekonstruierter Fassung ständig zu sehen.

Servitenkirche

1090, Servitenplatz

Auf einem der hübschesten Plätze des Alsergrunds steht die frühbarocke Kirche »Maria Verkündigung«. Dass es sich dabei um eine Gründung der Serviten handelt, ist deutlich am Monogramm des Ordens, den ineinander verschlungenen Buchstaben »S« und »M« (»Servi Mariae« = Diener Mariens) zu erkennen, die auf dem Giebelfeld der Kirchenfassade zu sehen sind.

Die Serviten kamen während des Dreißigjährigen Krieges nach Wien. Die Vorstadt Roßau, in der sie sich niederließen, war damals noch eine recht ärmliche Gegend inmitten der Donauauen, nur spärlich besiedelt von Fischern und Flussschiffern. Der Orden ließ nun ein Klostergebäude und eine Kirche erbauen, die urspünglich aus Holz gefertigt war. Sie dürfte ein ziemlich bescheidenes Bauwerk gewesen

sein, wurde sie im Volksmund doch nur »Krippe des Herrn« genannt. Im Jahr 1651 stiftete Fürst Ottavio Piccolomini eine hohe Geldsumme, mit welcher der prachtvolle Neubau in Angriff genommen werden konnte.

Piccolomini wünschte sich, in dieser Kirche eines Tages begraben zu werden, oder besser gesagt: »bestattet«, denn sein Sarg durfte auf eigene Verfügung hin nicht den Erdboden berühren! Dies sollte ein Zeichen seiner Sühne sein, hatte er doch Jahre zuvor einen Verrat begangen, den er zu Ende seines Lebens als große Schuld empfand. Während des Dreißigjährigen Krieges hatte er als kaiserlicher General an der Seite Albrechts von Wallenstein gekämpft. Später wandte er sich allerdings von diesem ab und war maßgeblich an der Verschwörung beteiligt, im Zuge derer Wallenstein in Eger ermordet wurde. Vor seinem Tod verbat Piccolomini daher auch ausdrücklich, dass man ihm ein Grabmal setzte. Als er 1654 starb, brachte man seinen Sarg in die (damals noch nicht fertiggestellte) Servitenkirche und hängte ihn an Ketten unterhalb der großen linken Seitenkapelle (Kapelle der schmerzhaften Muttergottes) auf. Nur die in Stuck ausgeführten Kriegssymbole an den Pfeilern und Piccolominis Wappen verweisen darauf, dass der Feldherr hier bestattet ist. Im Kreuzgang des Klosters erinnert eine Porträtbüste an ihn.

1677 war die Kirche vollendet, die künstlerische Ausgestaltung des ovalen Innenraumes wurde im 18. Jahrhundert weitergeführt. Zu erwähnen ist hier vor allem die wunderschöne Kanzel, deren reicher Figurenschmuck vom berühmten Balthasar Moll stammt.

Rechts vom Hochaltar erinnert ein großes gotisches Kreuz aus dem frühen 15. Jahrhundert an den berüchtigten »Rabenstein in der Roßau«. Dieses gemauerte Podest stand einst dort, wo sich heute der Schlickplatz befindet, und diente bis zur Mitte des 19. Jahrhunderts als Richtstätte. Dort stand der Galgen, dort wurde gerädert (s. Spinnerin am Kreuz), geköpft und »gebrandmarkt«. Nach der vorläufigen Abschaffung der Todesstrafe unter Joseph II. wurde der Rabenstein abgerissen und das dort stehende Kreuz hier in der Servitenkirche angebracht. Als unter Kaiser Franz die Hinrichtungen am Rabenstein wieder einsetzten, sorgten sie wie eh und je für großes Publikum. Ein besonderes Schauspiel für die Wienerinnen und Wiener war die Exekution des legendären Räuberhauptmanns Johann Georg Grasel und einiger seiner Bandenmitglieder im Jahr 1818.

An einen wichtigen Servitenheiligen erinnert die Peregrinkapelle, die 1727 an die rechte Kirchenseite angebaut wurde. Peregrin, der Ordensprior aus dem 14. Jahrhundert und Patron der Fußleidenden, war im Jahr zuvor heiliggesprochen worden. Bald setzte eine rege Wallfahrt zu den Serviten in der Roßau ein, darüber hinaus wurde einmal im Jahr der gut besuchte Peregrinimarkt am Platz vor der Kirche abgehalten.

Lange Zeit hindurch war die Gegend rund um die Servitenkirche übrigens auch Wohnviertel vieler Wiener Juden. Schon im 16. Jahrhundert wurde der jüdische Friedhof in der nahe gelegenen Seegasse gegründet (1090, Seegasse 9–11), der im Zuge der Judenvertreibung 1670 nur gegen Entrichtung einer hohen Summe an die Behörden von der Zerstörung gerettet werden konnte (er kann seit 1983 wieder im Innenhof eines Pensionistenheims besichtigt werden). Direkt daneben befand sich im 18. und 19. Jahrhundert ein jüdisches Krankenhaus beziehungsweise ein Armenspital. Da um 1900 rund ein Sechstel der Bevölkerung am Alsergrund jüdischen Glaubens war, entstand neben mehreren kleinen Bethäusern in der Umgebung auch eine neugotische Synagoge, die knapp 600 Menschen Platz bot. Sie stand ganz in der Nähe der Servitenkirche, in der Müllnergasse 21. In der Reichspogromnacht 1938 wurde sie völlig zerstört.

Sigmund-Freud-Museum

1090, Berggasse 19

Der Verfasser der Doktorarbeit »Über das Rückenmark niederer Fischarten« ist heute einer der weltweit berühmtesten Österreicher, und das Haus, in dem er knapp 50 Jahre lang wohnte und arbeitete, trägt eine der berühmtesten Adressen Wiens. Die Berggasse 19 ist untrennbar mit dem Namen Sigmund Freud verbunden.

Im Jahr 1891 zog er mit seiner Familie hierher und eröffnete neben der Wohnung im ersten Stock als praktischer Arzt eine Ordination. Er war zuvor am Allgemeinen Krankenhaus tätig gewesen und mittlerweile Privatdozent für Neuropathologie an der Universität. Immer intensiver beschäftigte er sich während jener Jahre mit seelischen Erkrankungen, für die keine organischen Ursachen zu finden waren. Die gemeinsame Arbeit mit Josef Breuer am Fall »Anna O.« (die Frauenrechtlerin und Schriftstellerin Bertha Pappenheim) führte Freud schließlich zur Entwicklung der Psychoanalyse, deren Methoden er ab dem Jahr 1896 ständig verfeinerte. Sie machte ihn – trotz aller auch heute noch angeführter Kritik – schließlich weltbekannt.

Zahlreiche Persönlichkeiten aus der Wiener Gesellschaft konsultierten ihn nun in seiner Praxis und Freud konnte vielen durch seinen neuartigen Ansatz der Behandlung helfen. Sein wohl berühmtester Patient war Gustav Mahler, wenngleich die Analyse bei ihm nur einen einzigen Nachmittag dauerte (und somit streng genommen den Namen nicht verdiente). Mahler traf Freud 1910 im holländischen Seebad Leyden, er war damals völlig verzweifelt wegen der Liebesaffäre seiner Frau Alma mit dem deutschen Architekten Walter Gropius (ihrem späteren Ehemann, s. Grinzinger Friedhof). Freud schrieb später darüber: »Wir haben in höchst interessanten Streifzügen durch sein Leben seine Liebesbedingungen, insbesondere seinen Marienkomplex (Mutterbindung) aufgedeckt. Ich hatte Anlass, die geniale Verständnisfähigkeit des Mannes zu bewundern. Auf die symptomatische Fassade seiner Zwangsneurose fiel kein Licht. Es war, wie wenn man einen einzigen, tiefen Schacht durch ein rätselhaftes Bauwerk graben würde.«

Im Mai 1933 warfen die Nationalsozialisten in Berlin bereits Freuds Schriften ins Feuer, fünf Jahre später, nach dem Anschluss Österreichs an das Deutsche Reich, wurde er von der Gestapo verhaftet und erhielt nur nach starkem internationalem Druck (übrigens auch vonseiten Mussolinis) die Möglichkeit, auszureisen. Nach Bezahlung der »Reichsfluchtsteuer« verließ der damals 82-Jährige mit seiner Frau und seinen Kindern Wien in Richtung England. Vier seiner fünf Schwestern blieben damals in Österreich. Trotz aller Bemühungen, sie auch nach England zu holen, wurden sie in den Konzentrationslagern ermordet. Im Jahr 1939 starb Sigmund Freud in London, nachdem er sich, schwer an Gaumenkrebs leidend, von seinem Arzt eine tödliche Dosis Morphium verabreichen ließ.

Erst im Jahr 1971 wurde in Anwesenheit von Freuds jüngster Tochter Anna das Museum in der Berggasse eröffnet. Anna hatte viele Jahre als Assistentin ihres Vaters gearbeitet und wurde ebenfalls zu einer berühmten Psychoanalytikerin. Ihr ist es zu verdanken, dass zumindest einige der originalen Einrichtungsgegenstände hier aufgestellt werden konnten, so etwa die Möbel des Wartezimmers und einige persönliche Erinnerungsstücke an ihren Vater: ein Mantel, ein Hut, ein Koffer. Die berühmte Couch sucht man hier aber vergeblich, sie ist so wie der Großteil der Bibliothek und der Möbel im Sigmund-Freud-Museum in London zu sehen. Auch Anna Freud ist mittlerweile ein eigener Raum im Museum in der Berggasse gewidmet.

An Freud erinnert übrigens auch eine Marmorstele auf der Bellevuehöhe in der Nähe des Cobenzls (1190, Himmelstraße). Dort befand sich ein mittlerweile längst abgerissenes Schlöss-

Die Spinnerin am Kreuz am Wienerberg, lange Zeit Wiens wichtigster Richtplatz

Der Innenhof von Friedrich Amerlings Geburtshaus am Spittelberg (heute Amerlingbeisl)

Die ehemalige Hofoper (Staatsoper), das erste Prachtgebäude der Ringstraße

Die heutige Staatsoper, erbaut von den vielgeschmähten Architekten Sicardsburg und van der Nüll

Die Wienflussverbauung im Stadtpark um 1900

Der Kursalon im Stadtpark

Stephansdom mit Südturm (»Steffl«) und unvollendetem Nordturm, in dem heute die Pummerin hängt

Das neue Universitätsgebäude an der Ringstraße mit dem Liebenberg-Denkmal (rechts)

Die Urania an der Mündung des Wienflusses in den Donaukanal

Der Volksgarten, im Hintergrund das Naturhistorische Museum

Das alte Paradeisgartl im Volksgarten auf der damals noch bestehenden Bastei

Die Votivkirche vom Schottentor aus gesehen

Das mittlerweile demolierte Freihaus bei der Wienzeile, davor die Stände des alten Naschmarkts

Markttreiben am Wiener Naschmarkt um 1900

chen, das im ausgehenden 19. Jahrhundert als Lungensanatorium und Kurhotel diente. Hier hielt sich Freud im Juli 1895 auf und hier begann er seine »Traumdeutung« zu entwickeln. Sie galt ihm selbst als sein wichtigstes Werk, auch wenn sich damals nur wenige Hundert Exemplare verkauften.

Anna Freud enthüllte den Gedenkstein an ihren Vater im Jahr 1977. Auf der Tafel sind heute noch Freuds Worte aus einem Brief an seinen engen Freund, den deutschen Arzt Wilhelm Fließ, zu lesen: »Glaubst Du eigentlich, dass an dem Haus dereinst zu lesen sein wird: ›Hier enthüllte sich am 24. Juli 1895 dem Dr. Sigmund Freud das Geheimnis des Traumes‹? Die Aussichten sind bis jetzt hiefür gering.« Karl Kraus, der wie so viele andere Zeitgenossen spöttisch auf die neuen Erkenntnisse Freuds blickte, schrieb über ihn und die Traumdeutung übrigens einmal: »Ihm gebührt das Verdienst, in die Anarchie des Traums eine Verfassung eingeführt zu haben. Aber es geht darin zu wie in Österreich.«

Sophiensäle

1030, Marxergasse 17

Die Geschäfte seiner Tuchschererei gingen schlecht, deshalb entschloss sich Franz Morawetz auf Anregung eines russischen Offiziers, beruflich umzusatteln. Er gründete ein »russisches Dampfbad« in der Marxergasse, das im Jahr 1838 eröffnet werden konnte. Der blinde Morawetz hatte aufgrund seines Leidens selbst zahlreiche Kuren in diversen Dampf- und Heilbädern absolviert und legte im Gegensatz zu diesen übrigen Anstalten besonderen Wert auf pefektes Kundenservice, penible Sauberkeit und technische Vollkommenheit, was damals sowohl von der Presse als auch von Wiener Ärzten lobend hervorgehoben wurde. Die »Schwitz-, Dunst-, Douche-, Sturz- und Regenbäder«, die er anbot, waren eine Besonderheit in Wien und zogen schon bald neugierige Besucher an. Erzherzogin Sophie gestattete Morawetz, seine Badeanstalt nach ihr zu benennen: »Sophienbad«. Sie selbst führte ja – nach sechs kinderlosen Ehejahren – die Geburt ihrer vier Söhne (darunter der spätere Kaiser Franz Joseph) auf die positive Wirkung von Wasserkuren zurück.

Da der Besucherandrang immer größer wurde, plante Morawetz im Jahr 1846 einen großzügigen Ausbau seiner Anstalt. Er engagierte dafür zwei junge, aufstrebende Architekten, die wenige Jahre zuvor eine Ateliersgemeinschaft gegründet hatten: Eduard van der Nüll und August Sicard von Sicardsburg. Der Neubau des Sophienbades war eines der ersten gemeinsamen Projekte der späteren Architekten der Oper (s. Staatsoper).

Das Sophienbad war eine der elegantesten Badeanstalten Europas, ausgestattet mit Marmor- und Porzellanwannen und kostbaren chinesischen Malereien. Die Schwimmhalle bot dreihundert Personen Platz, das Badewasser stammte aus dem Donaukanal und wurde, nachdem es gefiltert und gereinigt worden war, auf angenehme 22,5 Grad Celsius erwärmt. Berühmt wurde es allerdings vor allem während der Wintermonate, wenn der Badebetrieb eingestellt war: Das Schwimmbecken im großen Mittelsaal wurde dann mit einem Bretterboden abgedeckt und diente als Tanzparkett. Mit über fünfhundert Quadratmetern Fläche war es der damals größte öffentliche Veranstaltungssaal Wiens. Zum Eröffnungsball der zweiten Saison im Jänner 1847 dirigierte Johann Strauß Vater, in den folgenden Jahren und Jahrzehnten folgten noch viele andere berühmte Musiker, die hier Konzerte gaben oder zu den Faschingsbällen aufspielten, wie etwa Strauß Sohn, Carl Michael Ziehrer, Franz von Suppé oder Franz Lehár.

Am 22. März 1912, zehn Tage vor seinem Tod, trat der berühmte Karl May im großen Sophiensaal zum letzten Mal öffentlich auf. Der Schöpfer von Winnetou und Kara Ben Nemsi hatte sich gegen Ende seines Lebens leidenschaftlich dem Pazifismus zugewandt und war so auch in Kontakt mit der österreichischen Schriftstellerin und Friedens-Nobelpreisträgerin Bertha von Suttner gekommen, die damals die Galionsfigur der internationalen Friedensbewegung war. May lud sie als Ehrengast zu seinem Vortrag (er hatte den Titel: »Empor ins Reich der Edelmenschen«) und las abschließend auch aus einem Buch der von ihm so verehrten Suttner vor. In einer der hinteren Reihen saß damals übrigens auch ein junger Mann aus Oberösterreich, der ein großer Verehrer Mays war. Er führte zu jener Zeit im Männerwohnheim in der Wiener Meldemannstraße

Die Sophiensäle von der Marxergasse aus gesehen

ein armseliges Leben und hatte sich für diesen Abend eigens gute Schuhe ausgeliehen. Sein Name war Adolf Hitler.

Als Versammlungs- und Veranstaltungslokal wurden die Sophiensäle auch nach dem Ersten Weltkrieg verwendet. Am 4. Mai 1926 gründete der Wiener Mittelschullehrer Richard Suchenwirth (der eigentlich Suchanek hieß) hier den österreichischen Ableger der NSDAP. Suchenwirth war später als »Illegaler« aktiv und wurde 1938 Mitglied des deutschen Reichstages. (Er ist nicht mit dem gleichnamigen Dichter aus dem 14. Jahrhundert zu verwechseln, nach dem ein Platz in Favoriten benannt ist!)

Nach dem Zweiten Weltkrieg diente der große Saal aufgrund seiner exzellenten Akustik als Studio für zahlreiche bedeutende Schallplattenaufnahmen. Die Sophiensäle hatten damals einen Vertrag mit den Wiener Philharmonikern abgeschlossen, die hier unter Dirigenten wie Herbert von Karajan oder Sir George Solti spielten. Karl Böhm leitete hier seine letzte Konzerteinspielung.

In den 1990er-Jahren fanden regelmäßig Veranstaltungen und Clubbings in den Sophiensälen statt, bis im Sommer 2001 ein verheerender Brand das Gebäude fast völlig zerstörte. Nur die Außenmauern und die tragenden Teile blieben stehen. Da das Gebäude bereits zuvor unter Denkmalschutz gestellt worden war, wurde der Abriss der Ruine nicht gestattet. Bis heute ist die weitere Vorgehensweise noch nicht geklärt. Eine Bürgerinitiative hat sich gegründet und verlangt die Wiedererrichtung und vollständige Restaurierung dieses für die Wiener Kulturgeschichte so bedeutenden Bauwerks.

Spinnerin am Kreuz

1100, Triester Straße bei Nr. 52

Zweifellos erscheint die Anhöhe, auf der die »Spinnerin am Kreuz« steht, auf alten Wienansichten um vieles idyllischer als heute, wo sich der Autoverkehr sechsspurig durch den zehnten Bezirk wälzt. Bedenkt man aber, dass sich hier jahrhundertelang die älteste und wichtigste Wiener Hinrichtungsstätte befand, ist es mit der Idylle auch schon wieder vorbei. Etwa ab dem Jahr 1300 standen hier auf dem Wiener Berg Galgen und Rad als unübersehbare Symbole der städtischen Gerichtsbarkeit. Schon von Weitem wurde den von Süden her in die Stadt Kommenden signalisiert: Hier herrscht das Recht und es wird nicht gezögert, es auch durchzusetzen.

Es ist bis heute nicht völlig geklärt, welche Funktion die prachtvolle gotische Säule eigentlich erfüllte. Sicher ist, dass sich an ihrer Stelle bereits früher ein ähnliches Denkmal befunden hatte, entweder diente es als Wegkreuz oder Grenzmarkierung oder es stand in direktem Zusammenhang mit der Richtstätte – als Totenleuchte für die hier Hingerichteten. Der berühmte Steinmetz Hans Puchsbaum schuf zwischen 1451 und 1452 diese Säule in veränderter Form aufs Neue, nachdem die alte während des Ungarneinfalls wenige Jahre zuvor zerstört worden war. Auf kreuzförmigem Grundriss ragt der schlanke, achteckige Tabernakelpfeiler mehr als 15 Meter empor, reich verziert durch zarte Fialen und vier plastische Figurengruppen unter den Baldachinen: Geißelung Christi, Ecce Homo, Krönung mit der Dornenkrone und Kreuzigung. Puchsbaum, der bereits maßgeblich am Bau des Ulmer Münsters beteiligt war, arbeitete damals übrigens auch als Baumeister in St. Stephan und plante dort den (unvollendeten) Nordturm (s. Stephansdom).

Auf dem Richtplatz neben der »Spinnerin am Kreuz« wurden die beiden schändlichsten Hinrichtungsarten durchgeführt: das Hängen und das Rädern. Letzteres war gleichsam der Inbegriff eines qualvollen Todes, da dem Delinquenten dabei mit dem Rad zuerst sämtliche Knochen im Leib zertrümmert wurden, bevor man ihn – nun, da seine Gliedmaßen keinen natürlichen Widerstand mehr boten – zwischen die Speichen des Rades »flechten« konnte. Neben dem Rabenstein in der Roßau (s. Servitenkirche) war der Wiener Berg die einzige Wiener Hinrichtungsstätte, an der diese Tötungsmethode praktiziert wurde. Die Leichname der Hingerichteten wurden meist in der unmittelbaren Umgebung verscharrt. Beim Bau des nahe gelegenen George-Washington-Hofes im Jahr 1927 stieß man noch auf zahlreiche menschliche Knochen. Maria Theresia befahl im Jahr 1747 die Verlegung des Galgens an den schon erwähnten Rabenstein, denn sie wollte ihn auf dem Weg nach Schloss Laxenburg nicht ständig vor Augen haben. 1805 wurde er allerdings wieder hierherversetzt und blieb bis zum Ende der öffentlichen Exekutionen im Jahr 1868 in Betrieb.

Die Hinrichtungen waren bis dahin stets große Spektakel. Als etwa am 16. März 1809 die erste Frau am Galgen endete, strömten die Menschen noch aus weit entfernten Dörfern hierher, um sie hängen zu sehen (sie hieß übrigens Theresia Kandl und war verurteilt worden, ihren schlafenden Ehemann mit der Hacke erschlagen zu haben). Für enormes Aufsehen sorgte schließlich auch die Hinrichtung des Hochstaplers Severin von Jaroszynski, der 1827 seinen ehemaligen Lehrer, den Abbé Blank, ermordet und ausgeraubt hatte. Was diesen Fall besonders spektakulär machte, war die Tatsache, dass Jaroszynski der Freund von Wiens damals berühmtester Schauspielerin, Therese Krones, war! Nachdem sie auf einer Abendveranstaltung in Jaroszynskis Wohnung das berühmte »Brüderlein fein« aus Ferdinand Raimunds »Bauer als Millionär« zu Ende gesungen hatte (die Rolle der »Jugend« hatte Raimund übrigens für sie geschrieben), stürmte die Polizei herein und verhaftete den überführten Mörder. Krones wurde wegen ihrer Beziehung zum Raubmörder während der nächsten Theatervorstellungen vom Publikum ausgepfiffen und sah sich gezwungen, eine Zeit lang zu pausieren, bis sich die Aufregung wieder gelegt hatte.

Spittelberg

1070, zwischen Siebensterngasse, Neustiftgasse, Kirchengasse, Stiftgasse

Dass es sich beim Spittelberg einst tatsächlich um einen kleinen Berg gehandelt hat, kann man heute noch am besten feststellen, wenn man das Museumsquartier vom Museumsplatz aus betritt und die zahlreichen Stufen bis zum hinteren Eingang an der Breiten Gasse hinaufgeht. Diese Anhöhe vor der ehemaligen Stadtmauer war jahrhundertelang kaum besiedelt und diente vor allem dem Weinbau und als Viehweide. Da auch das Wiener Bürgerspital hier über landwirtschaftliche Flächen verfügte, wurde sie »Spitalberg« genannt, um 1800 bürgerte sich die Bezeichnung »Spittelberg« ein. Aufgrund der strategisch günstigen Lage stell-

Haus am Spittelberg

ten hier wiederholt Belagerungstruppen ihre Kanonen auf, um die Burgbastei zu beschießen. So soll etwa im Jahr 1683 das Feldherrenzelt Kara Mustafas dort gestanden haben, wo sich heute das Haus Neustiftgasse 32–34 befindet. Eine Gedenktafel und die Figur eines türkischen Reiters erinnern heute noch daran.

Erst nach der zweiten Türkenbelagerung wurde die verwüstete Gegend verstärkt besiedelt und der Spittelberg erwarb sich nun bald einen zweifelhaften Ruf als wenig elegantes Vergnügungsviertel. Viele der eng aneinandergebauten kleinen Häuser beherbergten damals üble Kaschemmen, in denen die »Kellnerinnenwirtschaft«, also die Prostitution, blühte. Mit einer eigenen Geheimsprache, dem »Jenischen«, verständigten sich die Wirte, Kupplerinnen und Huren untereinander, damit sie von den Gästen nicht verstanden werden konnten. Schlägereien und Messerstechereien waren in den heruntergekommenen Schankstuben an der Tagesordnung, und es wird berichtet, dass sich selbst die Wiener Stadtwache oft nicht traute, in diesem »Sauf- und Raubnest« einzugreifen.

Geschlechtskrankheiten, allen voran die gefürchtete Syphilis, grassierten am Spittelberg. Ein französischer Wien-Besucher schrieb 1788: »Mir scheint dieser unterhaltliche Ort, der seiner Hexen wegen der Blocksberg genannt zu werden verdiente, nur darum den Namen Spitalberg erlangt zu haben, weil er seine Bewohner und Besucher gewöhnlich am Ende in das Spital zu bringen pflegt.« Sowohl Maria Theresia als auch Joseph II. versuchten wiederholt, am Spittelberg für Ordnung zu sorgen. Bei Razzien aufgegriffene Männer wurden (sofern sie sich nicht freikaufen konnten) für die Armee zwangsrekrutiert, die Frauen zumeist ins Arbeitshaus gesteckt oder des Landes verwiesen. Auch Prangerstrafen und körperliche Züchtigungen kamen häufig vor. Neben diesen Maßnahmen wurde es den Wirten auch verboten, in Zukunft weibliches Personal anzustellen, allerdings mit wenig Erfolg. Auf den Vorschlag, nach Pariser Vorbild offiziell genehmigte Bordelle einzurichten, antwortete Joseph II. einmal: »Spannen Sie mir ein großes Tuch über Wien und seine Vorstadt, dann haben Sie gleich ohne Müh' ein privilegiertes Hurenhaus.« An Joseph II. erinnert übrigens heute noch das Gasthaus »Zur Witwe Bolte« (Gutenberggasse 13). In diesem Haus befand sich im 18. Jahrhundert eines der berühmtesten Bordelle des Spittelbergs, geleitet von einer als »Busen-Karoline« bekannten Dame. Eine Anekdote erzählt, dass der Kaiser eines Abends inkognito hier zu Gast war, um unerkannt von den Sorgen und Nöten seiner Untertanen zu erfahren (das ist wohlgemerkt die harmlose Version!). Er soll dabei in ein Handgemenge mit einem betrunkenen Lakaien geraten und daraufhin von der »Busen-Karoline« aus ihrem Etablissement geworfen worden sein. Noch heute ist über dem Bogen des ersten Gastraums die Inschrift zu lesen: »Aus diesem Tor im Bogen ist Kaiser Joseph geflogen 1787«.

Erst als im Laufe des 19. Jahrhunderts in anderen Bezirken Wiens »noblere« Etablissements eröffneten, verlor der Spittelberg seinen Status als Zentrum der Prostitution, blieb jedoch weiterhin eine wenig attraktive Wohngegend. Die kleinen Häuser aus der Barock- und Biedermeierzeit verfielen zusehends, und zur Zeit des Ersten Weltkrieges überlegte man sogar, das gesamte Viertel abzureißen. Aus Geldmangel wurde dieser Plan damals zum Glück nicht verwirklicht.

Dass der Spittelberg heute zu den attraktivsten Wohnvierteln Wiens zählt, ist vor allem einer Bürgerinitiative zu verdanken, die im Jahr 1973 die Einrichtung einer Bauschutzzone erreichte. In den folgenden Jahren wurden die alten Häuser von der Gemeinde Wien mustergültig renoviert und saniert, und schon bald entstanden viele schicke Lokale, Galerien und Geschäfte für die vornehmlich junge, urbane Szene. Als Beispiele für die erstklassige Instandsetzung der Gebäude ist das Ensemble in der Spittelberggasse zu nennen und das Geburtshaus des Biedermeiermalers Friedrich Amerling (Stiftgasse 8), in dem heute das Bezirksmuseum und ein Kulturzentrum untergebracht sind. Der Innenhof ist durch einen zweihundert Jahre alten Weinstock begrünt und dient im Sommer dem »Amerlingbeisl« als Gastgarten.

St. Marxer Friedhof

1030, Leberstraße 6–8

Dass dieser wunderschöne Biedermeierfriedhof überhaupt noch besteht, ist hauptsächlich der Initiative des Erdberger Heimatforschers Hans Pemmer zu verdanken. Er konnte Mitte der 1930er-Jahre die Verantwortlichen der Stadt von der besonderen kulturhistorischen Bedeutung des Ortes überzeugen – immerhin wurde einst Mozart hier begraben und er war nur einer von vielen Berühmtheiten! Der St. Marxer Friedhof, der damals schon seit Jahrzehnten nicht mehr belegt worden war und dessen Grabsteine langsam verfielen, wurde nun als Freilichtmuseum der Öffentlichkeit zugänglich gemacht. Da er im Laufe der Zeit vom Autoverkehr immer enger umschlossen wurde, wirkt er heute fast wie eine idyllische, grüne Oase. Ihn zur Zeit der Fliederblüte zu besuchen, gehört in Wien beinahe schon zur Tradition (tatsächlich sind hier auf engem Raum so viele Fliederbüsche zu finden wie nirgends sonst im Wiener Stadtgebiet).

Im Jahr 1783 ordnete Kaiser Joseph II. aus Hygienegründen die Schließung sämtlicher Friedhöfe innerhalb des damaligen Linienwalls an. Außerhalb dieses alten Verteidigungsrings wurden nun fünf neue »kommunale Leichenhöfe« in den Vororten angelegt. Einer von ihnen entstand in der Nähe des seit dem Mittelalter bestehenden Siechenhauses (also einer Art Quarantänestation für Durchreisende). Da dem Gebäude eine dem heiligen Markus geweihte Kapelle angeschlossen war, hieß die Gegend (in Verkürzung des Heiligennamens) St. Marx.

Die neuen Begräbnisstätten wichen im Laufe des 19. Jahrhunderts zumeist öffentlichen Parks, die der rasch anwachsenden Wiener Bevölkerung als Erholungsorte dienten. Einzig der St. Marxer Friedhof blieb – neben dem jüdischen Teil des Währinger Ortsfriedhofs – erhalten, wenngleich hier nach Eröffnung des Zentralfriedhofes (s. d.) im Jahr 1874 keine Bestattungen mehr vorgenommen wurden. In dem knappen Jahrhundert seines Bestehens wurden etwa 8000 Menschen hier begraben, darunter manche, die auch heute noch berühmt sind.

Die meisten Besucher, die heute hierher kommen, zieht es wohl an das Grabmal Wolfgang Amadeus Mozarts. Am Abend des 4. Dezember 1791 suchte ihn sein Arzt ein letztes Mal in seiner Wohnung (1010, Rauhensteingasse 8) auf, machte dem im Sterben Liegenden einen Essigumschlag und ließ ihn zur Ader. Daraufhin verlor Mozart das Bewusstsein und starb gegen 1 Uhr Früh. Die Todesursache ist noch immer umstritten, am wahrscheinlichsten handelte es sich um einen heftigen Anfall von fiebrigem Gelenksrheumatismus. Am kommenden Tag, dem 6. Dezember, wurde sein Leichnam bei der Totenkapelle des Stephansdoms eingesegnet und daraufhin auf einem Pferdefuhrwerk nach St. Marx gebracht. Sein Freund und Logenbruder Gottfried van Swieten (s. Hofburg/Prunksaal) organisierte das Begräbnis. Mozart hatte stets ein kostspieliges Leben geführt und das viele Geld, das er einst als Star der Wiener Musikszene verdiente, in kürzester Zeit wieder ausgegeben. Er hinterließ nur einen geringen Geldbetrag, dafür aber enorm hohe Schulden, weshalb sich van Swieten für eine Bestattung »dritter Klasse« entschied (erste und zweite Klasse waren ohnehin meist Adeligen und reichen Bürgern vorbehalten). Am Morgen des 7. Dezember wurde der billige Fichtenholzsarg gemeinsam mit fünf anderen in einem Schachtgrab versenkt. Dass man darüber keinen Grabstein mit den Namen der hier Beigesetzten aufstellte, entsprach den strengen josephinischen Begräb-

Das alte Siechenhaus von St. Marx

nisvorschriften, auch war die Anwesenheit von Familienangehörigen oder Priestern nicht vorgesehen, weshalb man Konstanze Mozart keinen Vorwurf machen kann, daheimgeblieben zu sein.

Erst Jahrzehnte später versuchte man, die Lage des Mozartgrabes zu eruieren. 1859 wurde schließlich ein Grabdenkmal an der vermuteten Stelle errichtet, das jedoch anlässlich des 100. Todestages Mozarts (1891) auf den Musikerhain des Zentralfriedhofs übersiedelt wurde. Der Friedhofswärter Alexander Kogler schuf nun aus den Bruchstücken alter Grabstätten ein neues Denkmal, das bis heute auf dem St. Marxer Friedhof zu sehen ist.

Neben Mozart wurden viele andere Berühmtheiten hier bestattet, deren Überreste man – sofern man ihre Gräber eindeutig feststellen konnte – später auf den Zentralfriedhof überführte: der Komponist Johann Georg Albrechtsberger etwa, einst ein Freund Mozarts und Haydns und einer der Lehrer Beethovens, die Maler Moritz Daffinger und Peter Fendi, der Architekt Josef Kornhäusel und die umjubelte Schauspielerin Therese Krones (s. Spinnerin am Kreuz). Auch Annerl Gottlieb wurde hier begraben – sie sang einst in der Uraufführung von Mozarts »Zauberflöte« die Pamina.

Staatsoper

1010, Kärntner Ring

Mit der Grundsteinlegung für das neue Operngebäude im Mai 1863 begann die Arbeit am ersten Monumentalbau der Ringstraße. Nach Entwürfen des bekannten Architektenduos Eduard van der Nüll und August Sicard von Sicardsburg entstand in den kommenden sechs Jahren eines der prachtvollsten Opernhäuser der Welt, erbaut in den Formen der venezianischen Renaissance und mit Anleihen an Romanik und Gotik, ausgeschmückt unter anderem mit großartigen Wand- und Deckengemälden von Moritz von Schwind. Aber anstatt von der Wiener Bevölkerung freudig angenommen zu werden, sorgte es von Anfang an für Hohn und Ablehnung: Es sei zu groß und zu weitläufig, sehe »schwer wie ein in der Verdauung liegender Elefant« aus oder wie eine »versunkene Kiste«, schrieben die Zeitungen damals. Über die beiden Architekten spottete man:

»Der Sicardsburg und van der Nüll,
die haben beide keinen Stil!
Griechisch, Gotisch, Renaissance,
das ist denen alles ans.«

Van der Nüll ertrug die andauernden Schmähungen nicht und erhängte sich noch vor Fertigstellung der Oper, sein Freund und Partner Sicardsburg starb zwei Monate nach ihm an der Tuberkulose. Doch auch nun verstummten die kritischen Stimmen nicht. Viele trauerten dem traditionsreichen Kärntnertortheater nach, das kurz nach Eröffnung der neuen Hofoper abgerissen wurde (es befand sich in unmittelbarer Nähe des neuen Hauses, etwa dort, wo heute das Hotel Sacher steht). Dort hatte sich bis dahin die führende Wiener Opernbühne befunden und viele Musikfreunde befürchteten nun, dass sie auf die hier regelmäßig gespielten kleinen und heiteren Opern verzichten müssten und »nur« noch die großen Werke Verdis, Wagners oder Meyerbeers zu hören bekommen würden. Es dauerte seine Zeit, bis die Hofoper vom Publikum angenommen wurde.

Die Staatsoper

Weltruhm erlangte die Wiener Oper erstmals unter Gustav Mahler. Im Mai 1897 stand er hier mit Wagners »Lohengrin« zum ersten Mal am Dirigentenpult, wenige Monate später wurde er zum Direktor des Hauses ernannt. Mahler musste von Anfang an gegen große Widerstände ankämpfen. Die antisemitischen Blätter ließen ein Trommelfeuer an Hohn und Hass über ihn niedergehen und noch Jahre nach seinem Abgang von der Wiener Oper kam es während der Vorstellungen zu handgreiflichen Auseinandersetzungen zwischen seinen Anhängern und antisemitischen Schlägern. Auch Teile der »vornehmen« Wiener Kreise fühlten sich durch Mahlers kompromisslosen künstlerischen Anspruch verstört, denn er machte klar, dass für ihn die Oper ein Gesamtkunstwerk bedeutete und nicht bloß eine abendliche Zerstreuung.

Im Maler Alfred Roller stand ihm bei der Durchsetzung seiner künstlerischen Prinzipien ein kongenialer Mitarbeiter zur Seite. Er lernte Roller, der damals an der Kunstgewerbeschule unterrichtete, durch Carl Moll kennen (den Stiefvater seiner Frau Alma) und holte ihn, der zuvor noch nie für ein Theater tätig gewesen war, als Bühnenbildner an die Oper. Gemeinsam entstanden in den Jahren 1903 bis 1907 über 20 bahnbrechende Inszenierungen, insbesondere der großen Wagneropern. Über die Ablehnung dieser neuartigen, stilprägenden Aufführungen durch viele Besucher berichtet Eduard Leisching (Direktor des Museums für Kunst u. Industrie, s. Museum für angewandte Kunst): »Dass Mahler sich als Mitarbeiter Alfred Roller erkoren hatte, wurde dem ohnedies Verhassten von vielen lange nicht verziehen. Eine der hohen Damen Wiens hielt mich einmal auf der Ringstraße an, um mich zu fragen, ob ich diese Tristaninszenierung gesehen habe, und fügte, gar nicht damenhaft, hinzu: ›Diese Herren sollte man übers Knie legen und durchprügeln wie Schuljungen!‹«

Die ständigen Angriffe und Intrigen wirkten letztlich zermürbend. Nachdem im Oktober 1907 die letzte gemeinsame Inszenierung (Beethovens »Fidelio«) auf die Bühne gebracht worden war, zog sich Gustav Mahler resigniert aus Wien zurück und übernahm die Leitung der New Yorker Metropolitan Opera. Auch die Tatsache, dass sich Gustav Klimt, Sigmund Freud, Arthur Schnitzler und Arnold Schönberg öffentlich für sein Bleiben aussprachen, konnte nichts an seiner Entscheidung ändern. Alfred Roller blieb dem Haus jedoch als Bühnenbildner erhalten und fand in den frühen 1920er-Jahren wieder einen kongenialen Partner im neuen Operndirektor Richard Strauss. (An Mahler, Strauss und drei weitere berühmte Direktoren des Hauses – Clemens Krauss, Karl Böhm und Herbert von Karajan – erinnern heute übrigens Porträtbüsten im »Schwindfoyer«. Der einstige »Gobelin-Saal« wurde 1997 in »Gustav-Mahler-Saal« umbenannt.)

Im März 1945 wurde die Oper durch Bombentreffer auf das Schwerste beschädigt. Nur der vordere Teil des Gebäudes blieb erhalten, während Bühne und Zuschauerraum völlig zerstört waren. Nach 10 Jahren des Wiederaufbaus erfolgte am 5. November 1955 mit dem »Fidelio« die glanzvolle Wiedereröffnung. Durch eine Lautsprecherübertragung konnten damals Zehntausende auf dem Platz neben der Oper der Aufführung zumindest akustisch folgen.

Heute zählt das Haus längst zu den bedeutendsten Musikbühnen der Welt und ist somit ein berühmtes kulturelles Aushängeschild Österreichs. Neben der Unzahl umjubelter Solisten und Solistinnen, die hier seit über 100 Jahren auftreten, ist dies nicht zuletzt dem Staatsopernorchester zu verdanken, das zu den besten Orchestern weltweit zählt und aus dessen Reihen sich die Wiener Philharmoniker

Szene vor der Oper um 1900

rekrutieren. Seit den 1990er-Jahren versucht man auch vermehrt, junges und jüngstes Publikum an die Oper heranzuführen, weshalb auf der Dachterrasse des Gebäudes das Zelt der »Kinderoper« aufgestellt wurde, das heute mit großem Erfolg bespielt wird. Der jährlich stattfindende Opernball – von manchen freudig erwartet, von anderen milde belächelt – gilt immer noch als Höhepunkt der Wiener Ballsaison.

Stadtpark

1010, Parkring

Schon der Beschluss zur Stadterweiterung im Jahr 1857 sah die Errichtung von Grünanlagen entlang der neuen Ringstraße vor. Vor dem alten Karolinentor, das von der Weihburggasse aus der Stadt hinaus zur Landstraßer Vorstadt führte, sollte, so verlangte es Kaiser Franz Joseph, »ein der Residenz zur Zierde gereichender öffentlicher Garten möglichst schnell angelegt« werden. Schon seit dem 18. Jahrhundert befand sich hier, am unverbauten Glacis vor der Stadtmauer, ein parkähnliches Gelände, das sogenannte Wasserglacis. Es verdankte seinen Namen einem kleinen Säulenpavillon, in dem eine »Mineralwasserkuranstalt« untergebracht war. Sie war in der Biedermeierzeit für die, wie der Chronist Johann Pezzl schrieb, »Trinker der mineralischen Wasser, die Hypochondristen und andere eingebildete oder wahrhaft kränkelnde Leute« ein beliebter Erholungsort. Die Wiener und Wienerinnen gingen im Sommer hier spazieren, ein benachbartes Kaffeezelt bot Erfrischungen und »türkische Musik«, Militärkapellen waren zu hören und auch Johann Strauß Vater spielte hier oft auf. Anlässlich eines Siegesfests zu Eh-

Der Kursalon im Stadtpark

ren der Armee im August 1848 wurde dessen berühmteste Komposition hier zum ersten Mal öffentlich aufgeführt: der »Radetzkymarsch«.

Zwischen 1861 und 1862 wurde der Stadtpark nach Entwürfen des berühmten Landschaftsmalers Josef Selleny angelegt, der zuvor bereits den Park des Erzherzogs Ferdinand Max für Schloss Miramar bei Triest und die Wanddekorationen für die Kaiservilla in Ischl gestaltet hatte. Der neubarocke Kursalon (»Kursalon Hübner«, 1010, Johannesgasse 33) entstand wenige Jahre später nach den Plänen des Architekten Johann Garben (obwohl der später berühmt gewordene Otto Wagner den ersten Preis der Ausschreibung gewonnen hatte). Er war ursprünglich für Wasserkuren gedacht, die im Gegensatz zu früheren Zeiten allerdings keinen großen Anklang mehr fanden. Als Kaffeehaus und Aufführungsort der berühmten »Promenadenkonzerte« des Eduard Strauß fand er jedoch bald zahlreiche Besucher.

An Eduards Bruder Johann, den weltberühmten Walzerkönig, erinnert ganz in der Nähe eines der von Wienbesuchern wohl meistfotografierten Denkmäler der Stadt. 1921 wurde die von Edmund Hellmer geschaffene Statue, die – in Anlehnung an den Donauwalzer – von Donaunixen umschwärmt wird, enthüllt. Seit den frühen 1990er-Jahren erstrahlt sie wieder in ihrer ursprünglichen goldenen Farbe, nachdem man sie 1935 schwarz übermalt hatte.

Überhaupt ist der Stadtpark voller Denkmäler, die an berühmte österreichische Musiker erinnern, so etwa an Franz Lehár, Robert Stolz, Anton Bruckner und nicht zuletzt Franz Schubert. Auch dem Malerfürsten des 19. Jahrhunderts Hans Makart wurde ein Denkmal errichtet: Er ist in jenem Kostüm dargestellt, das er 1879 beim großen Festzug anlässlich der Silberhochzeit des Kaiserpaares auf der Ringstraße (s. d.) trug.

Besonders sehenswert ist der prachtvoll gestaltete Parkeingang bei der U-Bahn-Station Stadtpark (Johannesgasse) und die anschließende Wienflussverbauung der Architekten Friedrich Ohmann und Josef Hackhofer. Der Wienfluss, eigentlich nur ein unbedeutender, kleiner Bach, konnte bei starken Regenfällen zu einem reißenden Gewässer anschwellen und verwüstete in vergangenen Jahrhunderten ganze Stadtteile. Nach mehreren vergeblichen Versuchen, ihn zu bändigen, entwarf Otto Wagner 1894 einen Generalregulierungsplan, demzufolge der Fluss nun in ein tiefes, künstliches Bett verlegt wurde, das teilweise unterirdisch verläuft (s. Wienzeile). Nur hier im Stadtpark, wo er wieder zutage tritt, erhielt der Wienfluss einen würdigen Rahmen. Zwischen 1903 und 1906 schufen Ohmann und Hackhofer eine einladende Uferpromenade mit geschwungenen Treppenanlagen, Pavillons und figurengeschmückten Balustraden. Zu diesem Ensemble zählt auch die nahe gelegene »Milchtrinkhalle«, in der heute ein nobles Restaurant untergebracht ist.

Stadttempel

1010, Seitenstettengasse 4

Das Toleranzpatent Josephs II. vom 2. Jänner 1782 führte keineswegs zu einer völligen Gleichberechtigung der Juden in Österreich, genauso wenig, wie es das kurze Zeit zuvor erlassene Edikt die nichtkatholischen Christen betreffend getan hatte (s. Evangelische Kirchen). Dennoch markierte der kaiserliche Erlass einen bedeutenden Fortschritt. Zahlreiche Beschränkungen, denen Juden bislang ausgesetzt gewesen waren, fielen: Ab nun durften sie die Universität besuchen, auch Sonntag vormittags ausgehen, öffentliche Lokale besuchen und Dienstboten beschäftigen. Die »Leibmaut« wurde abgeschafft und darüber hinaus wurde ihnen die Gründung von Fabriken, Manufakturen und Großhandlungen ausdrücklich gestattet. Gerade Letzteres zeigt deutlich, worauf es Joseph ankam, denn es war nicht so sehr reine Zuneigung zu den Juden, die ihn zum Erlass des Toleranzpatents bewog, sondern vielmehr das Interesse am Aufbau einträglicher Wirtschaftsbetriebe: Die ökonomische Kraft jüdisch geführter Unternehmen sollte für das Staatswohl gewonnen werden. Nur wer einen ordentlichen Erwerb hatte oder über ein beträchtliches Vermögen verfügte, durfte sich dementsprechend in Wien dauerhaft niederlassen (eine Regelung, die bis 1848 gelten sollte). Diese »Tolerierten« waren also hauptsächlich Mitglieder der großen, wohlhabenden Familien wie zum Beispiel der Arnstein, Eskeles, Pereira und später der Rothschild, Todesco oder Königswarter. Sie waren zumeist im Bankgeschäft oder als Heereslieferanten tätig.

Die Bildung einer eigenen jüdischen Gemeinde und die Anstellung eines Rabbiners war aber weiterhin untersagt. Ein kleiner Betraum in der Sterngasse war alles, was den Gläubigen zur Verfügung stand, ein Raum, über den es hieß: »Ohne Ekel und Grauen kann keiner dieses finstere, nasse, unterirdisch gelegene Gemach, welches eher einem Kerker als einem Gotteshaus gleicht, betreten.« Erst im Jahr 1811 kaufte man den alten Dempfingerhof in der heutigen Seitenstettengasse, in dem man eine neue Betstube, ein rituelles Frauenbad und eine Schule einrichtete. Als das Gebäude immer baufälliger wurde, erreichte man endlich die Erlaubnis zur Errichtung eines großzügigen Neubaus an derselben Stelle. Die josephinischen Bestimmungen, wonach ein nichtkatholisches Gotteshaus von außen nicht als solches erkennbar sein dürfe, galten weiterhin, weshalb Architekt Josef Kornhäusel 1825/26 es unscheinbar in die Häuserfront einfügte. Doch auch trotz dieser Beschränkung verfügten die Wiener Juden nun über eine würdige Synagoge.

In den folgenden Jahrzehnten prägten vor allem zwei Persönlichkeiten die Entwicklung der Wiener Judengemeinde (die allerdings erst 1852 auch offiziell Gemeinde hieß): Isak Noah Mannheimer und Salomon Sulzer. Der Rabbiner Mannheimer (bis 1852 offiziell nur »Religionslehrer« genannt) verstand es, die alte, strenge Tradition mit fortschrittlichen Reformen zu vereinen, und schuf damit den »Wiener Ritus« (»Wiener Nussach«). Die Haupt- und Residenzstadt entwickelte sich nicht zuletzt aufgrund seiner Tätigkeit zu einem Zentrum lebendigen jüdischen Lebens und Glaubens in Europa. Sulzer, ein Freund Schuberts, arbeitete als Kantor, führte unter anderem Deutsch als Predigtsprache ein und gründete einen viel beachteten Synagogenchor.

Die völlige und uneingeschränkte Gleichstellung aller Juden unter Habsburgs Herrschaft brachte erst das Staatsgrundgesetz von 1867. Ab nun setzte ein steter Zuzug aus den östlichen Teilen der Monarchie ein. Stellten im Jahr 1860 die 6200 Juden gerade einmal zwei Prozent der Wiener Gesamtbevölkerung, so waren es 1880 bereits 72 600, was rund zehn Prozent der Einwohner ausmachte. Der Höhepunkt war in den 1920er-Jahren erreicht, als knapp elf Prozent der Wiener Bevölkerung mosaischen Glaubens waren, also etwa 200 000 Menschen. Die hauptsächlich armen Zuwan-

Das Innere des Stadttempels

derer aus dem Osten waren zumeist streng orthodox und sammelten sich in der »Schiffschul« der Leopoldstadt. Reibereien mit den »assimilierten«, bürgerlichen Glaubensgenossen des Stadttempels blieben nicht aus.

In der Pogromnacht des 9. November 1938 wurden im Stadtgebiet rund 100 Synagogen und Bethäuser von der SA und dem Wiener Pöbel geschändet und in Brand gesetzt. Der Stadttempel wurde zwar verwüstet, entging aber der gänzlichen Zerstörung. Das lag einerseits daran, dass er zu dicht in die angrenzenden Gebäude eingefügt war und man diese nicht ebenfalls durch einen Brand gefährden wollte, andererseits waren hier sämtliche Unterlagen und Namenslisten der Kultusgemeinde aufbewahrt – und diese waren für die Gestapo natürlich von großer Bedeutung.

Vor seinem Tod im Jahr 1904 hatte Theodor Herzl, der Begründer des Zionismus, verfügt, dass sein Leichnam eines Tages, wenn die Juden endlich einen eigenen Staat haben sollten, dorthin überführt werden solle. Im August 1949 war es so weit: Man exhumierte seine Gebeine auf dem Döblinger Friedhof, bahrte sie im Stadttempel auf, und nach der Abschiedspredigt und einer feierlichen Zeremonie vor einer großen Menschenmenge in der Seitenstettengasse wurden sie von der El Al nach Jerusalem gebracht. Israel war ein Jahr zuvor gegründet worden.

Stephansdom

1010, Stephansplatz

Im frühen 12. Jahrhundert war Wien noch kein blühendes kulturelles, politisches und wirtschaftliches Zentrum Österreichs und die Häuser standen immer noch innerhalb der Grenzen des alten römischen Kastells Vindobona. Trotzdem wurde 1137 Wien erstmals »civitas«, also Stadt, genannt und im selben Jahr begann man mit dem Bau einer Kirche vor den damaligen Stadtmauern. Sie war eine Gründung des Passauer Bistums, dem damals die Wiener Kirchen unterstellt waren, und wurde deshalb 1147 auch dem Passauer Stadtpatron, dem heiligen Märtyrer Stephan, geweiht.

Aus diesem ersten, romanischen Bau entstand im Laufe der Jahrhunderte die heutige Kirche, die größte Österreichs. Die ältesten Teile, die heute noch zu sehen sind, stammen aus der ersten Hälfte des 13. Jahrhunderts: das Westwerk und die beiden Heidentürme. Deren Name geht vermutlich auf die römischen Steine zurück, die damals als billiges Baumaterial verwendet wurden. Kurz darauf entstand auch das prächtige Riesentor, an dessen Bau der frommen Legende nach einst ein Riese mitgearbeitet haben soll. Auch wird immer wieder gerne erzählt, dass es seinen Namen vom Knochen eines riesigen urzeitlichen Tieres haben soll (den man bei den Bauarbeiten hier tatsächlich fand). Doch hat die Bezeichnung höchstwahrscheinlich nichts mit »Riesigem« zu tun, sondern geht auf das mittelhochdeutsche Wort »risen« zurück, was so viel wie »sinken« oder »fallen« bedeutete und sich wohl auf die Trichterform des Portals bezog.

Neben dem Riesentor sind übrigens zwei waagrechte metallene Stäbe in die Mauer eingelassen, die »Wiener« und die »Brabanter Elle«, an denen in früheren Zeiten die Bürger ihre Stoffe nachmessen konnten. Es waren sozusagen geeichte Maße. Der direkt darüber sichtbare Kreis im Mauerwerk wird als »Brotmaß« bezeichnet, und es wird gerne erzählt, daß hier die Größe des Brotes nachprüfen konnte, wer sich vom Bäcker betrogen fühlte. Diese Geschichte ist zwar schön, aber falsch. Es gab im Mittelalter wohl immer wieder betrügerische Bäcker, die dann mit dem »Bäckerschupfen« bestraft wurden, also zur Volksbelustigung in einem Käfig ins Wasser getaucht wurden, doch hat der Kreis im Stein nichts damit zu tun. Er stammt – so wie jener auf der anderen Seite des Tores – von den Haken, die bis ins späte 19. Jahrhundert das eiserne Gittertor offen hielten. Wurde dieses abends geschlossen, baumelten die Haken lose herunter und kratzten im Laufe der Zeit die kreisförmige Rille in die Wand.

In der ersten Hälfte des 14. Jahrhunderts wurde die Kirche neuerlich umgebaut und deutlich vergrößert. Damals entstand der dreischiffige »Albertinische Chor«, das erste gotische Großprojekt Wiens! Es wurde maßgeblich von der Bürgerschaft finanziert, denn damals gab es kaum ein Testament, das nicht auch den Kirchenbau von St. Stephan bedachte.

Dann kam die Zeit Herzog Rudolfs IV., der den Beinamen »der Stifter« erhielt. Er gründete nicht nur die Wiener Universität (s. Altes Universitätsviertel), sondern legte 1359 auch den Grundstein zum Neubau des gotischen Langhauses. Sein großer Traum, die Stephanskirche auch endlich zum Bischofssitz zu machen, ging allerdings noch nicht in Erfüllung. Rudolf wurde in der Herzogsgruft unterhalb der Kirche begraben. Das prächtige Grabmal,

Blick auf das Westwerk mit den Heidentürmen

das einst für ihn geschaffen wurde und heute im Frauenchor aufgestellt ist, ist also leer.

Das gotische Langhaus wurde sozusagen rund um das alte romanische Gemäuer herum gebaut, das erst 1430, als der Neubau schon weit vorangeschritten war, demoliert wurde. Nur drei Jahre später konnte auch der Südturm vollendet werden, der heute wohl das bekannteste Wahrzeichen Wiens ist. Dieser von den Wienern »Steffl« genannte Turm hat eine Höhe von über 136 Metern und kann über eine enge Wendeltreppe bestiegen werden. Ganz oben befindet sich die alte Türmerstube, in der (bis 1965!) die »Brandwache« eingerichtet war. Diese musste stets nach Feuer in der Stadt Ausschau halten und die Bevölkerung gegebenenfalls durch Signale warnen.

Hier im Südturm hing übrigens bis zum 12.

April 1945 auch die größte und berühmteste Glocke Österreichs, die Pummerin, über die Johann Pezzl einst schrieb, sie sei »unstreitig eines der größten Artilleriestücke der christlichen Geistlichkeit«. Nach der zweiten Türkenbelagerung war sie aus den erbeuteten Kanonen gegossen worden (und nicht aus den Kanonenkugeln, wie manchmal erzählt wird – diese waren nämlich aus Stein). Als in den letzten Kriegstagen der jahrhundertealte Dachstuhl des Doms durch den von den brennenden Nebengebäuden ausgehenden Funkenflug in Flammen aufging, griff das Feuer auch auf den Glockenstuhl über und ließ die Glocke schließlich mit mächtigem Getöse in die Tiefe stürzen. Nach dem Krieg schmolz man ihre Überreste ein und goss daraus die neue Pummerin. Sie wurde nun im Nordturm aufgehängt. Nach dem »dicken Peter« von Köln ist sie mit über 22 Tonnen die zweitschwerste Glocke Europas.

Der Nordturm, auch Adlerturm genannt, entstand ab der Mitte des 15. Jahrhunderts, also in der Zeit Kaiser Friedrichs III. Auf dessen Befehl hin wurde der Mörtel damals mit saurem Wein angerührt, dem sogenannten

Das Riesentor von St. Stephan

Figur Rudolfs IV. an der Außenseite des Doms

Reifbeißer, den die Bürger bereits wegschütten wollten. Übrigens dürfte er dadurch viel widerstandsfähiger geworden sein, bildete sich doch bei dieser speziellen Mischung Calziumtartrat, das einen beinahe unlöslichen Kitt ergab!

Friedrich eiferte seinem Großonkel Rudolf nach und tatsächlich gelang ihm 1469, was jenem verwehrt geblieben war: die päpstliche Erhebung Wiens zum Bistum! Auch der Bau des – nunmehrigen Stephansdoms – neigte sich langsam seinem Ende zu. Der Nordturm blieb unvollendet, 1511 stellte man die Arbeiten ein, denn das Geld wurde knapp. Später war das zum Großteil evangelisch gewordene Wien auch nicht daran interessiert, die katholische Kathedrale zu vollenden und schließlich war der gotische Stil aus der Mode gekommen. 1578 setzte man dem Turmstumpf eine Renaissancehaube auf und ließ es damit gut sein. Kaiser Friedrich war somit der letzte mittelalterliche Bauherr der Kirche, in der er auch bestattet wurde. Sein überaus prachtvolles Grabmonument aus rotem Marmor steht im Apostelchor und kann im Zuge von Führungen besichtigt werden.

Im Inneren des Domes wurde jedoch während der kommenden Jahrzehnte und Jahrhunderte noch fleißig weitergearbeitet. Die wunderbare Kanzel etwa mit ihrem filigranen Fuß, der so wirkt, als sei er aus Stein geflochten, entstand im beginnenden 16. Jahrhundert ebenso wie der berühmte »Fenstergucker« unterhalb der Kanzel. Er gibt bis heute Rätsel auf, ist er doch neueren Forschungen zufolge nicht das Selbstbildnis des Dombaumeisters Anton Pilgram, wie lange Zeit vermutet wurde. An anderer Stelle hat sich Pilgram allerdings mit Sicherheit ein Denkmal gesetzt: auf seinen Schultern trägt er den Orgelfuß an der Mauer des linken Seitenschiffes.

Zu den bedeutendsten Kunstwerken des Doms gehört der großartige »Wiener Neustädter Altar« links vorne im Frauenchor. Er stammt aus der Mitte des 15. Jahrhunderts und ist somit viel älter als die übrigen Altäre der Seitenkapellen und an den Pfeilern. Diese stammen zumeist aus der Barockzeit, wie auch das Gemälde des Hochaltars, das das Martyrium des heiligen Stephan zeigt. Es ist das Werk von Tobias Pock.

Heute zählt der Stephansdom zu den größten Sehenswürdigkeiten Österreichs und ist so gut wie immer voller Besucher. Doch zu einer reinen Touristenattraktion ist er nicht geworden, sondern erfüllt immer noch seine Funktion für die Gläubigen Wiens. Der Eindruck beim Betreten des Baus ist für die meisten Menschen überwältigend. Adolf Loos, der Pionier der modernen Architektur und alles andere als schwärmerisch veranlagt, schrieb darüber einmal: »Es ist stärker als nach der fünften von Beethoven. Aber die dauert eine halbe stunde. St. Stephan braucht dazu eine halbe minute.«

Theater in der Josefstadt

1080, Josefstädter Straße 26

Wurde bis ins ausgehende 18. Jahrhundert die Theaterlandschaft Wiens von den Bühnen des Hofes dominiert, so gab die »Spektakelfreiheit«, die Joseph II. 1776 gewährte, jedem die Möglichkeit, sein Glück als Theaterdirektor zu versuchen. Einer dieser wagemutigen Unternehmer hieß Karl Mayer und war bislang als Komödiant mit diversen Wanderbühnen unterwegs gewesen. Im Jahr 1788 eröffnete er im Hinterhof des Wirtshauses seines Schwiegervaters ein kleines Theater.

Es war, wie man spöttisch vermerkte, »nicht viel größer als eine Haarpuderschachtel« und zog noch keineswegs jenes gutbürgerliche Publikum an, für das es viele Jahrzehnte später einmal bekannt werden sollte. Die Werke, die hier aufgeführt wurden, waren zumeist einfache Kost: Lustspiele, Ballette, Zauber- und Ritterspektakel und nur ab und zu ein Stück, das man heute noch als Klassiker bezeichnet. Mit dem etwa zeitgleich entstandenen Theater im Freihaus (s. Theater an der Wien) oder dem Leopoldstädter Theater konnte es sich jedenfalls weder in Qualität noch in Größe messen. Wenn einmal ein herausragendes Talent auf seiner Bühne stand, so wurde dieses im Regelfall nach kurzer Zeit abgeworben, so wie etwa Ferdinand Raimund, der 1814 in der Josefstadt sein Debüt als Schauspieler gab (als Franz Moor in Schillers »Räuber«). Die Pächter wechselten in schneller Abfolge, die Erfolge waren mäßig: »Das Josephstädter Theater«, hieß es damals wenig schmeichelhaft, »hat gar keine Eigentümlichkeit als die, dass es fortwährend bankrott ist. Es gibt Opern schlecht, Balletts schlecht, Pantomimen schlecht, Lustspiele, Singspiele und Schauspiele aber höchst mittelmäßig.«

Im Jahr 1822 kam es zu einem großzügigen Umbau des Hauses nach Plänen des bekannten Biedermeierarchitekten Josef Kornhäusel. Karl Meisl – heute fast völlig vergessen, damals jedoch einer der erfolgreichsten Bühnenautoren – schrieb das Stück zur Neueröffnung, »Zur Weihe des Hauses«, und der große Beethoven komponierte dazu eine Ouvertüre, die er selbst dirigierte. Ein Kapellmeister musste ihm damals allerdings stets Handzeichen geben, damit der schon völlig Taube das Orchester nicht aus dem Takt brachte.

Mit wechselndem Erfolg wurde die Bühne während der kommenden Jahrzehnte geführt. Nestroy, der sich zuvor bereits als Opernsänger einen Namen gemacht hatte, trat hier erstmals als Schauspieler auf (bevor auch er an die Wienzeile und dann in die Leopoldstadt wechselte), Fanny Elßler war mit ihren berühmten Tanzdarbietungen zu sehen und auch Ferdinand Raimund kehrte zwischenzeitlich wieder hierher zurück: 1834 spielte er den Valentin bei der Uraufführung seines »Verschwenders«. Der endgültige Aufstieg des Theaters setzte allerdings erst in der zweiten Hälfte des 19. Jahrhunderts ein. Franz von Suppé, der berühmte Operettenkomponist, wirkte damals hier als Kapellmeister und auch als Opernbühne machte sich »die Josefstadt« bald einen Namen. Wichtige Werke von Meyerbeer und Lortzing erlebten hier ihre Wiener Erstaufführung und auch Wagners »Tannhäuser« wurde mit Erfolg gespielt.

Spätestens ab 1900 begann dann die wahre Glanzzeit des Hauses, zunächst unter der Direktion von Josef Jarno und schließlich, ab 1924, unter Max Reinhardt. Dreißig Jahre lang hatte der geniale Künstler zuvor in Berlin verbracht, zunächst als Schauspieler am Deutschen Theater, dann als dessen Eigentümer und Leiter. Hatte schon sein Vorgänger Jarno »die Josefstadt« zur führenden Bühne der literarischen Avantgarde (etwa Schnitzler, Strindberg oder Ibsen) gemacht, so führte Reinhardt diesen Weg fort. Stücke von Hauptmann, Molnár, Werfel und nicht zuletzt von Hugo von Hofmannsthal wurden unter seiner Regie gespielt – mit Letzterem hatte er ja 1920 die Salzburger Festspiele gegründet.

Reinhardt musste aufgrund seiner jüdischen Abstammung 1938 aus Europa fliehen. Man hatte ihm auf Fürsprache seiner deutschen Kollegen gar die »Ehrenarierschaft« angeboten, doch dieses groteske Angebot lehnte er natürlich ab. Mit ihm gingen viele andere, die bislang zur herausragenden Stellung des Theaters in der Josefstadt beigetragen hatten, unter ihnen auch Otto Preminger, der von 1933 bis 1935 hier Direktor gewesen war. Als Hollywoodregisseur wurde er nach seiner Emigration weltberühmt.

Das verbleibende Ensemble hielt Reinhardt aber weiterhin die Treue, was auch der nationalsozialistischen Obrigkeit nicht verborgen blieb: Joseph Goebbels nannte das Theater einmal ärgerlich ein »KZ auf Urlaub«. Nach dem Krieg konnte an die große Zeit der 1920er- und 1930er-Jahre angeknüpft werden, standen doch weiterhin so bedeutende Schauspieler wie Attila Hörbiger, Paula Wessely, Vilma Degischer, Jane Tilden, die Thimigs und Dutzende andere regelmäßig auf der Bühne. An Max Reinhardt erinnert heute noch das 1929 von ihm gegründete und nach ihm benannte Schauspielseminar, eines der bekanntesten des deutschen Sprachraums.

Theresianum – Neue Favorita

1040, Favoritenstraße

Wer heute in Favoriten, dem 10. Wiener Gemeindebezirk, unterwegs ist, denkt vermutlich nur selten an jenes Gebäude, dem der »Zehnte« seinen Namen verdankt, noch dazu da es seit 1874 zum vierten Bezirk, der Wieden, gehört.

Nachdem die »alte Favorita« (also wörtlich: »Lieblingsschloss«) im Augarten (s. d.) durch Überschwemmungen verwüstet worden war, entschloss man sich zu einem Neubau, diesmal aber in einem Gebiet, das nicht ständig von Hochwasser bedroht war. Diesem neuen Sommerschlösschen der Habsburger war aber auch keine große Zukunft beschieden, denn als die türkischen Truppen im Jahr 1683 gegen Wien vorrückten, wurden die Vorstädte niedergebrannt, um dem Feind die Möglichkeit zu nehmen, sich dort zu verschanzen – so wurde auch die »neue Favorita« dem Erdboden gleichgemacht. Als die Türkengefahr schließlich gebannt war, beauftragte Kaiser Leopold I. den Architekten Lodovico Ottavio Burnacini mit dem Neubau des Schlosses an gleicher Stelle.

Burnacini schuf daraufhin ein imposantes Bauwerk mit einer über 315 Meter langen Fassade. Man kann allerdings nicht gerade behaupten, dass diese neue Favorita von den Zeitgenossen als Inbegriff von Schönheit und Eleganz wahrgenommen worden wäre, immerhin war man Prächtigeres gewohnt. In einem Reisetagebuch des frühen 18. Jahrhunderts heißt es etwa: »Man bildet sich ein, wenn man von einem kaiserlichen Lusthause reden hört, einen Palast zu bewundern, welcher mit der auserlesensten Kunst gebaut ist; allein man ist gezwungen, diesen Gedanken zu ändern, wenn man nichts anderes als ein ziemlich langes Gebäude sieht, welches weder groß noch hoch ist, in dem zwar einige ziemlich wohl möblierte Zimmer sich befinden, das jedoch so angelegt ist, dass man nicht behaupten kann, es sei ein Lusthaus eines großen Kaisers.«

Leopold I. allerdings gefiel es offensichtlich sehr und ebenso seinen Söhnen (und kaiserlichen Nachfolgern) Joseph I. und Karl VI. Umgeben von einem einst weitläufigen Park, offenen Feldern und Weingärten, bot das Schloss während der Sommermonate einen willkommenen Ausgleich zum durch und durch geregelten Leben in der Hofburg. Abseits des strengen spanischen Hofzeremoniells konnte man sich hier lockerer und freier bewegen, und man genoss die vielen Zerstreuungen, die der Hofgesellschaft geboten wurden: aufwendige Barockopern, Ballette und Ritterspiele wurden hier aufgeführt, Familienfeste und Bälle gefeiert. Einen Höhepunkt stellte im Jahr 1698 das prachtvolle Kostümfest dar, das anlässlich des Besuches von Zar Peter (dem sogenannten Großen) gegeben wurde: Kaiser Leopold erschien damals in der Verkleidung eines Wirtes (passenderweise als »Wirt zum schwarzen Doppeladler«), sein Sohn Joseph als Ägypter und der große Feldherr Prinz Eugen in der Livree eines einfachen Lakaien!

Die Zeit der glanzvollen Feste fand allerdings ein jähes Ende, als Kaiser Karl VI. im Jahr 1740 in der Favorita starb. Seine Tochter Maria Theresia, die hier geboren wurde und einen Teil ihrer glücklichen Jugend verbracht hatte, wollte – wie es hieß – aus Kummer ab nun nie wieder einen Fuß in das Schloss setzen. Schönbrunn (s. d.) löste die Favorita nun endgültig als Sommerresidenz des Hofes ab. 1746 übergab Maria Theresia das mittlerweile als Kaserne und Depot benutzte Gebäude dem Jesuitenorden mit der Auflage, ein »Seminarium Nobilium« einzurichten, also eine Schule für adelige Knaben. Diese »Theresianische Akademie«, wie die Schule nach ihrer Stifterin hieß, sollte der Aristokratie Gelegenheit bieten, ihre »Söhne in guten Sitten und allen anständigen Wissenschaften unterweisen zu lassen«, damit diese dem Staat später »ersprießliche Dienste zu leisten« imstande wären.

Joseph II. löste die Schule 1783 auf, um hier eine Ingenieursakademie unterzubringen, doch wurde dieser Schritt von seinem Neffen, dem Kaiser Franz, wieder rückgängig gemacht. Bis heute befindet sich also das Gymnasium

Die alte Favorita

des Theresianums im Gebäude des einstigen Sommerschlosses der Habsburger. 1989 wurde auch Mädchen der Zugang zur Schule ermöglicht. Aus adeligen Familien müssen die Schüler und Schülerinnen aber nicht mehr zwingend stammen: Seit 1849 steht der Zugang auch Bürgerlichen offen. Seit über 40 Jahren ist neben der traditionsreichen Schule übrigens auch die Diplomatische Akademie hier untergebracht.

Universität

1010, Dr.-Karl-Lueger-Ring 1

Die feierliche Eröffnung des neuen Universitätsgebäudes am 11. Oktober 1884 konnte der Architekt des Hauses, Heinrich von Ferstel, nicht mehr miterleben. Während unter Fanfarenklängen und im Beisein des Kaisers das Haus eingeweiht wurde, machte sich eine Abordnung der Wiener Studentenschaft auf den Weg zum Grinzinger Friedhof, um dort am Grab des im Jahr zuvor Verstorbenen einen Kranz niederzulegen.

Ferstel hatte schon seit den 1860er-Jahren an dem prestigeträchtigen Projekt gearbeitet. Nachdem das alte Universitätsgebäude am heutigen Dr.-Ignaz-Seipel-Platz (also die »Aula«, s. Altes Universitätsviertel) nach 1848 zur Kaserne umfunktioniert und dann der Akademie der Wissenschaften übergeben worden war, mussten die Vorlesungen lange Zeit in allen möglichen Ausweichquartieren abgehalten werden. Ein Neubau war also dringend nötig! So schrieb etwa Daniel Spitzer über eine Feier anlässlich des 500-Jahr-Jubiläums der Wiener Universität (1865): »Da die Stimmung eine so erregte war, kann es nicht auffallen, dass naheliegende Gegenstände, wie beispielsweise der Bau des neuen Universitätsgebäudes, nicht behandelt wurden; ein Toast auf den zu legenden Grundstein wäre gewiss angemessen gewesen, und ich bin überzeugt, dass wenn einer (...) der theilnehmenden Aerzte diesen Grundstein behandelt hätte, derselbe gewiss bald unter die Erde gekommen wäre.«

Erst als im Jahr 1870 der Militärparadeplatz zwischen der Ringstraße und der Josefstadt zur Bebauung freigegeben wurde, war ein passender Ort für den Neubau gefunden. Drei Jahre später begannen die Arbeiten.

Ferstel hatte sich auf einer Studienreise nach Italien viele Anregungen für das Wiener Universitätsgebäude geholt. Im Stil der italienischen Renaissance (also der Blütezeit der humanistischen Wissenschaften) sollte es gebaut werden und zugleich barocke Monumentalität ausstrahlen. Die Idee eines Arkadenhofs, einer »Ruhmeshalle«, in der an verdienstvolle Professoren erinnert werden sollte, übernahm er ebenfalls von italienischen Vorbildern, vor allem vom Palazzo Farnese in Rom. Rund 150 Büsten und Gedenktafeln von Wissenschaftlern sind mittlerweile an den Wänden und Pfeilern des Arkadenhofs untergebracht, darunter sind Vertreter sämtlicher Fakultäten zu finden. Manche der hier Gewürdigten sind heute noch weltberühmt, manche hingegen fast völlig vergessen. Eines eint sie jedoch: Es sind alles Männer!

Bis heute wird nur eine einzige Frau im Arkadenhof durch eine Gedenktafel gewürdigt und auch diese war niemals Lehrende an diesem Haus. Es handelt sich dabei um die Dichterin Marie von Ebner-Eschenbach, die im Jahr 1900 das Ehrendoktorat erhielt. Im Vergleich zu anderen europäischen Ländern dauerte es in Österreich übrigens besonders lange, bis die erste Frau promovieren konnte: Es war Gabriele Possanner von Ehrenthal, die 1897 Doktorin der gesamten Heilkunde wurde. Sie hatte zwar schon zuvor den Abschluss in der Schweiz gemacht, musste aber alle Prüfungen in Wien

Die Universität, im Hintergrund der Turm des Rathauses

wiederholen! (Ebner-Eschenbach meinte übrigens einmal: »Eine gescheite Frau hat Millionen geborener Feinde – alle dummen Männer.«)

Erste Professorin an der Universität wurde im Jahr 1921 die Romanistin Elise Richter. Erst nach dem Ersten Weltkrieg wurden Frauen auch an der Juridischen Fakultät (1919) und der Evangelischen Theologie (1923) zugelassen, als Letztes folgte die Katholische Theologie (1946). Heute sind mehr als die Hälfte der Studierenden an der Wiener Universität Frauen, wenngleich auch der Anteil der Professorinnen nicht einmal zehn Prozent ausmacht.

Im Mitteltrakt der Universität (über der Eingangshalle) befindet sich der große Festsaal. Als er um 1900 mit Deckengemälden zeitgenössischer Künstler ausgestattet werden sollte, wandte man sich an Gustav Klimt und Franz Matsch, die zuvor bereits bei der Innendekoration des Burgtheaters und des Kunsthistorischen Museums zusammengearbeitet hatten. Es sollte ihr letzter gemeinsamer Auftrag werden, denn Klimts freizügige allegorische Darstellung der drei weltlichen Fakultäten löste einen handfesten Skandal aus. Entnervt legte Klimt daraufhin den Auftrag zurück und schrieb: »Genug der Zensur. Ich greife zur Selbsthilfe. Ich will loskommen. Ich will aus allen diesen unerquicklichen, meine Arbeit aufhaltenden Lächerlichkeiten zur Freiheit zurück.«

Matschs »Triumph des Lichts über die Finsternis« wurde hingegen von der Universität akzeptiert. Die Zusammenarbeit Klimts mit Matsch hatte damit ein Ende gefunden. Klimts Fakultätsbilder haben den Zweiten Weltkrieg übrigens nicht überstanden, sie verbrannten im Jahr 1945 auf Schloss Immendorf in Niederösterreich.

Urania

1010, Uraniastraße 1

Dort wo der Wienfluss in den Donaukanal mündet, steht das Gebäude der Urania mit seiner markanten Sternwarte. Der gebürtige Braunschweiger Max Wilhelm Meyer hatte im ausgehenden 19. Jahrhundert die Idee, eine, wie er sagte, »von Staat und Religion unabhängige Volksakademie« in Verbindung mit einem »wissenschaftlichen Theater« zu gründen. Es sollte also eine volksbildnerische Einrichtung sein, in der dem Publikum die neuesten Erkenntnisse der Naturwissenschaften, die Errungenschaften der Technik und nicht zuletzt die Astronomie in anschaulicher und somit auch für den Laien verständlicher Form nähergebracht werden sollte. Meyer selbst war in Göttingen (ohne Matura und nur aufgrund seiner selbst erworbenen Kenntnisse) zum Studium der Astronomie zugelassen worden und arbeitete später an verschiedenen Sternwarten in Deutschland und der Schweiz.

Im Jahr 1883 zog er nach Wien und begann, seine populären wissenschaftlichen Arbeiten zu publizieren. Für seinen Plan ließen sich hier allerdings zunächst keine finanziellen Unterstützer finden, weshalb er nun nach Berlin ging. Der dortige Direktor der Universitätssternwarte unterstützte ihn mit ganzen Kräften. Gemeinsam trieb man mehrere Financiers auf und gründete Anfang März 1888 die »Aktiengesellschaft Urania« (benannt nach der griechischen Muse der Sternenkunde). Erst nach diesem Berliner Vorbild entstanden nun auch in anderen europäischen Städten Urania-Institute, so etwa in München, Zürich, Prag, Stockholm und Budapest. Im April 1897 folgte schließlich auch Wien.

Das erste »wissenschaftliche Theater« wurde im Zuge der großen Ausstellung zu Kaiser Franz Josephs 50. Regierungsjubiläum im Prater eröffnet. Noch war es ein einfaches, hölzernes Gebäude, in dem ab nun Ausstellungen gezeigt, physikalische Experimente erläutert und über Botanik, Mechanik und Chemie informiert wurde. Auch standen lehrhafte Theaterstücke auf dem Programm, die etwa die Titel »Der Kampf um den Nordpol« oder »Das Eisen« trugen.

Kurze Zeit darauf übersiedelte die Urania in ein Haus in der Wollzeile (Nummer 34), bis endlich im Juni 1910 das neue, repräsentative Gebäude am Donaukanal bezogen werden konnte.

Architekt des Hauses war der berühmte Max Fabiani, ein früherer Mitarbeiter Otto Wagners und mittlerweile Professor für Kunstgeschichte an der Technischen Hochschule. Im Gegensatz zu seinem markantesten Werk, dem mit grünen Fliesen und eisernem Dekor versehenen »Portois u. Fix-Haus« in der Ungargasse 59, nahm sich Fabiani beim Bau der Urania deutlich zurück. Sie ist ein zweckmäßiges Gebäude, das sich in die übrigen Prachtbauten entlang der nahen Ringstraße einfügt. Die niedrige Eingangshalle ist übrigens ein Zubau aus den 1930er-Jahren.

Die Urania mit ihrer Sternwarte entwickelte sich schon bald zu einer herausragenden Wiener Volksbildungseinrichtung, die sie bis heute geblieben ist. Die »Uraniafilme«, die hier ab den 1920er-Jahren täglich gespielt wurden, waren lange Zeit der Inbegriff des Kultur- und Bildungsfilms.

Die Urania vor dem Anbau der Eingangshalle

Ursulinenkloster

1010, Johannesgasse 8

Dreihundert Jahre lang war die Mädchenschule im Ursulinenkloster eines der wichtigsten Wiener Erziehungsinstitute. Eleonore von Gonzaga, die dritte Ehefrau Kaiser Ferdinands III., holte die Ursulinen im Jahr 1660 von Lüttich nach Wien und stiftete ihnen ein Gebäude in der schmalen Johannesgasse. Fünfzig Jahre nachdem der Ursulinenorden sein erstes Mädchenpensionat in Paris gegründet hatte, entstand nun auch in Wien ein Internat für Schülerinnen aus gutem Hause.

Da es damals in Österreich weder allgemeine Schulgesetze noch eine staatliche Schulaufsicht gab, war den Ursulinen die Organisation ihres Institus völlig frei überlassen. In den Statuten wurde ausdrücklich festgehalten, dass die Mädchen nicht für ein Leben im Kloster vorbereitet werden sollten, sondern lediglich zu »Anstand und Höflichkeit«, guten Umgangsformen und zu »Rücksicht und Nachgiebigkeit«; kurz, es ging darum, »ihnen eine taktvolle Lebensart anzuerziehen, die in der Religion ihre Vervollkommnung findet«. Es wurde übrigens darauf Wert gelegt, dass der Unterricht nicht bloß aus gedankenlosem Auswendiglernen bestand, sondern die Mädchen sollten vielmehr dazu ermuntert werden, Fragen zum besseren Verständnis zu stellen. In den Statuten hieß es ausdrücklich: »Man soll die Schülerinnen viel sprechen lassen und ihnen die Fragen in verschiedener Form bieten, um sie daran zu gewöhnen, zu denken und ihr Wissen zu ordnen; ebenso soll man sie zu Fragen anleiten und diese beantworten.«

Im Gegensatz zu anderen Klosterpensionaten waren die Mädchen nicht vollständig von ihren Familien getrennt, sondern konnten jederzeit von ihren Eltern im Sprechzimmer besucht werden. Neben dem Internat gab es auch noch die »äußeren Schulen«, für die kein Schulgeld bezahlt werden musste und die somit allen Bevölkerungsschichten offenstanden.

Im 18. Jahrhundert standen die Ursulinen in enger Verbindung zum kaiserlichen Hof. Zumindest einmal in der Woche besuchte Maria Theresia das Kloster, um sich bei einem »Hafen Milchkaffee« mit der Oberin auszutauschen. Auch ihre Kinder waren hier regelmäßig zu Besuch, wobei dem kleinen Erzherzog Joseph (dem späteren Joseph II.) besonders das Drehkreuz am Eingang zur Klausur gefiel, das er als Ringelspiel benutzte. Als er Kaiser wurde, stand er den Ursulinen aufgrund ihrer wichtigen Lehrtätigkeit wohlwollend gegenüber. Das Kloster wurde nicht aufgelöst.

Im beginnenden 19. Jahrhundert war das Ursulinenkloster eng mit dem Namen Klemens Maria Hofbauer verbunden. Der später heiliggesprochene Stadtpatron von Wien hatte schon als junger Mann in der Bäckerei direkt gegenüber dem Kloster in der Johannesgasse gearbeitet und oft die nahe gelegene Kirche besucht, um hier zu ministrieren oder zu beten. Reiche Gönnerinnen ermöglichten ihm schließlich das Theologiestudium, im Alter von 33 Jahren wurde er Priester. Nach der Zeit, die er als Seelsorger der Redemptoristen in Polen verbrachte, kehrte er 1808 nach Wien zurück, wo er vom Wiener Erzbischof zum Kirchendirektor und Beichtvater der Ursulinen ernannt wurde. Die mitreißenden Predigten des charismatischen Priesters zogen immer mehr Menschen an und St. Ursula bekam schon bald den Charakter einer Wallfahrtskirche. Nachdem Hofbauer am 15. März 1820 in seiner Wohnung in der Seilerstätte gestorben war, folgte eine ungeheure Menschenmenge dem Sarg zum Stephansdom, bevor Hofbauer auf dem »Romantikerfriedhof« in Maria Enzersdorf begraben wurde (s. Maria am Gestade). Nachdem das Klostergebäude im Jahr 1960 an die Republik verkauft worden war, zog die Universität für Musik und Darstellende Kunst hier ein. Die Kirche steht heute nur noch im Rahmen von Konzerten offen.

Villa Arthaber-Wertheimstein

1190, Döblinger Hauptstraße 96

Rudolf von Arthaber war ein vermögender Mann. In seinen Fabriken in Gumpendorf bei Wien webten um das Jahr 1830 bis zu achttausend Arbeiter und Arbeiterinnen jene bunten Schals und Tücher, die damals in aller Welt zahlungskräftige Kunden fanden. Um seiner tuberkulosekranken Frau und den drei ebenfalls kranken Kindern eine gesündere Umgebung zu schaffen, ließ er sich an der Stelle eines alten Wirtschaftshofes in den Döblinger Weinbergen eine geräumige Sommervilla errichten.

Arthaber, ein großer Freund der schönen Künste, stand mit vielen bedeutenden Malern seiner Zeit in Kontakt. Zu ihnen zählte auch der berühmte Moritz von Schwind, der im Jahr 1840 von Arthaber den Auftrag erhielt, das Stiegenhaus dessen neuen Domizils nach dem Vorbild einer pompejanischen Villa mit Fresken auszuschmücken. Schwinds allegorische Darstellungen von »Kunst«, »Frieden« und »Natur« sind heute noch erhalten (auf den Feldern dazwischen finden sich Miniaturfresken von Karl Rösner). In einem Teil seiner Villa ließ Arthaber auch eine Galerie zeitgenössischer Maler einrichten, in der unter anderem Werke von Waldmüller, Kupelwieser und Amerling den zahlenden Besuchern gezeigt wurden. Die Eintrittspreise wurden einem wohltätigen Zweck zugeführt, nämlich der Finanzierung der »Kinderbewahranstalt« in der Döblinger Hauptstraße. Die Tuberkulose forderte aber schließlich ihre Opfer: Arthabers Frau und zwei seiner Kinder starben, 1867 starb auch Rudolf von Arthaber. Die nun leer stehende Villa fand bald einen neuen Besitzer: Leopold von Wertheimstein, Prokurist im Bankhaus Samuel Rothschilds. Sowohl er als auch seine Frau Josefine (eine geborene Gomperz) entstammten alten und wohlhabenden jüdischen Familien. Beide waren gleichsam Prototypen des aufgeklärten und liberalen Wiener Bildungsbürgertums des 19. Jahrhunderts.

Als Wertheimstein die Villa kaufte, war er – ähnlich wie einst Rudolf von Arthaber – sehr um die Gesundheit seiner Ehefrau besorgt, denn nach dem plötzlichen Tod des erst 19-jährigen Sohnes litt Josefine lange Zeit an schweren Depressionen. Die neue Umgebung im damals noch sehr ländlichen Döbling bewirkte tatsächlich eine merkliche Verbesserung ihres Zustandes. Josefine kam wieder unter Menschen und schuf sich nun sogar in ihrem neuen Zuhause einen gut besuchten Salon, der sich bald zu einem wichtigen gesellschaftlichen Treffpunkt Wiens entwickelte. Er ist heute noch weitgehend original eingerichtet im ersten Stock des Hauses zu besichtigen. (Hier findet man übriges auch ein Faksimile des Amerling-Gemäldes, das den früheren Hausherren Arthaber nach dem Tod seiner Frau mit den drei kleinen Kindern zeigt. Das Original hängt im Oberen Belvedere.)

Viele bekannte Künstler und Wissenschaftler kamen im Salon des Hauses Wertheimstein zu zwanglosen geselligen Abenden zusammen, darunter der Ringstraßenarchitekt Theophil von Hansen, der Philosoph Franz Brentano (ein Neffe des berühmten Clemens von Brentano) und der berühmte »Malerfürst« Hans Makart. Zu den treuesten Gästen zählte der junge Hugo von Hofmannsthal, der eng mit der Tochter des Hauses Franziska befreundet war.

Nach dem Tode Leopolds im Jahr 1883 machte sich aber wieder zunehmend eine melancholische, ja morbide Atmosphäre im Haus Wertheimstein bemerkbar. Die schöne Tochter Franziska war zwar einst von den Männern umschwärmt, doch keine der fünf geplanten Heiraten wurde je verwirklicht. Zeitgenossen sprachen vom »parasitären Bannkreis der Mutter«, aus dem sie sich niemals befreien konnte. Josefine von Wertheimstein starb 1894 und Franziska wohnte nun allein in dem großen Haus. Einer ihrer letzten verbliebenen Freunde war der Dichter Ferdinand von Saar, dem im ersten Stock ein Gedenkraum gewidmet ist. Wenige Monate nach dessen Selbstmord in der nahe gelegenen Rudolfinergasse starb auch Franziska im Februar 1907 im Alter von 62 Jahren. In ihrem Testament hatte sie ihren Besitz »zum Wohl der Bevölkerung« der Stadt Wien vermacht. Ihrem letzten Willen entsprechend wurde der weitläufige Park nun der Öffentlichkeit zugänglich gemacht, in der Villa später das Döblinger Bezirks- und Weinbaumuseum eingerichtet.

Im Nebenhaus (Döblinger Hauptstraße 94) starb im Jahr 1890 Eduard von Bauernfeld, einer der damals meistgespielten Bühnendichter Wiens. Bauernfeld war ein Schulkollege Leopold von Wertheimsteins gewesen und als regelmäßiger Besucher des Salons auch in späteren Jahren eng mit der Familie verbunden. Auch ihm ist im ersten Stock der Villa ein Gedenkraum gewidmet.

Villa Skywa-Primavesi

1130, Gloriettegasse 18

Zu Beginn des 20. Jahrhunderts spielte die Familie Primavesi eine bedeutende Rolle im Wirtschaftsleben der Monarchie. Insbesondere in Mähren und in Schlesien verfügte sie seit Generationen über Zuckerfabriken, Spiritusbrennereien, eine Flachsspinnerei, ein Bankhaus und ausgedehnten Grundbesitz. Ihr großes Vermögen sicherte den Familienmitgliedern nicht bloß ein angenehmes Leben, sondern half mit, eine der bedeutendsten Künstlergemeinschaften des damaligen Österreich vor dem Ruin zu retten: die Wiener Werkstätte (s. Museum für angewandte Kunst). Bis dahin war der Industrielle Fritz Waerndorfer deren Financier gewesen, er musste 1914 allerdings auf Druck seiner Verwandtschaft und der sich verschlechternden wirtschaftlichen Lage aus dem Projekt aussteigen. Nun sprangen Otto Primavesi, seine Frau Eugenia sowie sein Cousin (und zugleich Schwager) Robert ein.

In den folgenden Jahren erhielten die führenden Vertreter der Wiener Werkstätte zahlreiche Aufträge von den Primavesis: Anton Hanak etwa schuf Büsten, Öfen und Mosaike für deren Häuser und Wohnungen, Dagobert Peche lieferte selbst entworfene Möbel und Schmuckstücke und Gustav Klimt malte gleich mehrere Porträts von Eugenia. Bald wurde der Umgang zwischen Financiers und Künstlern auch auf lockerer, freundschaftlicher Ebene gepflegt. Im Landhaus der Mäzene feierte man zweimal jährlich das »Schweindlfest«, bei dem musiziert und getrunken wurde, man spielte Theater, machte Badeausflüge und gewandete sich in von Klimt entworfene wallende, orientalisch anmutende Kostüme.

Zum engsten Kreis gehörte natürlich Josef Hoffmann (s. Hohe Warte), der die Wiener Werkstätte ins Leben gerufen hatte. Er gestaltete in Otto Primavesis Auftrag nicht nur den mährischen Sommersitz der Familie, sondern auch die Inneneinrichtung ihres herrschaftlichen Hauses in Olmütz. Sein Hauptwerk besteht aber zweifellos in der prächtigen Villa, die er für Robert Primavesi und dessen Lebensgefährtin Josefine Skywa in Hietzing schuf.

Zwischen 1913 und 1915 entstand das großzügig angelegte Gebäude in einer der besten Lagen Wiens. Es ist Hoffmanns opulentestes Werk und gilt als herausragendes Beispiel für die Architektur des späten Jugendstils. Das Haupthaus und der weitläufige Garten wurden in jedem Detail aufeinander abgestimmt, womit Villa, Teehäuschen, Pavillon, Brunnen, Wege, Treppen und sogar die eisernen Zaungitter ein Gesamtkunstwerk größter Harmonie darstellten. Selbstverständlich war auch die Inneneinrichtung mit ihren kostbaren Möbeln, Teppichen, Bildern und Accessoires Teil des künstlerischen Gesamtkonzepts. Den reichen plastischen Schmuck an der Hausfassade schuf übrigens abermals Anton Hanak.

Hoffmann hatte damals völlige freie Hand, was die Auswahl des Baumaterials und die künstlerische Verarbeitung der einzelnen Objekte anging, und dementsprechend teuer wurde das gesamte Projekt! Er verließ sich – wie seine Kollegen auch – auf die unerschöpflichen Finanzmittel der Familie Primavesi und diese wiederum legte auf eine genaue wirtschaftliche Überprüfung keinen allzu großen Wert. Die Primavesis gefielen sich schließlich in ihrer Rolle als Mäzene, so wie es einst auch Fritz Waerndorfer getan hatte. Dass die Wiener Werkstätte überhaupt all die Jahre überleben konnte, verdankte sie ausschließlich diesen reichen Unterstützern, denn auf dem freien Markt war sie keineswegs konkurrenzfähig. Zu exklusiv und zu teuer waren ihre kunstgewerblichen Luxus-Stücke, als dass ausgerechnet in der schwierigen Zeit nach dem Ersten Weltkrieg und während der Wirtschaftskrise gute Geschäfte damit gemacht werden konnten.

So fein durchkomponiert jedes noch so kleine Schmuckstück aus ihrer Produktion war, so mangelhaft und schlampig erschien ihre kaufmännische Kalkulation. Spät, aber doch erkannte Otto Primavesi die Gefahr, sein gesamtes Vermögen zu verlieren, und zog sich als Geschäftsführer des Vereins zurück. Ein halbes Jahr später, im Februar 1926, starb er. Den Ruin seines Bankhauses zwei Monate darauf musste er nicht mehr miterleben, ebenso wenig den Beginn des Konkursverfahrens der Wiener Werkstätte im Mai desselben Jahres. Auch seine Frau Eugenia, die nun die Hauptaktionärin des Unternehmens war, konnte das Ende nur noch verzögern: 1932 wurde es aufgelöst.

Auch Robert Primavesi starb 1926, die Villa in der Gloriettegasse hatte er seiner Lebensgefährtin vermacht. Josefine Skywa sah sich gezwungen, sie an den holländischen Rechtsanwalt Leopold Panzer zu verkaufen, der die vereinbarten Raten allerdings immer unregelmäßiger bezahlte. Skywa musste in ihrer Not nun Stück für Stück der ererbten Kunstsammlung veräußern und starb 1950 in bescheidenen Verhältnissen in Wien. Gemeinsam mit Robert Primavesi ist sie auf dem Hietzinger Friedhof bestattet.

Nachdem die Villa von den Nationalsozialisten in Beschlag genommen worden war, fiel sie nach dem Zweiten Weltkrieg an die Erben Panzers, die sie an den Österreichischen Gewerkschaftsbund verkauften. Seit einigen Jahren befindet sie sich aber wieder in Privatbesitz.

Villa Wittgenstein-Stonborough

1030, Kundmanngasse 19/Parkgasse 18

Als Ludwig Wittgenstein nach dem Ersten Weltkrieg aus italienischer Kriegsgefangenschaft nach Wien heimkehrte, befand er sich in einer ernsten Lebenskrise. Sein Vater, der Großindustrielle Karl Wittgenstein, war kurz vor Ausbruch des Krieges gestorben und hatte ein großes Vermögen hinterlassen, das ihm eine zumindest finanziell sorgenfreie Existenz ermöglicht hätte. Doch Ludwig verzichtete zugunsten seiner sieben älteren Geschwister auf sein Erbteil, nachdem er noch mehrere befreundete Künstler, wie etwa den Architekten Adolf Loos und die Dichter Georg Trakl und Rainer Maria Rilke großzügig bedacht hatte. Er wollte einen Neuanfang wagen, wollte, wie er sagte, »bei kärglichem Lohn anständige Arbeit verrichten und dann einmal als anständiger Mensch sterben«. Nach dem Besuch der Lehrerbildungsanstalt in Wien trat er 1920, inzwischen 31 Jahre alt, eine Stelle als Volksschullehrer im südlichen Niederösterreich an, in einer einsamen, waldreichen Gegend fernab der Wiener Gesellschaft. Es zeigte sich allerdings bald, dass seine pädagogischen Fähigkeiten zu wünschen übrig ließen, denn er war aufbrausend, gewalttätig und viel zu anspruchsvoll. Nach sechs Jahren musste er den Dienst quittieren und kehrte nach Wien zurück, wo er für einige Monate als Hilfsgärtner bei den Barmherzigen Brüdern arbeitete.

Zu jener Zeit erwarb Ludwigs Schwester Margarete Wittgenstein-Stonborough ein 3000 Quadratmeter großes Grundstück zwischen Kundmanngasse und Parkgasse und beauftragte den Architekten Paul Engelmann, einen Schüler und Mitarbeiter von Adolf Loos, mit dem Bau einer repräsentativen Villa. Engelmann kannte Ludwig von früher und lud ihn, der lebhaftes Interesse an dem Projekt zeigte, ein, an der Planung der Villa mitzuarbeiten. Bald überließ er Wittgenstein die Bauführung ganz, obwohl dieser – trotz seines Technikstudiums – auf diesem Gebiet dilettierte.

Er arbeitete – wie auch in der Formulierung seiner philosophischen Thesen – höchst präzise und gewissenhaft und schuf für seine Schwester letztlich ein Gebäude, das durch seine strengen, kubischen Formen, den völligen Verzicht auf jedes Ornament und die Planung bis ins allerkleinste Detail auch gerne die »Stein gewordene Logik« genannt wird. Hermine, eine seiner Schwestern, erinnerte sich: »Ludwig zeichnete jedes Fenster, jede Tür, jeden Riegel der Fenster, jeden Heizkörper mit einer Genauigkeit, als wären es Präzisionsinstrumente (…) und er setzte dann mit seiner kompromisslosen Energie durch, dass die Dinge auch mit der gleichen Genauigkeit ausgeführt wurden. Ich glaube noch den Schlosser zu hören, der ihn anlässlich eines Schlüsselloches fragte: ›Sagen Sie, Herr Ingenieur, kommt es Ihnen denn wirklich auf den Millimeter an?‹, und noch ehe er ganz ausgesprochen hatte, fiel ein lautes, energisches ›Ja‹, sodass der Mann beinahe erschrak.«

1928 konnte Margarete mit ihrer Familie das neue Haus beziehen. Das Mobiliar, mit dem sie es einrichtete, war erlesen. Schon Vater Karl war zu Lebzeiten ein großer Mäzen und Sammler der Wiener Werkstätte gewesen, Margarete selbst war einst von Gustav Klimt porträtiert worden. Ihre wertvolle Sammlung an Möbeln, Bildern, Skulpturen und Antiquitäten wurde während des Zweiten Weltkrieges in ein Depot ausgelagert – und durch einen Bombentreffer völlig vernichtet. Margarete war inzwischen in die Vereinigten Staaten emigriert.

Ihr Sohn verkaufte die Villa im Jahr 1971 an einen Bauunternehmer, der die Bäume des umliegenden Parks zum großen Teil abholzen ließ, das Anwesen sollte damals einem Hotel weichen. Rechtzeitig wurde die Öffentlichkeit auf die kulturhistorische Bedeutung der Villa aufmerksam, die nun zum Glück unter Denkmalschutz gestellt wurde. Heute ist das Bulgarische Kulturinstitut hier untergebracht.

Ludwig Wittgenstein ging übrigens 1929 zurück an die Universität Cambridge, wo er vor dem Krieg studiert hatte. Zehn Jahr später erhielt er dort den Lehrstuhl für Philosophie.

Volksgarten

1010, Dr.-Karl-Renner-Ring

1805, nach der ersten, noch relativ friedlich verlaufenen Besetzung Wiens durch die französischen Truppen, verabschiedete sich Napoleon Bonaparte mit einer Proklamation von der Bevölkerung, in der er sich für deren »gutes Betragen« bedankte. Vier Jahre später stand seine Armee abermals vor den Toren der Stadt. Der Magistrat ersuchte damals händeringend den – aus Wien geflohenen – Kaiser Franz, die Tore den nahenden Franzosen öffnen zu dürfen, da die alten Stadtmauern einer Beschießung nicht mehr standhalten würden und die Bevölkerung nur unnötig unter einer Belagerung zu leiden hätte.

Doch der Kaiser bestand auf einer Verteidigung Wiens. Nachdem ihr zweites Ultimatum verstrichen war, begannen Napoleons Truppen mit der Bombardierung der Stadt und keine sechs Stunden später musste Wien kapitulieren. Als Strafe und Demütigung für die Stadt, die ihm Widerstand geleistet hatte, ließ Napoleon die Burgbastei, die mächtigste und größte Befestigungsanlage der Stadtmauer, sprengen.

Auf der neu entstandenen großen, freien Fläche entstand in den folgenden Jahren der Äußere Burgplatz (s. Hofburg/Heldenplatz). An seinen Seiten legte man nun zwei Parks an, den Volksgarten und den Burggarten. Im Gegensatz zu Letzterem, der nur Mitgliedern des Kaiserhauses zugänglich war, stand der Volksgarten allen Wienern und Wienerinnen offen. Um die »öffentliche Moral« zu gewährleisten und ihn leicht überwachen zu können, gestaltete man ihn in klaren, symmetrischen Formen.

Es dauerte nicht lange, und er entwickelte sich zu einem beliebten Treffpunkt der vornehmen Biedermeiergesellschaft. Peter Corti, ein bekannter Cafétier (und ehemaliger Spion in Metternichs Diensten), erhielt die Erlaubnis, hier zwei Kaffeehäuser zu errichten. Das eine befand sich im sogenannten Paradeisgartl auf der damals noch bestehenden Löwelbastei, das andere dort, wo sich heute noch das »Volksgarten-Restaurant« befindet. Mit einer Rampe waren beide miteinander verbunden. Das elegante Publikum, das von seinen Tischen im Paradeisgartl hinabblickte, schwärmte: »Zwischen den Terrassen der alten Wälle, die man hier mit dem sanftesten Grün bekleidete, wogt Dir das lichte Saftlaub abendlich entgegen. Lichter, Musik, Jasmindüfte, erleuchtete Hallen, griechische Tempel unter Dir. Dort das vergnügliche Volk im hellstrahlenden Kreise um die Tribüne eines beliebten Virtuosen, Massen von Eis consumirend, hier ein dunkler Laubengang, darinnen selige Wanderer (...)«.

Blick über den Volksgarten auf die beiden Hofmuseen

Im Laufe des 19. Jahrhunderts veränderte sich der Volksgarten. Als im Zuge des Ringstraßenbaus der alte Stadtgraben zugeschüttet wurde, erweiterte man den Park, wenige Jahre später wurde dafür das malerische Paradeisgartl mitsamt der Löwelbastei abgerissen (ein Teil des Burgtheaters steht nun dort). In jener Ecke wurde 1907 auch das von Hans Bitterlich geschaffene Denkmal für die ermordete Kaiserin Elisabeth aufgestellt. In jugendlich-schöner Gestalt ist sie sitzend dargestellt, den hohen Marmorsockel zieren Abbilder ihrer geliebten Hunde.

Im Theseustempel, der um 1820 in der Mitte des Parks errichtet wurde, war ursprünglich Antonio Canovas marmorne Figurengruppe »Theseus im Kampf mit dem Kentauren« aufgestellt. Es war eine Arbeit, die eigentlich in Mailand stehen sollte, und zwar als Denkmal für den Sieg Napoleons über Österreichs Truppen! Als Canova sie fertiggestellt hatte, war Napoleon aber selbst schon längst besiegt und dessen Feind (und Schwiegervater) Kaiser Franz kaufte sie dem Künstler ab. Bis zum Jahr 1890 stand die Skulptur hier, dann brachte man sie ins Stiegenhaus des Kunsthistorischen Museums, wo sie noch heute zu sehen ist. Als man Mitte der 1930er-Jahre ein Ehrenmal für österreichische Musiker plante, schuf Josef Hoffmann schon die Entwürfe, wonach der Theseustempel zu einer »Ruhmeshalle« mit angeschlossener Krypta werden sollte. Dieses Projekt wurde aber ebenso wenig verwirklicht wie der unter den Nationalsozialisten gefasste Plan, am Heldenplatz einen »Kultbezirk« zu errichten, mit einem pyramidenartigen, monumentalen Bau, an dessen Spitze der Theseustempel stehen sollte.

Volkstheater

1070, Neustiftgasse 1

Über einen Mangel an prestigeträchtigen Aufträgen konnten sich Ferdinand Fellner jr. und sein Kompagnon Hermann Helmer wahrlich nicht beschweren. Nachdem sie ihr gemeinsames Architekturbüro gegründet hatten, wurden sie ab den 1880er-Jahren mit Angeboten geradezu überschwemmt, denn sie arbeiteten schnell, zuverlässig und vergleichsweise kostengünstig. Ihre besondere Spezialität waren prächtige Theatergebäude, die nun in allen Teilen der Monarchie entstanden: das Neue Deutsche Theater in Prag, das Volkstheater in Budapest, die Stadttheater von Graz, Salzburg und Klagenfurt, dazu kamen noch zahlreiche Bauten im Ausland, wie etwa die Komische Oper in Berlin (damals: Theater Unter den Linden), das Deutsche Schauspielhaus in Hamburg und die Züricher Oper. Insgesamt waren es rund 50 solcher Gebäude in ganz Mitteleuropa.

Dass damals die Nachfrage so groß war, erklärt sich einerseits durch das wachsende Bedürfnis des selbstbewussten Bürgertums nach eigenen Bühnen abseits der noblen Hoftheater und andererseits durch die verschärften Sicherheitsvorschriften. In Wien hatte es nämlich erst kurze Zeit zuvor, am 8. Dezember 1881, eine Brandkatastrophe unvorstellbaren Ausmaßes

Volkstheater – das Raimund-Denkmal wurde später in den Weghuberpark versetzt

gegeben: Als hinter der Bühne des Ringtheaters ein Feuer ausbrach und über den Vorhang auch in den Zuschauerraum übergriff, brach im siebenstöckigen Gebäude am Schottenring Panik aus. Knapp 400 Menschen fanden damals einen qualvollen Tod.

Nach diesem Schock wurde ein neues Gesetz erlassen, das für sämtliche Theater strenge Brandschutzmaßnahmen vorschrieb: Die Eingangstüren durften sich ab nun nur noch nach außen öffnen lassen (damit sie im Fall einer Panik die Menschen nicht behinderten), die Bühne musste mit einem eisernen Vorhang versehen sein und darüber hinaus musste jedes neue Theater als frei stehendes Gebäude errichtet werden. Das »Deutsche Volkstheater« in Wien war die erste Bühne, die 1887–1889 nach diesen neuen Bestimmungen erbaut wurde.

Der Bedarf nach dieser bürgerlichen Konkurrenzbühne zum kaiserlichen Burgtheater (s. d.) war gegeben, nachdem das alte Stadttheater (s. Ronacher) 1884 ebenfalls abgebrannt war (Menschen kamen dabei allerdings nicht zu Schaden). Auch im neuen Haus sollten nun sowohl klassische Dramen als auch Volksstücke und zeitgenössische Werke einem breiten Publikum nähergebracht werden, die Preise waren dementsprechend moderat.

Nach der Eröffnung am 14. September 1889 mit Anzengrubers »Fleck auf der Ehr« etablierte sich das Haus schnell in der österreichischen Theaterlandschaft. Im Laufe der Jahrzehnte war eine Vielzahl berühmter Schauspieler und Schauspielerinnen hier engagiert, darunter Alexander Girardi, Adele Sandrock, Raoul Aslan und Hans Moser. Der Nationalsozialismus brachte einschneidende Veränderungen mit sich. Manche der Schauspieler und Regisseure mussten aufgrund ihrer jüdischen Abstammung ins Exil flüchten, darunter Hans Jaray und Fritz Kortner, der einstige Direktor Rudolf Beer beging 1938 Selbstmord (eine Gedenktafel an der Seite des Theaters erinnert an ihn). Bis 1945 diente das Haus als »Kraft durch Freude«-Theater der Deutschen Arbeitsfront.

Auch nach dem Krieg blieb das Volkstheater seinem ursprünglichen Programm treu, indem es weiterhin zahlreiche Stücke zeitgenössischer Dramatiker aufführte. Während es früher Schnitzler, Hauptmann, Strindberg oder Shaw waren, hießen sie nun Dürrenmatt, Camus oder Cocteau. Auch Stücke des in Wien damals heftig umstrittenen, ja bekämpften Bert Brecht wurden in den 1960er-Jahren auf die Bühne gebracht.

Unzählige Publikumslieblinge traten seither hier auf und machten das Wiener Volkstheater zu einem im ganzen deutschen Sprachraum geachteten Haus. Mit 970 Plätzen (statt der ursprünglichen 1900) ist es heute die zweitgrößte Sprechbühne Wiens.

Vorwärts-Haus

1050, Rechte Wienzeile 97

Knapp 40 Jahre bevor das Vorwärts-Haus gebaut wurde, fand kurz vor Weihnachten 1869 eine Demonstration auf der Ringstraße statt: Etwa 20 000 Arbeiter marschierten damals friedlich zum provisorischen Reichsratsgebäude (s. Parlament) in der Währinger Straße. Eine Delegation erhielt schließlich Zutritt zu den Räumen des Ministerpräsidenten, des Grafen Taaffe, und deponierte bei ihm die Forderung nach allgemeinem Wahlrecht, Versammlungs- und Gewerkschaftsfreiheit. Graf Taaffe reagierte daraufhin empört: »Was Sie da machen ist ja Revolution!« Ein paar Tage später wurden mehrere Teilnehmer der Demonstration verhaftet und wegen Hochverrats vor Gericht gestellt. Anstatt der drohenden Todesstrafe wurden sie mit bis zu sechs Jahren Kerker noch vergleichsweise milde bestraft.

Es dauerte noch lange, bis die Forderungen des Proletariats erfüllt wurden. Nachdem es dem Armenarzt Victor Adler am Silvestertag 1888 gelungen war, die bislang zerstrittenen Flügel innerhalb der Arbeiterbewegung zur SDAP (Sozialdemokratischen Arbeiterpartei) zu einen, feierte die Partei bei der ersten freien und direkten Wahl im Jahr 1907 (an der allerdings nur Männer teilnehmen durften) einen großen Erfolg. Sie zog als zweitstärkste Kraft nach den Christlichsozialen in den Reichsrat ein.

Im selben Jahr bezog die Führungsspitze das neu errichtete Gebäude an der Rechten Wienzeile. Die Brüder Hubert und Franz Geßner (beide waren Schüler Otto Wagners) hatten das Partei- und Verlagshaus in secessionistischen Formen entworfen: Das Erdgeschoß ist innen und außen mit farbigen Keramikfliesen verkleidet, der markante Treppengiebel wurde mit einer Uhr versehen, zu deren Seiten zwei große steinerne Skulpturen stehen: der Arbeiter und die Arbeiterin. Diese Figuren stammten vom berühmten Bildhauer Anton Hanak, einem Mitglied der Secession und des österreichischen Werkbundes, der auch eng mit Josef Hoffmann zusammenarbeitete.

Bis zum Verbot der SDAP unter dem austrofaschistischen Regime 1934 waren hier die Parteizentrale, der Republikanische Schutzbund und der »Vorwärts«-Verlag untergebracht, der unter anderem die traditionsreiche »Arbeiter-Zeitung« herausgab.

Zwar wurde das Verlagshaus 1986 abgerissen (es wich dem benachbarten Hotelbau), doch blieb das übrige Gebäude weiterhin als wichtiges Denkmal der österreichischen Sozialdemokratie bestehen. Der »Verein für die Geschichte der Arbeiterbewegung« (VGA) hat hier nun seinen Sitz.

In den historischen Räumen der einstigen Parteileitung – original eingerichtet mit den verglasten Bücherwänden aus der Jugendstilzeit – befindet sich die umfangreiche Bibliothek, dazu kommt noch das auf den neuesten Stand der Technik gebrachte Archiv des VGA und die Zeitschriftensammlung. In ihr sind auch jene Ausgaben der »Arbeiter-Zeitung« zu finden, die zwischen 1934 und 1938 in Brünn gedruckt und nach Österreich geschmuggelt wurden.

Besonders interessant ist natürlich der Nachlass Victor Adlers, des Gründers der österreichischen Sozialdemokratie, der wegen seiner politischen Tätigkeit 17-mal verurteilt wurde und insgesamt 18 Monate im Gefängnis saß. Zum Glück blieb sein umfangreicher Briefwechsel, den er während des Ersten Weltkriegs schon vernichten wollte, erhalten (darunter befindet sich etwa die Korrespondenz mit seinem guten Freund Friedrich Engels).

Auch der Nachlass seines Sohnes Friedrich Adler lagert hier, wobei die vielen Briefe an und von Albert Einstein sicherlich zu den bedeutendsten zählen. Friedrich war seit seinem Physikstudium in Zürich gut mit Einstein befreundet, und als er 1909 schon für das dortige Extraordinariat für theoretische Physik vorgesehen war, trat er zugunsten Einsteins von seiner Bewerbung zurück. Adler war ab nun immer intensiver für die Arbeiterbewegung tätig und versuchte, seine internationalistische und pazifistische Grundhaltung auch bei den Wiener Genossen zu verankern. Nachdem er aus Protest gegen den Krieg und die Haltung der eigenen Partei im Jahr 1916 den Ministerpräsidenten Graf Stürgkh erschossen hatte (s. Kärntner Straße), bot sich Albert Einstein als Entlastungszeuge für den Mordprozess an.

Votivkirche

1090, Rooseveltplatz

Am 18. Februar 1853 stürzte sich der zweiundzwanzigjährige ungarische Schneidergeselle János Libényi mit einem Küchenmesser bewaffnet auf den österreichischen Kaiser. Der um nur ein Jahr ältere Franz Joseph überlebte das Attentat auf der Burgbastei leicht verletzt: Die Klinge glitt von seinem steifen Uniformkragen ab und sein Adjutant konnte gemeinsam mit einem Passanten den Angreifer überwältigen. Da in Wien nach der Revolution von 1848 noch der Belagerungszustand galt, wurde Libényi vor ein Kriegsgericht gestellt und nach nur wenigen Tagen zum Tode verurteilt: Auf der Simmeringer Haide wurde er gehenkt. Seine Freunde – obwohl gar nicht am Attentat beteiligt – wurden zu Schanzarbeit verurteilt. In seinem Prozess hatte sich Libényi, glühender Anhänger der ungarischen Freiheitsbewegung, zu rechtfertigen versucht: »Ich liebe mein Vaterland mehr als alles und mehr als mein Leben. Ich musste sehen, wie meine Landsleute (…) hingerichtet und scharenweise auf Festung verurteilt worden sind, wie alle Freiheit im Lande verschwunden ist. Diesen Zustand konnte ich nicht ertragen.«

Dass Franz Joseph damals übrigens noch keineswegs als allseits beliebter und gütiger Monarch verehrt wurde, zeigt das kleine, doppeldeutige Spottgedicht, das nach Libényis Hinrichtung in Wien die Runde machte:

»Auf der Simmeringer Had
hat's an Schneider verwaht
– es g'schicht eam schon recht
– was sticht er so schlecht.«

Votivkirche

Erzherzog Ferdinand Max (der spätere Kaiser Maximilian von Mexiko) rief nach dem gescheiterten Attentat zur Errichtung einer »Votivkirche« auf, die an die glückliche Rettung seines älteren Bruders erinnern sollte. Über 70 Architekten nahmen an der internationalen Ausschreibung teil, der junge Heinrich von Ferstel wurde schließlich mit dem Bau beauftragt. Am 24. April 1856, dem zweiten Hochzeitstag des Kaiserpaares, wurde der Grundstein vor der Stadtmauer am Schottentor gelegt. Obwohl ursprünglich geplant war, die Kirche nur durch freiwillige Spenden zu finanzieren, musste die öffentliche Hand bald einspringen: Nicht einmal die Hälfte der Kosten konnte auf diesem Wege aufgebracht werden. Die Bauarbeiten dauerten ungewöhnlich lange: Erst 1879 konnte die Kirche eingeweiht werden, an der Gestaltung des Innenraums arbeitete man weitere zwanzig Jahre.

Die Votivkirche ist ein typisches Beispiel für die historistische Architektur des 19. Jahrhunderts. Ferstel versuchte gleichsam, eine »ideale« gotische Kirche zu schaffen, eine »Kathedrale der Neugotik«.

Neben ihrer Funktion als Mahnmal zur Errettung Franz Josephs sollte sie auch als Grablege berühmter Österreicher dienen, nach dem Vorbild der Westminster Abbey in London. Aus dem Plan wurde freilich nichts. Nur ein einziges prachtvolles Grabmal ist in der Kirche zu finden, jenes von Niklas Graf Salm, dem Verteidiger Wiens während der ersten Türkenbelagerung. Kaiser Ferdinand I. hatte es um das Jahr 1530 persönlich in Auftrag gegeben. Es befand sich ursprünglich im Dorotheerkloster (s. Dorotheum), das unter Joseph II. aufgelöst wurde. Damals wurden die Gebeine des Grafen Salm in einem Massengrab bestattet, sein Grabmal gelangte in eines seiner Schlösser in Mähren. 1879 wurde es in der Taufkapelle der Votivkirche aufgestellt und gilt heute als das bedeutendste Kunstwerk, das hier untergebracht ist.

Die bunten Glasfenster der Kirche wurden während des Zweiten Weltkriegs zerstört und danach nur teilweise rekonstruiert (etwa jenes im Querhaus rechts, das an die Errettung Franz Josephs erinnert). Man schuf nun neue Fenster, von denen eines an die Zeit des Krieges und der nationalsozialistischen Blutherrschaft erinnert. Es befindet sich an der Ecke vor dem Salmgrab (über der Beichtkapelle) und zeigt die berüchtigte »Todesstiege« des Vernichtungslagers Mauthausen, auf der viele Häftlinge so lange die schweren Steinbrocken hinaufschleppen mussten, bis sie vor Erschöpfung starben.

Seit dem Jahr 2000 ist im Oratorium ein kleines Museum eingerichtet, in dem unter anderem der prachtvolle »Antwerpener Altar« ausgestellt ist, ein Meisterwerk der Schnitzkunst aus der Mitte des 15. Jahrhunderts.

Wienzeile

1040, 1060, Wienzeile

In den frühen 1890er-Jahren wurden vom Gemeinderat zwei Großprojekte beschlossen, die beide unter anderem eng mit der Wienzeile zu tun hatten: die Regulierung des Wienflusses und die Errichtung einer modernen Stadtbahn, die die längst überfällige Verbindung des ersten Bezirks mit den ehemaligen Vorstädten schaffen sollte. Die Entwürfe zu diesen beiden Bauvorhaben stammten von Otto Wagner, der damit einmal mehr seine herausragenden Fähigkeiten als Architekt und Stadtplaner unter Beweis stellen konnte.

Der Wienfluss, der heute zumeist als wenig bedrohliches Bächlein wahrgenommen wird, brachte bis weit ins 19. Jahrhundert regelmäßige Überschwemmungen mit sich, darüber hinaus war er damals längst zu einem hygienischen Problem geworden, siedelten sich doch immer mehr Gewerbebetriebe an seinen Ufern an. Deren ungefilterte Abwässer wurden einfach in das Flüsschen geleitet, das sich dadurch vor allem im Sommer zu einer stinkenden Kloake verwandelte. Wagner sah nun nicht nur die Einfassung des Gewässers in ein hochwassersicheres Bett vor, sondern auch seine teilweise Verlegung unter die Erde (s. Stadtpark).

Der Fluss gab auch der damals gebauten »Wientallinie«, der neuen Stadtbahn, den Namen, die heute der U4 entspricht. Die Schienentrasse für die ursprünglich mit Dampfloks betriebenen Züge wurde nach Wagners Plan parallel zum Fluss gebaut, von diesem nur durch eine Mauer getrennt. Die Stationsgebäude mit ihren markanten grünen Dächern sind noch heute in Verwendung, so wie auch jene entlang der alten »Gürtellinie« (heute U6). Die Bauten sollten – typisch für Wagner – einerseits funktional sein, andererseits auch ästhetischen Kriterien entsprechen. Überall sind deshalb charakteristische Dekorelemente des Jugendstils zu erkennen, wie etwa die Sonnenblumenmuster der Eisengeländer. Wäre es nach Wagner gegangen, wäre die Wienzeile überhaupt bis nach Schönbrunn hinaus zu einem prächtigen Jugendstilboulevard ausgebaut worden. Das Geld für die Umsetzung eines solchen Projekts stand ihm damals nicht zur Verfügung, doch baute er 1898/99 auf eigene Kosten zumindest zwei Häuser, die auch heute noch jedem Freund der Wiener Jugendstilarchitektur bekannt sind. Auf der Linken Wienzeile 40 steht das »Majolikahaus«, benannt nach den glasierten und mit bunten Blumenmotiven verzierten Keramikfliesen, mit denen seine Fassade gestaltet wurde. Jene des Nachbarhauses (Linke Wienzeile 38) ließ Wagner von seinem Mitarbeiter Kolo Moser durch reiche Goldornamente schmücken. Gleich um die Ecke, in der Köstlergasse 3, steht ein drittes (vergleichsweise schlichtes) Gebäude, das Wagner entwarf und in dem er auch eine Zeit lang wohnte.

Durch die Überwölbung des Wienflusses entstand um 1900 ein neues, breites Areal zwischen Linker und Rechter Wienzeile. Dieses Gelände wurde nun dem Naschmarkt zugewiesen, der seit den 1770er-Jahren auf den nahe gelegenen Gründen vor dem alten Kärntnertor Quartier bezogen hatte. Er war schon damals einer der wichtigsten Wiener Märkte, auf dem Obst, Gemüse und auch Milch verkauft wurde (von den hölzernen Milcheimern, den »Aschen«, stammt übrigens auch der Name des Marktes).

Auf dem Naschmarkt und dem zweiten großen Obstmarkt beim »Schänzl« (etwa dort, wo sich heute die Augartenbrücke befindet) herrschten damals oft derbe Umgangs-

Zwei »Fratschlerinnen« des Wiener Marktlebens um 1900

formen, die gutbürgerliche Besucher abschreckten. Naserümpfend sprachen diese vom »klassischen Boden der Trivialität und des untersten Volkslebens«. Auch Johann Pezzl berichtete über das bunte Markttreiben des ausgehenden 18. Jahrhunderts: »Dabei hat man nicht selten das Schauspiel von den wütenden Fehden der Obstweiber, wie sie sich Schürzen und Kappen vom Leibe reißen, dichte Büschel Haare ausraufen und so derb mit Nägeln und Fäusten auf Nasen, Augen und Wangen begrüßen, dass das Blut umherspritzt und der Kampf selbst einem Haufen erboster Matrosen Ehre machen würde.« Noch bis weit ins 20. Jahrhundert waren die resoluten Marktweiber (»Fratschlerinnen«) berüchtigt für ihr loses Mundwerk und zählten zu den viel beschriebenen, gemalten und fotografierten »Wiener Typen«. Manche von ihnen, wie etwa das »Fischkopf-Reserl« oder das »Krawall-Minnerl«, waren weit über die Grenzen des Naschmarkts bekannt.

Auf der Wienzeile befindet sich auch eines der traditionsreichsten Theater der Stadt, auf dessen Bühne unzählige weltberühmte Künstler und Künstlerinnen gestanden sind (Theater an der Wien, Linke Wienzeile 6). Es geht zurück auf das »Theater im Freihaus auf der Wieden«. Dieses Freihaus war ein riesiger Gebäudekomplex, der früher zwischen Wienfluss und Wiedner Hauptstraße stand und in einem seiner sechs Innenhöfe eines der unter Joseph II. gegründeten Vorstadttheater beherbergte (s. Theater in der Josefstadt). Seit 1785 fanden dort volkstümliche Unterhaltungen statt und am 30. September 1791 dirigierte Mozart dort die Uraufführung seiner »Zauberflöte«. Sein Freund und Librettist Emanuel Schikaneder war Direktor des Hauses und sang die Rolle des Papageno.

Schikaneder übersiedelte im Jahr 1801 mit seinem Theater in das neu errichtete Gebäude an der Linken Wienzeile (von dem heute aber nur noch das »Papagenotor« seines Seiteneingangs in der Millöckergasse erhalten ist). In den kommenden Jahren entwickelte sich das Haus zu einer der führenden Sprech- und Musiktheaterbühnen Wiens. Uraufführungen bedeutender Werke wie etwa Beethovens »Fidelio« (1805), Kleists »Käthchen von Heilbronn« und vieler Stücke Johann Nestroys fanden hier statt, doch seine ganz große Zeit sollte erst in der zweiten Hälfte des 19. Jahrhunderts kommen. Ab 1860 entstand im Theater an der Wien nämlich eine mächtige Konkurrenzbühne zum damals noch bestehenden Carltheater in der Leopoldstadt, in dem die Operetten Jacques Offenbachs gewaltige Erfolge feierten. Mit Franz von Suppés »Das Pensionat« begann nun auch an der Wien die Operette Einzug zu halten und wenige Jahre später sollte sie durch Johann Strauß Sohn ihre endgültige Glanzzeit erleben.

Auf Zureden seiner ersten Frau Jetty sprang Strauß auf den »Operettenzug« auf und wurde dafür vom Publikum belohnt. »Indigo und die 40 Räuber« wurde 1871 im Theater an der Wien mit riesigem Erfolg uraufgeführt und auch die folgenden Werke fanden sowohl bei den Zuschauern als auch bei der Kritik meist ungeteilte Zustimmung. Als am 5. April 1874 die »Fledermaus« erstmals gespielt wurde, sprach selbst der sonst so strenge Eduard Hanslick vom Anbruch einer neuen Epoche der Wiener Musik. Das in nur 42 Tagen komponierte Werk begann nun einen Siegeszug durch ganz Europa: Von Budapest bis Berlin, von Hamburg bis Paris, ja sogar in den USA und in Australien wurde Strauß' Name noch berühmter, als er es ohnehin schon war! Die »goldene« Zeit der Operette brach an.

Wotrubakirche

1230, Am Georgenberg, Rysergasse

»Wenn dieser Bau glückt, wird er von großer Dynamik und Dramatik sein. Das scheinbare Chaos, das durch die Anordnung asymmetrischer Blöcke entsteht, sollte zuletzt eine harmonische Einheit ergeben«, schrieb Fritz Wotruba über sein letztes und vermutlich berühmtestes Werk in Wien. Die Kirche »Zur Heiligsten Dreifaltigkeit« in Wien-Mauer ist tatsächlich ein dynamisches und dramatisches Gebäude: Über 150 massige Betonquader unterschiedlicher Größe sind ohne erkennbare Ordnung ineinander geschachtelt und aufeinandergetürmt und bilden einen extravaganten, fassadenlosen Bau mit mehr oder weniger schmalen Öffnungen, die als Fenster dienen. Sie ist gleichsam eine Mischform aus Skulptur und Bauwerk. Kein Schmuck, keine Farben, kein Ornament sind von außen zu erkennen.

Schon 1964 hatte es erste Gespräche mit Wotruba über den Bau einer modernen Kirche gegeben. Ursprünglich sollte sie Teil eines neu zu errichtenden Klostergebäudes der Karmelitinnen in Steinbach werden, doch dieser Plan wurde aufgrund des großen Widerstands gegen Wotrubas eigenwillige Kunst wieder fallen gelassen. 1971 erhielt er schließlich den Auftrag zur Kirche am Georgenberg, drei Jahre später konnte mit den Bauarbeiten begonnen werden.

Fritz Wotruba zählte damals zu den berühmtesten und bedeutendsten Bildhauern Europas, der seit den 1950er-Jahren nicht mehr aus der österreichischen Kunstszene wegzudenken war. Vor dem Krieg hatte er beim berühmten Anton Hanak an der Wiener Kunstgewerbeschule studiert (s. Museum für angewandte Kunst), wo er seine spätere Frau Marian kennenlernte. Gemeinsam mit ihr, die aus einer deutschen jüdischen Familie stammte, floh er 1938 in die Schweiz. Sein Kollege, der Maler Herbert Boeckl, setzte nach dem Krieg (gegen große Widerstände) Wotrubas Berufung als Professor an der Akademie der bildenden Künste durch.

Es folgten jene Jahre, in denen die Wohnung der Wotrubas in der Seilergasse ein Treffpunkt berühmter (oder noch nicht berühmter) Kulturschaffender wurde. Helmut Qualtinger, Gottfried von Einem, Ernst Fuchs und Ulrich Becher waren regelmäßig zu Besuch, dazu kamen viele andere, die sicher sein konnten, in der kargen Nachkriegszeit hier etwas Warmes zu essen zu bekommen. Das Paar fütterte pro Tag bis zu 20 Personen durch und unterstützte jeden Einzelnen nach Kräften.

In den 1950er-Jahren, Marian war inzwischen an Krebs gestorben, galt Wotruba als Begründer der österreichischen Bildhauerschule, deren berühmteste Vertreter Wander Bertoni und Alfred Hrdlicka wurden. Im In- und Ausland entstanden Dutzende Denkmäler im öffentlichen Raum, die Wotrubas Namen international bekannt machten. Auch arbeitete er als Bühnenbildner: Der Bau der Kirche am Georgenberg bot ihm endlich die Möglichkeit, den Schritt von der »unechten« Theaterarchitektur zur »echten«, dauerhaften Architektur zu machen, was er als Herausforderung sehr schätzte. Die Fertigstellung der von ihm entworfenen und vom Architekten Fritz G. Mayr ausgeführten Kirche erlebte Wotruba allerdings nicht mehr. Er starb im August 1975, also ein Jahr vor ihrer Einweihung.

Zacherl-Haus

1010, Brandstätte 6

Die hymnische Begeisterung, mit der der Dichter Peter Altenberg (s. Palais Ferstel) auf das neu errichtete Gebäude in der Brandstätte reagierte, teilten damals vermutlich nicht alle Wiener. In einem Brief an den Architekten Josef Plečnik schrieb Altenberg: »Unbeschreiblich war der Eindruck dieser edlen, einfachen Götter-Burg, modernes, bewohnbares Walhall, inmitten der tausend Pappendeckel-Zinshäuser! Wie dem Boden und seiner adeligen Kraft selbst entwachsen! (...) So mit ungeheurer Allmacht die Convention brechend, unterkriegend, vernichtend – und eine neue Weltordnung in schweren dumpfen Tönen posaunend!« Tatsächlich hatte der Otto-Wagner-Schüler Plecnik zwischen 1903 und 1905 eines der bedeutendsten Jugendstilhäuser der Innenstadt geschaffen, eines allerdings, das trotz seiner zentralen Lage in unmittelbarer Nähe zum Dom kaum je in den allgemeinen Wien-Reiseführern erwähnt wird.

Plečniks Auftraggeber war die »Mottenfraß-Verhütungs-Unternehmung« Zacherl, damals eine führende Herstellerfirma von Insektenvernichtungsmitteln; Erdgeschoß und Mezzanin des neuen Hauses dienten ihr als Büro- und Geschäftsräume, in den oberen Stockwerken waren Wohnungen untergebracht. Als typisches Merkmal der Jugendstilarchitektur schuf Plečnik die Sockelzone als hochgezogenes, einheitliches Fassadenelement und verkleidete sie mit Marmorplatten. Die deutlich sichtbaren Zierbolzen, mit denen diese Platten mit der Mauer verbunden sind, weisen deutlich auf den Einfluss seines Lehrers Otto Wagner hin (s. Postsparkasse). Die darüberliegenden Geschoße sind in dunklem schwedischem Granit gestaltet, der dem Gebäude einen etwas düsteren Eindruck verleiht. Die secessionistische Ornamentik, mit der der obere Teil des Hauses reich verziert ist, beinhaltet auch die monumentale Figur des Erzengels Michael an der Fassade, der als Bezwinger des Teufels in Drachengestalt dargestellt wird (in Anbetracht der Funktion des hier verkauften Insektenpulvers wurde er im Wiener Volksmund der »Wanzentöter« genannt).

Johann Zacherl, ein gebürtiger Münchner, war Gründer und Seniorchef des Unternehmens. In seinen jungen Jahren in St. Petersburg, Odessa und schließlich im georgischen Tiflis tätig, lernte er die insektenabweisende Wirkung der persischen Pyrethrum-Pflanze kennen. Nachdem er deren getrocknete Blüten zunächst in Tiflis vermahlen und in die k. u. k. Monarchie exportieren ließ, siedelte er sich in den 1870er-Jahren schließlich ganz in Wien an, um hier das nach ihm benannte »Zacherlin« herzustellen. Sein Sohn, Johann Zacherl jr., ließ zu diesem Zweck um 1890 ein neues Fabriksgebäude in Döbling errichten (Zacherl-Fabrik, 1190, Nußwaldgasse 14). Dieser Neubau entsprach so ganz der damals herrschenden Orient-Mode, die sich auch in der Malerei widerspiegelte und etwa in der Benennung von Zigarettenmarken ihren Niederschlag fand (»Nil«, »Memphis« usw.). Als kurioses Industriegebäude steht es heute noch zwischen all den gutbürgerlichen Wohnhäusern des 19. Bezirks. Architekt Karl Mayreder entwarf damals einen Rohziegelbau, der durch seine exotische Bauweise einen Fremdkörper darstellte: eine mit Keramikschindeln bedeckte Kuppel, zwei an Minarette erinnernde Türmchen, farbige Majolikadekoration im Stil persischer Fayencekunst an der Fassade. Freilich: Es ist kein einheitlicher, stilistisch reiner Bau, mischte Mayreder doch ägyptische, indische, maurische und persische Einflüsse, doch genau das spiegelt den damals herrschenden Geist des Historismus wider. Johann Zacherl jr., der Auftraggeber des Geschäftshauses in der Innenstadt und des Fabriksgebäudes, ließ hier auch eine Statue seines Vaters im Stiegenhaus aufstellen: in tscherkessischer Tracht mit der Blüte jener Pflanze in der Hand, auf der der Reichtum der Familie beruhte.

Seit kurzer Zeit ist es übrigens möglich, sich im Zuge von Kunstausstellungen und Musikveranstaltungen das Innere der ehemaligen Zacherl-Fabrik anzusehen.

Zentralfriedhof

1110, Simmeringer Hauptstraße 232–244

Mit mehr als drei Millionen Begrabenen und einer Fläche von über zwei Quadratkilometern ist er der größte Friedhof Österreichs und einer der größten Europas. Im Jahr 1866 wurde seine Errichtung beschlossen, nachdem die Bevölkerung der Stadt Wien immer weiter angewachsen und die Kapazitäten der bislang bestehenden kommunalen Begräbnisstätten ausgeschöpft waren. Ein geeignetes Terrain für die Anlage des neuen Friedhofs wurde gegenüber dem alten Schloss Neugebäude in Simmering gefunden, hier waren die Bodenverhältnisse günstig und der Bauplatz erschwinglich. Die Frankfurter Architekten Karl Mylius und Alfred Bluntschli wurden mit der Planung betraut.

Der Zentralfriedhof sorgte von Anfang an für Unmut und Polemiken. Sobald die Anlage fertiggestellt war, entbrannte ein heftiger Streit zwischen dem liberalen Wiener Gemeinderat und der katholischen Kirche, denn der Friedhof sollte interkonfessionellen Charakter haben und somit nicht nach einem bestimmten kirchlichen Ritus geweiht werden. Katholische Kirchenvertreter protestierten damals, sie wollten sich nicht »mit Dieben, Mördern, Selbstmördern und Konfessionslosen verscharren« lassen. Eine gemeinsame Einweihungsfeier sämtlicher Religionsgemeinschaften verweigerten sie. Angesichts dieses Kleinkriegs war in den Zeitungen schon scherzhaft die Rede vom »Zentralschlachtfeld«.

Zu Allerheiligen des Jahres 1874 wurde der Friedhof mit der Bestattung der ersten 13 Leichname eröffnet (am Tag zuvor hatte übrigens der Domdechant in einer improvisierten Zeremonie doch noch eine Weihe des Bodens durchgeführt, was aber nicht mit irgendwelchen Ansprüchen verbunden war). In den folgenden Jahren und Jahrzehnten entstanden zwei israelitische und je eine evangelische, griechisch-orthodoxe, russisch-orthodoxe und islamische Abteilung.

Die Wiener Bevölkerung zeigte sich zunächst wenig angetan von dem neuen Friedhof: Für viele war er zu schmucklos und für fast alle zu weit entfernt. Besonders groß war der Unmut der Anrainer, täglich Dutzende Leichenkarren an ihren Fenstern vorbeiziehen zu sehen. Dennoch wurde das Projekt, das die Herren Felbinger und Hudetz 1875 dem Wiener Gemeinderat vorstellten, letztendlich verworfen: Zu unausgereift erschien die Idee, die Leichen der Wiener und Wienerinnen mittels eines pneumatischen Rohrpostsystems aus der Stadt zum Zentralfriedhof zu befördern! Um ihn attraktiver zu machen, beschloss man im Jahr 1881, Ehrengräber für Persönlichkeiten aus Kunst, Politik und Wissenschaft anzulegen. Die Überreste vieler Berühmtheiten auf anderen Friedhöfen, die aus städtebaulichen Gründen nun aufgelöst wurden, wurden exhumiert und hierher in ein bestimmtes Areal entlang der Hauptallee überführt. Mittlerweile gibt es nicht weniger als 1000 Ehrengräber, von denen jene im sogenannten Musikerhain zweifellos die bekanntesten sind: die von Beethoven, Schubert, Strauß Sohn und Brahms. Rund um sie liegen in mehreren Sektionen all die anderen, zum Teil heute noch weltberühmten, zum Teil völlig vergessenen Musiker, Architekten, Schauspielerinnen, Sängerinnen, Erfinder, Forscher, Ärzte und Maler (ein ausführlicher Friedhofsführer mit Lageplänen und Kurzbiografien sämtlicher in den Ehrengräbern Bestatteten ist beim Portier am 2. Tor zu kaufen).

Im frühen 20. Jahrhundert wurde der Architekt Max Hegele mit einer repräsentativen Neugestaltung des Friedhofs beauftragt. Zwischen 1903 und 1911 wurde das Hauptportal am 2. Tor errichtet, daneben entstanden die Warte- und Leichenhallen sowie die Kolumbarien mit ihren prachtvollen Familiengruften. Zur gleichen Zeit wurde auch die monumentale Karl-Lueger-Gedächtniskirche, in der Bürgermeister Lueger (s. Rathaus) 1910 bestattet wurde. Direkt vor der Kirche befindet sich die Gruftanlage für die österreichischen Bundespräsidenten.

Auf der gegenüberliegenden Straßenseite (1110, Simmeringer Hauptstraße 337) wurde im Jahre 1922 das von Clemens Holzmeister entworfene Krematorium eröffnet. Doch auch hier gab es zunächst langwierige Diskussionen, bevor der erste Leichnam eingeäschert werden konnte. Die Feuerbestattung war ja seit der Mitte des 19. Jahrhunderts deutlicher Ausdruck einer antiklerikalen Haltung und wurde vor allem von Freidenkern und Sozialdemokraten in bewusster Abgrenzung zur christlichen Erdbestattung propagiert. Papst Leo XIII. hatte sie 1886 sogar explizit untersagt (dieses Verbot galt im katholischen Kirchenrecht bis 1964). In Zeiten der Monarchie war sie daher in Österreich verboten und auch in den 1920er-Jahren sorgte sie für heftige Auseinandersetzungen zwischen der christlichsozialen Bundesregierung und dem »roten« Wien. Erst ein Urteil des Verfassungsgerichtshofs machte im Jahr 1924 die erste Feuerbestattung möglich.

Musikverein mit den Gräbern Beethovens und Schuberts

Personenregister

Sachregister